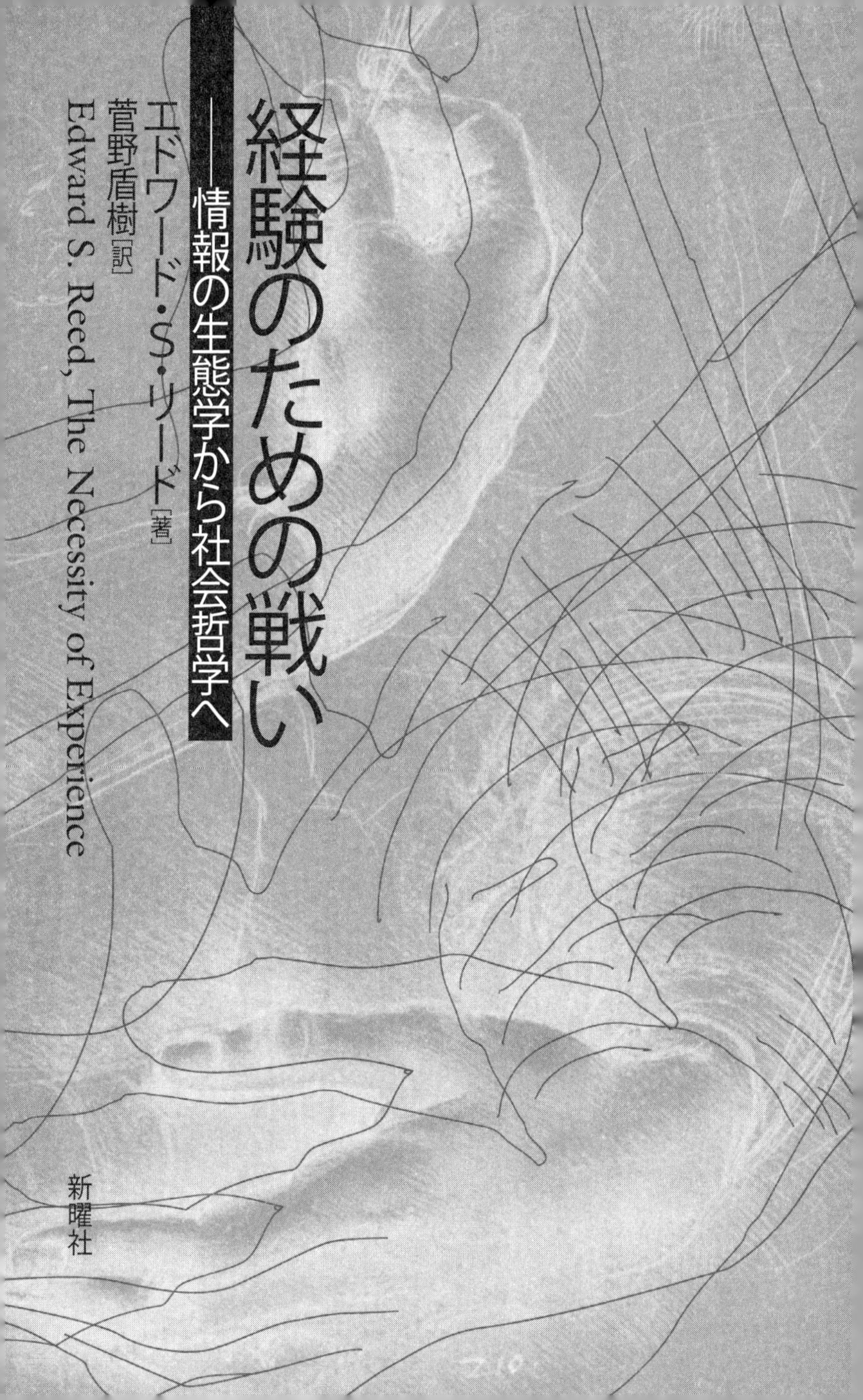

経験のための戦い

——情報の生態学から社会哲学へ

エドワード・S・リード［著］

菅野盾樹［訳］

Edward S. Reed, The Necessity of Experience

新曜社

Edward S. Reed

THE NECESSITY OF EXPERIENCE

Originally published by Yale University Press

Japanese translation rights arranged with
Yale University Press, London
through Tuttle-Mori Agency, Inc., Tokyo

わたしはこの本をつぎの三人にささげる。彼らは二十世紀を経験して、それを歌につくり、傷ついたこの地球に住む人々へのお返しとしてくれた。

ビクトル・ハラ〔一九三二年生まれのチリの音楽家、政治活動家。一九七三年に暗殺された〕

ボブ・マーリー〔レゲエを国際的に知らしめたジャマイカの音楽家。一九四五―一九八一〕

ピート・シーガー〔六〇年代にフォーク・ミュージックをリードしたアメリカの歌手・作曲家。一九一九―〕

故郷の風が呼んでいる
故郷の風がわたしをはこぶ
わたしの心を解き放つ
喉の具合も大丈夫
だから詩をうたおう
魂がわたしをうち震わせるあいだ
故郷の道をゆくのだ
今からそしていつまでも

ビクトル・ハラ

われわれの生活は脅かされている。だがわれわれの知覚はもっと脅かされている。

ラルフ＝ウォルド・エマソン

〔アメリカの思想家、詩人。ピューリタニズムとドイツ理想主義の流れをくみ、超絶主義を唱えた。一八〇三―一八八二〕

目次

経験のための戦い——情報の生態学から社会哲学へ

謝辞

この本は、長年の間、わたしが取り組んできた三部作の一冊である。あとの二冊は『アフォーダンスの心理学』（一九九六年）〔細田直哉訳、新曜社、二〇〇一年〕と『魂から心へ――心理学の誕生』（一九九七年）〔村田純一ほか訳、青土社、二〇〇〇年〕である。ジョン・サイモン・グッゲンハイム財団に感謝したい。この財団からは一九九四年と一九九五年の二年にわたり奨励金を得た。これがなくては三冊の本を書き上げることはできなかっただろう。

本書をわたしは、この十年以上の間、いろいろな形で何度も書きなおしてきた。本書を執筆する計画のさまざまな段階で多くの人の助けをこうむった。もしここにその名を記し忘れている人がいたなら、あらかじめお詫びしておきたい。マイク・モンゴメリー、ダグ・ポーポラ、デイブとダグ・ノーブル、ハリー・ヘフト、バート・ホッジス、そしてアラン・フォーゲル。彼らはいくつかの草稿を読み、貴重なコメントをしてくれた。スタン・ゲインズとマイク・ペン。彼らは社会心理学と人格心理学の分野についての有用な情報と助言を提供してくれた。以上の方々にお礼を申し上げたい。とりわけ感謝したいのは、ジョナサン・コブである。彼は最終稿からひとつ前の草稿をきちょうめんに読んで批評し、編集の手を加えてくれた。はるかに良くなった最終版を生み出すことができたのは、彼のおかげである。イェール大学出版局の関係者では、グラディス・トプキスに感謝したい。彼はつねに助力を惜しまなかったし、一緒に楽しく仕事をしてくれた。またスーザン・レイティのすばらしい編集作業によって、本書は大幅に改善された。

装幀——桂川　潤

序章　経験のための抗弁〔plea 被告に立たされた「経験」を擁護する弁論を張るということ〕

いわゆる情報化時代がはらんだ種々のアイロニーには、当惑をおぼえざるを得ない。情報を処理し伝達するためのテクノロジーは、ここ数十年で急速に進んだが、テクノロジーのこの進歩にもかかわらず、人々のあいだの、意味にみちたコミュニケーションは、はなはだしく退化しつつある。その徴候は、ナショナリズム、セクト主義、そして人格への暴力の著しい高まりに認められる。また、この徴候は、われわれの「進んだ」社会に無知や無学が増加していること、そして社会の多くの場所で、頭を使わない労働が増加していること、そのつらさを解消するのは頭を使わない娯楽だけであるという事実、にも認められる。悲しいことに、われわれの多くは、この情報化時代におけるる労働時間の大部分を、ボタンを押すことやアイコンをドラッグすること、そして他人によってつくられた記号、われわれにとって何も意味を持たない記号に、機械じみた反応をすることに費やすよう運命づけられている。こんなにも多数の人々が余暇をチャンネル・サーフィングつまりテレビのチャンネルを漫然とあちこち切り替えることに費やしているのを、誰も不思議とは思わない。

本書を執筆しているさなかも、ただ一種類の情報をのぞき、ありとあらゆる種類の情報が流れるようにするために、アメリカ大陸全体をおおう情報スーパーハイウェイの整備に何百万ドルもの予算が費やされつつある〔一〇九頁の注を参照〕。こうした開発から取りのこされているのが、残念ながらもっとも大切な情報なのである。これこそが、すべての人間が、見ること、聞くこと、触ること、嗅ぐこと、味わうことで環境から獲得する情報――この種の情報を「生態学的」と名づけよう――であり、われわれが事物を独力で経験することを可能にする情報である。

　世界に関するたいていの経験は、われわれ自身の要求と理想を基礎にして、自らの目標に役立つこの種の情報を使用することから生まれる。日常的環境にはわれわれの感覚に訴えるたくさんの情報が見いだされる。周囲の状態や日常生活の意味を理解するのに使用されるのは、こうした情報である。生態学的情報は他の人々についてのわれわれの経験にとって特に重要である。対面的な相互行為はすべての社会関係の源泉であり、こうした相互行為がどうして可能なのかといえば、生後一年のうちに、すべての健康な子供が生態学的情報を使用するのに要する、繊細な、さまざまな技能《スキル》を獲得するからである。人間は、お互いについて並はずれて鋭い観察者である。顔の表情のこのうえなく繊細な変化を察知でき、声にこめられた疑いや痛みのごくささいな抑揚も聞き分けられるし、姿勢や身振りがわずかに変化したのに気づくこともできる。テレコミュニケーションが出現するまで、社会的相互行為と社会的規制のあらゆる形式を直接に基礎づけていたのは、一次的経験についてのこれらの技能であった。

　処理情報〔処理された所産としての情報〕についていえば、本来、それにまずい点は何もない。情報を選別し処理することと、イメージ、記号、シンボルをつくることは、古くて重要な人間の活動である。われわれは自らの経験を利用して他人のために新しい形式の情報をつくりだすのが好きである。絵や歌や冗談そして物語は、炉辺で語られたお話のかたちをとるにせよ、パラボナ・アンテナからテレビに送られてくるものであるにせよ、人間の幸福にとって本質的である。しかし、経験を人と共有できるためには、前もって自分がそれを経験していなくてはならない。お互いを直接には観察できない人々が、にもかかわらず、前もってかなりの直接的・対面的な相互行為の経験をしているからこそ、テレコミュニケーションは作動する。このように、生態学的情報は、世界におけるわれわれの場所の理解にとって一次的なものであり、処理情報は二次的なものにすぎない。現代生活によって混乱をきたし劣悪になったのは、一次的経験と処理された経験の間のまさにこの関係である。この関係の比重は、本来、一次的経験により多くかかるべきものである。

情報が処理されるとき――情報が選別され、修正され、一括され、人に差し出されるとき――処理情報は、せいぜい人手を介した知識、すなわち間接的知識、を供給しうるにすぎない。いまあなたの顔を見る代わりにあなたの写真を見ているとすると、わたしがあなたに関して習得できることには本質的な制限がある。わたしがどれほど綿密に写真を調べてみても、あなたについて学ぶことはある時点で終わる。そしてこの終点から写真（画像の粒子、色、明暗）について学ぶことが始まる。しかし、わたしがあなたと対面するとき、探索や発見の可能性に制限はない。わたしには、残りの生涯のあいだ、もっとたくさん経験し、学びたい人々や顔がある。本書の読者にとってもそうであることを望みたい。自分で得た経験――事物、場所、出来事、人との直接的なかかわり――こそが、われわれのあらゆる知識や感情が最終的に依拠するものなのである。人手を介した経験の意味は、一次的経験に由来しそれに依存している。処理情報はなるほど価値と意味とを持っている。しかし、それらの価値と意味は、それ自身に内在する意味のおかげで現われるのではなくて、処理情報とその源泉との関係のおかげで出現するのだ。「彼は君を愛しているよ」と彼女に告げたときの彼女の笑顔について、わたしは彼に語ることができる。あるいは、あなたが自らの愛を彼女に告白して自分でその笑顔を観察することができる。これら両方のコミュニケーションの事例が意味を持っている。しかし、自分で観察することと対照して、間接経験、ものごとに関する報告を聞くことにはさまざまな違いがある。いや、後者には乗り越えられない限界がある。

繰り返していうと、処理情報に本来まずい点はなにもない。むしろまずいのは社会だ。つまり、だれもがどこででも利用できるような類の、ほんのちっぽけな量の処理情報をつくるために、ひどく多額の金を費やし——また、測れないほどの時間をかけて人間の努力を費やしておきながら、われわれが独力で世界を探索する手助けを、いまだにほとんど、あるいは全くしていない社会はどうかしている。処理された経験が支配的になると、特に民主主義を熱望する社会では、ひどく具合の悪いことになる。個人が人手を介した経験を自分で精査する力は結局のところ限界に到達する。限界を越えれば、われわれはだれか他人が社会に持ちこんだ方針や考えに従わなければならない（彼女は厳密にいってどのように笑ったのか。その笑顔に微妙なメッセージがあったのか）。直接経験を享受しなくなればなるほど、周囲の環境から利益を得る方法をますます学ばなくなってゆくだろうし、独力で考え、感じ、自分自身の見解に従って行動することもなくなるだろう。

ところがわれわれは、一次的経験を衰弱させることによって世界を組織してきた。われわれが大半の時間をささげてきた仕事、学校、余暇といった活動においては特に、いまわれわれはものごとについての（間接経験を使用する）学習を強調し、一次的経験のための機会を制限している。まるで日常生活から一次的経験を根絶することに取りかかっていると言っても過言ではない。過去百年以上の間、われわれの教育的実際行動や職業的実際行動は、実地経験に基づく徒弟制度的アプローチから「ユーザー用マニュアル――Ｑ＆Ａ併載」を用いるやり方へと移ってきた。処理情報に基づいてものごとを習得するのは――言い換えれば、そのものごとに関して他人が教えてくれた内容に基づいてものごとを習得するのは、一次的経験により独力でものごとを理解することの適切な代替品だ、とわれわれは説得されてしまった。こうした事態は、藝術と工学技術《エンジニアリング》あるいはビジネスと哲学などのかけ離れた分野でひとしく認められることだ。学校や職場における日常生活は、ますます間接経験が支配するようになった。この種の公共機関における規則の多くが、環境を自主的に探索すること、他人と自主的に相互行為をいとなむこと（あるいはその両方）、これらのことを制限するという明らかな目的で策定されている。

　性生活でさえ処理された経験になっている。なるほどポルノグラフィや売春は文明と同じくらい古い。しかし、間接的であらかじめ処理された肉欲に基づく大衆的産業が盛行をきわめているのは、ただポスト・モダンの世界――雑誌に始まり、いまやビデオ、コンピュータ、電話通信網にまで拡張された世界――においてのみである。数百万人の性的快感が、あらゆる種類の対面的な親密さや相互依存――それらが、愛なのか欲望なのか、便宜的なものか損得のためのものかは問わず――から切り離されたやり方で、日々製造されていると言っても誇張でもなんでもない。確かに、少数の人々は遠隔地のあいだの電話に基づく親密な関係から利益を得ている。しかし同じくらい確かなのは、この種の性的活動の大半から、すべての有意味な社会的関係づけが奪い去られてしまったことである。我が国の人口のますます多くの割合を占めつつある人々が、親密な関係は困難であり、相互行為のともなわないセックスが当たり前だと感じている。その意味では、われわれはほぼ一世代で人間の相互行為のもっとも重要な面のひとつをまんまと覆してしまったのだ。

本書においてわたしは、今日われわれの多くを悩ませている心理的かつ社会的な病気——歴史家のエリック・ホブズボーム〔一九一七年生まれのイギリスのマルクス主義的歴史家〕が「日常生活の募りゆく野蛮さ」と呼んだもの——が、主として一次的経験のための機会が衰えている点に起因する、という議論をおこなう。こうした衰えがすべての先進国と発展途上国の社会において猛威をふるっている。間接経験を重要視するために仕事、学校、余暇を組織化した結果、一次的経験のために利用できる時間が劇的に減少している。そのような組織化は、しばしば、一次的経験を手に入れようとする個人が支払うべきコストの増加をまねくことになる。一次的経験のための機会があらゆるものから——マニュアルや社会的技能については言うまでもなく、自然、社会、あるいは仕事について学ぶ際にも——縮小するにつれ、われわれはますます現実の世界で機能できなくなる。人々は他人がつくった偽りの現実つまり仮想現実に避難して、自分で世界に道筋をつけてゆくことがますます稀になってゆく。

このことは、とりわけ社会的交際《つきあい》に関して真実である。（仲間と一緒に遊ぶことや家族と相互行為をする経験とは異なり）社会的相互行為といえばテレビ視聴に由来する経験が支配的であるような子供は、見えない視聴者と遊んでいるつもりになり、周囲の人々と信頼しうる関係を築くことができない奇妙な生き物になる。いくつか賞賛すべき重要な例外はあるものの、現代の学校は教室のモデルとして産業向けの環境を採用している。このやり方は、子供たちの相互行為を制約し、したがって子供たちが社会的・共感的技能を発達させる機会を奪っている。それゆえ、大半の子供たちが、目覚めている時間のなかば以上を「他人が処理した情報の箱」〔テレビのこと〕に接続《プラグド・イン》されて過ごすのは驚くにはあたらないだろう。相互行為の複雑なやり取りをあまり経験しないで育つ子供たちが、行為をやり取りする経験に熟達する見込みはない。まして彼らが、自らの社会的技能を改善するための時間や動機づけを見いだすはずもない。

クリストファー・ラッシュ〔現代アメリカ社会とその文化についての辛辣な批評で知られるアメリカの歴史学者。一九三二―一九四〕が彼の遺著『エリートの反逆』〔邦訳『エリートの反逆――現代民主主義の病い』森下伸也訳、新曜社、一九九七年〕で言わんとしたのは、エリート集団が、とりわけ過去半世紀において、大部分の一般大衆から自分たちを切り離したことが最近のさまざまな問題をもたらした心理学的源泉だということである。これら二つの集団の異なった関心、異なった生活パターン、そして社会的資源への異なったアクセスに、この分断が明白に見て取れる。この分断と呼応して――ラッシュが正しく診断しているように――毎日の日常経験に対する尊敬の欠如が、きわめて現代的な社会理論や社会的実際行動における中心的教義となっている。社会理論家たちや政策立案者たちは、人々が経験や行動を自分たちで形づくるために許されている手段の数が減るにまかせ、一般大衆の態度や活動を統制することにますます関わるようになった。

われわれは好んで、第二次世界大戦後の時代を民主主義と機会の時代と見なしているが、社会制度や社会組織における近年の主要な革新によって、人々の経験や責任はそれほど共有化されることがなかった。社会的・経済的資源を個人が利用するうえでさまざまな改善がなされたが、これらの改善はますます大規模な文脈で生じるようになり、社会組織の階層化を招いている。非民主主義的な制度——巨大企業《メガコーポレーション》、マンモス校、複合娯楽企業体、刑務所——が人々の使用できる社会的空間を充たしつくそうとしている。これらの制度は個人の日々の生活を支配し、自律的なあるいは民衆に根ざした活動や経験のための機会をしめだしている。ラッシュのように、すばらしい経験と健全な民主主義が行なわれていた過去の黄金時代に戻るべきだと論じるつもりはない。悲しいことに、歴史は、明らかに過去においても現在と同じくらい多くの問題——同じ問題ではないにせよ——を抱えていたからだ。わたしが論じたいのは——ラッシュの見解と一致するのだが——われわれは過去の過ちや成功から学べるということ、より意味があり心理学的に魅力ある未来——異なった種類の人々の間に経験や尊敬が共有される本物の民主主義が許される未来——を形成するべく努力できるということである。

これらの問題に注意を促すことは——そして本書における問題の分析でさえ——決して新しい企てではないし、完全に独創的だというわけでもない。本書でわたしが取り上げた問題は、さまざまに形を変えて、藝術家であり社会改革者であるウィリアム・モリス〔イギリスの詩人、デザイナー、社会思想家。アーツ・アンド・クラフツ運動の主宰者。一八三四—九六〕のよく知られた演説からハンナ・アレント〔ドイツ生まれのアメリカの政治思想家・政治理論家。一九〇六—七五〕の警告的な著作にいたるまで、ルイス・マンフォード〔アメリカの建築評論家・文明批評家・ジャーナリスト。一八九五—一九九〇〕のようなかつての地域開発プランナーの思想からハリー・ブレイヴァマン〔アメリカの社会学者・政治批評家。技術革新による労働の疎外を論じた。一九二〇—七六〕やクリストファー・ラッシュのような最近の社会批評家の理論にいたるまで、一世紀以上にわたって論じられてきた。

しかし、これらの批判は知的議論にとって皮相的であるとみなされてきた。ひとつには、これらの批判の多くが——建築や職人技から社会理論にいたる——特定の争点に制限され集中していたからである。これらの理論家たちには自分たちの批判の一般的な含意がわかっていた。だが一般には、それらの含意の広さと力は認識されてこなかった。

本書の目的は、これらの批判がただひとつの根源に由来することを示すことによって、種々の批判の核心を明らかにすることである。おのおのの批判は、一次的経験を擁護する企てなのである。こうした分析が功を奏するためには、一次的経験と間接経験との種々の相違を理解しなければならない。これらの相違は一九六〇年代と一九七〇年代を通じて初めて明らかにされた。当時は知覚心理学者ジェームズ・ギブソン〔アメリカの心理学者。伝統的な要素主義的心理学に対抗するものとして、アフォーダンスの概念を機軸とした生態学的心理学を提唱。一九〇四—七九〕が新しい種類の心理学を世の中に送り出した時代だった。彼は自分の心理学を「生態学的心理学」と呼び、最初、人々や動物が環境とどのように出会うかを説明する課題に挑戦した。この種の問題についてもっとも賢明でもっとも頼りになると期待されていい人々——哲学者、心理学者、教育者、社会理論家——は、残念なことに時代遅れの心理学理論の影響で、われわれを一次的経験から遠ざける〔社会や文化に生じた〕多くの変化を概して支持していた。現代の経験に対する一面的な初期の批判を統合すること、そして、経験の土台を壊す力から経験を守る仕事に着手するための平凡で地道な提案をすること——これらのために、この本でわたしはギブソンの生態学的心理学が提供する洞察を用いたいと思う。

本書を西洋の反経験《アンティエクスペンシャル》的哲学の起源、動機、そして含意を再考することから始めたい。十七世紀の科学革命は、経験にかんする抽象的でデカルト主義的な見方に完全に合致していた。この見解にかかると、事実上、一次的経験は存在しないとされてしまう。デカルト〔フランス生まれの哲学・自然科学・数学者。近代哲学の祖とされる。心身二元論を提唱した。一五九六―一六五〇〕以後、西洋の哲学者や科学者は、経験や知恵や技術的知識《ノウハウ》にかんする常識的概念を、ばらばらで主観的な感覚状態からつくられた経験という、一段と専門化した記述とすりかえる傾向にあった。最終的にデカルトが、経験を孤立した個々の心的状態と判断の行為――どちらも内的かつ主観的で世界から切り離されたものと見なされた――とに分割した。ジョン・デューイ〔アメリカの哲学・教育学者。人間の知性を行為と結び付けて捉え、問題解決の方法としてのプラグマティズム（道具主義的プラグマティズム）を提唱した。一八五九―一九五二〕やウィリアム・ジェームズ〔アメリカの心理学・哲学者。パースが提唱したプラグマティズムを再解釈し幅広い範囲に適用した。一八四二―一九一〇〕のようなプラグマティストたちが日常経験の価値を理解するために明らかな努力を払うようになってから、まだ一世紀しかたっていないのである。

しかし、われわれが経験から分離されているという事態は、決して純粋に知的な種類の問題ではない。それは、われわれの文化における日々の生活の一部である。デカルトが経験を（両方とも間接経験の変種である）二つの心的側面に分割したことは、純然たる知的な理論化の問題と見なしうるかもしれない。しかし、テクノロジーがますます広範に使用された結果、われわれの日々の生活の多くの側面において――職場、学校、そして家庭においてさえ――経験のこの不健全な分割が複製されたのである。いまわれわれは、デカルト派哲学者のように、ほとんど間接的情報ばかりを扱っている。

一次的経験をむしばみ、これを制限された劣悪な間接経験と取り換える現代のこの傾向と戦う必要がある。そのためには、間接経験を改善する可能性を見失ってはならないが、それと同時に一次的経験の重要性を適切な仕方で強調することを学ばねばならない。分析をギブソンの生態学的心理学の枠組みのなかに位置づけることによって、われわれは二種類の経験の価値を正しく評価できるようになるし、またわれわれが一次的経験の基礎を壊したときに社会が直面する格別なリスクを検討できるようになる。各人における未来への希望は、一次的経験と二次的経験とを適切に混ぜることからのみ現われる。また第七章で論じるように、二つの経験を豊かに混ぜ合わせることが、希望を社会のすみずみに行きわたらせるために必要なのだ。民主的教育と経験が成長するための潜在性の間には内的なつながりがある。このことをデューイは洞察していたが、この洞察のおかげで、日常生活における単純な変化――教室や仕事場あるいは家庭におけるローテク・レベルの変化――がどのようにして経験を保護するための基盤を提供するきっかけになりうるか、その経緯を理解することができる。

経験の破壊に抗して戦うためには、現代世界に見られる、日常経験を攻撃しようとする傾向の源泉を理解する必要がある。西洋の哲学的伝統自体に、あらゆる日常的経験を退化した経験と見なす傾きがあると言いたい。さて次章では反経験的哲学の起源に向かうことになる。

第一章　あなたはこれまで経験を経験したことがあるか

――哲学は実在世界に直面する

西洋哲学の伝統はいつも日常経験に対して敵意を抱いてきたが、現代哲学の擡頭は、ただこの敵意を強めたにすぎない。十七世紀の科学革命と提携した「新哲学」が知識人の世界を支配するようになった後に、「まじめな」西洋哲学は、この「まじめさ」を規定する特徴として、日常経験への攻撃を含むようになった。実際、西洋で哲学的知恵とされているものを獲得するために、人が踏むべき最初のステップとして、広く認められていることがある。それは、日常経験において知識人以外の人々が大事にしている多くのものを貶めること、である。現代世界で科学や哲学に革命をもたらした者たちは、存在するものはもっぱら物質と運動からなると信じていた。色彩などないし、まして意味や価値もないという。西洋の主流をなす思想は、生活を充たしている重要な経験――愛したり愛されたりすること、家庭を築くこと、特定の活動によって自分のアイデンティティを確立すること――を排除する。そうした経験は、くるくると回転する粒子からなる世界に主観が付け加えたもの、つまり実在しないものだ、というのである。経験は――強いて存在すると言えるなら――心の中だけで生じるのであり、事物の領域には属さない。われわれの世界の中に、運動状態にある物質とは別の何かのための場所――愛や憎しみのための場所、恐怖感や自尊心のための場所、あるいは色彩や和音のための場所でさえ――を設けようとした理論家たちは、何世紀もの間、「素朴実在論者」のラベルを貼られてきた。これは、哲学者にとっては、汚名をきせられ、手足をもがれ、町から追い出されることにひとしい。まじめな哲学者は、素朴実在論者には全く耳をかさない。彼らはただ厄介払いされるにすぎないのだ。

二十世紀初め、経験を蔑《ないがし》ろにするこの不自然な態度に対する不満が、特に合衆国において募っていった。ウィリアム・ジェームズはプラグマティズムを徹底することによって「根本的経験論」という帰結を差し出した。それは、人間の実際行動と関わりをもつ現実にふたたび哲学を接触させるやり方であった。日常経験が哲学的思索をするための基礎であるはずだ、と主張した最初の重要な哲学者は、おそらくジェームズであろう。西洋の大方の哲学者とは異なり、ジェームズは、日常的対象が原子からつくられていると考えられたように、日常経験が「実は」〔really すなわち「実在として」〕原子（つまり心の中の感覚や観念）からつくられている、という想定に抵抗した。ジェームズの主張では、経験は流動と渦に満ちた複雑な流れであり、ほかの流れから完全に独立した流れはひとつもない。いわゆる新実在論学派〔E・B・ホルト、W・モンターギュ、R・B・ペリーなどに代表される二十世紀初期のアメリカの哲学学派。デカルト的二元論を否定し一元論的な科学的実在論を提唱した〕はジェームズの根本的経験論から出発し、どうすれば科学を――同時に哲学も――生きられた経験の概念と調和させうるかを再考し始めた。新実在論者はデカルトの伝統――生きられた経験を主観的な心的原子へと還元するという伝統――をあからさまに拒絶し、日常経験の豊かな歴史を理解する方法を捜し求めた。ほぼ同じ頃、ジョン・デューイは、経験に関する自分の形而上学を展開しはじめた。こ

の形而上学は、経験をわれわれに生をもたらす自然の一部と見なしている。(1)

不幸にも、これらの努力はすべて失敗した。ジェームズ主義者や新実在論者は、自分の領分のなかで主流の認識論者に答えようとした。だがこの試みはいつでも結局は矛盾に陥ることになるか、あるいは、自分たちが復活しようとしていた日常経験の豊かさそのものをむしばむことになった。物質科学に対する畏敬の念から、認識論者〔ジェームズ主義者や新実在論者のような〕は、主観的な世界が経験の「原子」と呼びうるものからつくりあげられていなければならないと想定した——しかし、人間が所有する価値をそなえた世界を感覚原子から演繹するのは困難だし、おそらく不可能である。批判者たちは新実在論者の理論を論破した。ラヴジョイ〔ドイツ生まれのアメリカの哲学者、一八七三—一九六二。客観的実在はプラグマティックな見地からのみ是認されるという批判的実在論を提唱〕は酷評され、ラッセル〔イギリスの論理学・数学・哲学者、一八七二—一九七〇〕は粉砕された——これらの実在論者たちは素朴だったし、錯覚や科学の扱い方がわからなかった。また彼らはデカルト哲学の圏内から抜け出す議論を示せなかった。個人の経験はデカルトの私的な感覚原子のようなものからできているか、あるいは純粋経験では全くないか、どちらかだと彼らは主張した。ジェームズとその追随者たちは、経験は自己の全体、おそらく宇宙全体でさえ取り込むことができると主張したが、この主張は全く見当違いだとして攻撃された。デューイは彼の批判者たちに対して次のような異議を唱えた。彼らが設けた想定と目標が間違っているというのである。なぜなら彼らは、哲学の書物に見いだされる奇妙なもの——感覚与件、純粋な感じ《フィーリング》、中立的な論理的‐現象的原子、等々——のために、われわれに日常経験を捨てるよう強いるからである。これら批判者はいったいわたしの経験と見なされるものをどのようにして知ることができるのか、とデューイは訊ねた。彼らは自らを実在の決定者だと称するだけでなく、デューイにとっての実在——つまりはあらゆる人の実在をも決定する者だと称している。どのようにしてこのような主張をなしうるのだろうか。しかし、デューイのこの説明要求にまじめに答えるものは誰もいなかった。こうしてじきに主流の哲学は、またもや入会資格の厳しい哲学クラブになった。ここには、素朴実在論から身を遠ざけ、経験の「科学的な見方」を支持する人々だけが加入できたのである。(2)

現在、二十世紀が終わりに近づくにつれ、この排他的なクラブの会員たちはもう一度落ち着きをなくしている。なかには、あらゆる人に実在のただ一つの見方を押しつける、経験についての誤った悪意ある考えを広めるくらいなら、クラブを閉鎖して哲学という個別の学問を全廃したいと望む、リチャード・ローティ〔アメリカの哲学者、一九三一—二〇〇七。プラグマティズムの基盤に立ちつつ歴史主義と自然主義を統合する新たな哲学を志向した〕のような者もいる。またジェームズやデューイの哲学から、リアルで厚みのある豊かな経験の存在を信じつつそれでもなお人は哲学者であることができる、という見解を掘り起こしてきた人間もいる。確実な根拠はないが、もしかすると二十一世紀に突き進むあいだに、われわれの手足を縛っている十七世紀の新哲学者たちの思想は、現代文化への支配力をついに失うことになるかもしれない。

多くの明敏な思想家たち——トマス・リード〔スコットランドの哲学者、一七一〇—九六。対象の同一性や因果の確実性などが「常識の原理」により確証されるとするスコットランド常識学派を代表する〕からマルティン・ハイデガー〔ドイツの哲学者、一八八九—一九七六。現象学派として出発し、人間を「世界内存在」と捉える実存哲学を構築。終始伝統的形而上学の批判を通じて独自な〈存在の思惟〉を展開した〕やルートヴィヒ・ウィトゲンシュタイン〔オーストリア出身の哲学者、一八八九—一九五一。前期（『論理哲学論考』）と後期（『哲学探究』）の間に大きな転換がある〕にいたるまで——が反経験《アンティイクスペリエンシャル》的哲学はすでに崩壊した、と宣言したのは時期尚早であった。しかし、彼らの言説を思い出すことによってわれわれは冷静になれる。西洋哲学の本流に属する人々が日常経験に対してしめす軽蔑は、今日まであらゆる攻撃を切り抜けてきた。そして日常経験に対する強力な擁護はいまだに支持されたことがない。真正な経験の哲学へと向かう動向が始まりつつある。しかしこの端緒は、われわれがこの動向の重要さを自覚し、そして反経験的哲学への批判が経験的《イクスペリエンシャル》哲学——現代世界がいまだに理解していない哲学——についての具体的な考えと一緒に生じるとき、そしてそのときにのみ力強く成長することができる。

現実世界から遊離した哲学者たち

ことほどさように、西洋の哲学的伝統は、その始まりの頃から、日常経験の土台を掘り崩す知的な力でありつづけている。偉大なアテネの思想家たちは、日常経験を単なる現象として軽視し、われわれの経験はけっして思考ほど実在的ではないことを強調するために、実在と現象との間には大きな隔たりがあると力説した。プラトン〔古代ギリシャの哲学者、BC四二七—BC三四七〕にとって事物の抽象的な観念《アイデア》——いわば天上界にあるイデア——が真に実在するものである。地上のわれわれの世界は、その実在する世界の影に過ぎないという。アリストテレス〔古代ギリシャの哲学者、プラトンの弟子にあたる。BC三八四—BC三二二〕は経験に対してプラトンより敬意を払ったが、彼でさえ、日常経験が真正の知識の乗り物であることは認めない、ある種の本質主義的実在論に執着していた。アリストテレスは、科学的知識が自然の隠された本質（自然の秘密）をあばく一種の捜索《ハント》でなければならないと信じていた。これらの本質は経験の中にではなく、その背後にある。ギリシャ人にとって、「知る」ことは、用語の厳密な意味において、事物の形相《フォルム》を知ることである。そして人々が事物の形相について学ぶのは、大部分が日常経験の領域外にある

特殊なやり方によってではなく、日常経験をとおしてなのである。(3)

　ギリシャ哲学者とその支流の人々は、イデア的本質を捜索する際に経験を軽視しがちであったが、経験の破壊が哲学的思索の基本教義となるには、一六〇〇年代の偉大な科学革命が必要だった。はじめにガリレオ〔イタリアの物理学者、天文学者、一五六四―一六四二。地動説を支持してキリスト教会から断罪された〕が主張したのは、自然という書物は数学の言語で書かれている――それゆえ人間の日常経験では世界の意味をけっして解読することができない、ということだった。いっそう不都合なことに、もし実在的事物が数学によって説明され分析されうるものに限られるなら、日常経験は世界の実在的部分ではないことになってしまう。この驚くべき考え方のすぐあとに、さらにまずい考え方が続いていた。デカルトは、数学に取り込めるものだけが実在的であるというガリレオの意見に同意して、日常経験をその科学的ヴァージョン――心と脳の中で起こっていることを数学で表現された説明――で置き換えようと決心した。(4) 西洋の哲学と科学は経験を心を構成する原子〔経験主義者が主張する感覚与件や観念のこと〕から構成されたものと見なさざるをえなかった。というのは、その種の数えられる粒子のみが実在すると断定したからである。人間の経験を「実在的」にするためには――この用語の奇妙な意味において――たいていの人には経験が認識できなくなるようなやり方でそれを記述しなおさなくてはならない。デカルト以後、経験と経験がもたらす知恵や愚行は、神経系における物質の運動とこの運動に対する（物質ではない、理性の働きをもつ）心の反応によって置き換えられた。基礎的概念の革新がこの転換を可能にした。すなわち、まさにイデアの意味が根本的に変化したのである〔プラトンが実在とみなした〈イデア〉(idea) が近世において主観的な〈観念〉(idea) に変化したことをいう〕。

　かつての西洋の哲学者にとって、イデアは本質と結びついていた。プラトン主義者たちは、イデアがなかば超自然的に存在していると考えた。他方、アリストテレス主義者たちは、イデアを経験によっては知りえないある種の自然魔術と見なした。この魔術のせいで動物や植物は成熟した形態に成長するのだという。しかし、デカルト以後、イデアは人間の頭蓋骨の中に永久に宿ることになった。そこではイデアは頭蓋骨の中の「観念《アイデア》」として「外的世界」と「内的世界」とを正式に仲介する、と信じられた。

科学革命によって、すべての現象は観念に由来することになった。そして観念は、神経系にやってくる物理的刺激への心の反応に由来することになった。アイザック・ニュートン〔イギリスの物理学者、一六四二―一七二七。古典力学を確立した近代物理学の祖の一人〕のように、観念を脳の中の小さな像とは見なせないと考える思想家もいた。また、とりわけデカルトのように、観念を脳に生じる運動の心的「形象《アスペクト》」と見なす思想家もいた。これらの不一致にもかかわらず、すべてのまじめな「新哲学者」の主張によれば、われわれが経験しているものは、外的世界にある事物ではなく、これらの内的観念からできている。したがって、デカルトが「われ思う、ゆえにわれ在り」と述べたとき、自らの身体が存在するのを証明したと言いたかったのではない。存在を証明したと彼が考えたその「わたし」とは、彼の心、疑いという心的状態であった。デカルト以後、西洋の大多数の哲学者が確信してきたのは、われわれが経験できるのは自らの心の内容にすぎない、つまり、心的状態ないし観念は外的世界にある対象とは根本的に異なる事物だというのである。外的事物が存在しないということの信念は、経験についての西洋の「科学的見方」の基本にある。われわれが外的世界の知識を手に入れるために、自らの心の内容だけしか経験できないなら、われわれはこれら主観的状態を受け入れて特殊な思考の働きに従わなくてはならない。この新しい思想では、われわれはまず単に主観的状態だけを意識すると見なされている。次いで、これら主観的状態をもたらした、外的世界に「存在しているに違いない」ものを、明らかな説明が全くつかない秘儀めいた推論過程によって推論あるいは判断する、とされる。例えばデカルトの主張によれば、われわれはまず両眼の背面にある光学的映像（あるいは、それら映像が惹き起こす神経活動）に気づき、次いでこの映像をもたらしたもの――例えば友人の顔――を推論するのだという。実在する世界について学ぶために、この標準的な哲学的見解によれば、ふつうの観察者は特別な「方法の規則」に従わなくてはならないが、これら規則の多くは、日常生活にまつわる種々の問題――これらの問題はまさに新哲学者たちが生みだしたものだ――を軽んじている。デカルトの『方法序説』は、読者に、日常生活にまつわる人を困惑させる問題を無視しなさいと力説する。哲学者は、精神的努力をたゆまず続ける平静さを得るために、自国の社会規範に従うべきだという[5]。西洋の近代哲学の伝統において、深遠な哲学的問いは、実存の本性のような抽象的な論点にかかわると考えられている。デカルトが哲学を一変させて以降、どうしたらうまく暮らしてゆけるかといった、日常的でありふれた問題は、「基礎的」とか「深い」とは見なされなくなってしまった。

　デカルトの学説に追随する興奮がすこし弱まったその後で、トマス・リードという名の分別あるスコットランド人が近代哲学のこうした展開を吟味した。だが彼の口ぶりには、嫌悪感が透けて見えていた。真の知識と近代科学の名のもとに、観念《アイデア》を弁護する者たちは（リードはその種の理論を「架空《アイディアル》の理論」と呼んだ――もちろん図らざる語呂合わせである）常識および世界についての日常的理解に手ひどい打撃を与えた。常識への攻撃は、たぶんそれが科学理論を発展させるなら、正当化できるかもしれないと、リードも認めていた。しかし、どのようにして哲学者たちは日常の関心事と自分との関わりを断ち切ることを正当化できるのだろうか。リードの疑問は一七八〇年代、啓蒙運動の絶頂期に初めて生じたものだが、それ以来、西洋の理性的思考につきまとい続けた[6]。リードの影響は、おそらく彼が望むかたちではなかったかもしれないが、甚大なものだった。「常識」を重視する哲学者のさまざまな学派が生じ、リード以後五〇年間の英米の思想を支配した。しかし、リードが哲学的知恵を発展させるために常識を使おうとしたのにひきかえ、この学派の多くの人々は単にあらゆる知的変化に攻撃を加えるために常識を使用したいと思ったのである。

　このスコットランド人よりいっそう影響力をふるったのは、東プロイセンのスコットランド系のある教授だった。彼は同じ八〇年代に、新哲学は自らが科学だとあの手この手で主張するにもかかわらず、科学として弁護できないことを自分は証明する、と称する議論を展開して、知的世界を憤慨させた。このカント教授〔ドイツの哲学者、一七二四―一八〇四、主著として『純粋理性批判』、『実践理性批判』、『判断力批判』の三部作がある〕は、知識が観念を解釈する理性的心に基づくならば、われわれは解決できない深刻な矛盾――二律背反《アンチノミー》〔全体としての世界を捉えようとするとき、理性が陥らざるを得ない自己矛盾。例えば、「世界は時間的始まりをもち空間的に有限である」という定立と「世界には時間的始まりも空間的限界もない」という反定立は同等の権利で主張できる〕――に導かれることを示した。カントはこの問題に対して二重の戦略――われわれは（日常経験が真に情報をになうことを認める）経験論的実在論と、（経験は事物のあるがままの完璧な知識をわれわれに与えないと想定する）超越論的観念論とを同時に採用するべきである――を実施することを提案した。カントは、われわれの経験は世界に合致すること、われわれは世界を完全には知ることはできないこと――この両方を主張した。経験は世界の啓示をともなうが、同時にそれには限界があると思うほうがいい。皮肉なことに、カントはおそらくもっとも影響力のある近代の哲学者である――彼の提案する両方の側面をやりぬいた重要な思想家は、いままでにただの一人も出てこなかった[7]。

　カントの学説の受容にかかわるこの矛盾は、多くのことを語っている。哲学者たちはカントの主張を額面通りに解することができなかった。カントのような精妙な思想家が自らのことを経験論的実在主義者と称するとき、彼の言葉が文字どおりの意味をもちえないのは確かである！　哲学者たちはいつも日常経験を疑っているのではなかろうか。一般に、人々はカントの言葉をほとんど正反対の意味に受けとっている。つまり、カントはある種の経験論的観念論を支持しており、この見地によれば、日常経験に属する現象は外的世界の対象と一致していないのがわかるという[8]。西洋の伝統はあまりに反経験的なので、西洋的伝統の擁護者は、もっとも雄弁なその代弁者の一人が一次的経験を擁護しているのに、その言葉に耳をかせないのである。

　カントを「継承した」十九世紀の哲学者の大半は、何らかの種類の観念論を理由としてカントの実在論を明白に否定している。ごくおおまかにいうと、カントの思想に由来する、交互に現われる二つの形而上学の流れを区別するのが有用であるのがわかる。第一の流れでは、ショーペンハウアー〔ドイツの哲学者、一七八八―一八六〇。主著『意志と表象としての世界』一八一九年刊〕が最良の例なのだが、一次的経験は（実在に対立する）カント的な「現象」に変化する。これらの現象は、実在世界の一部としてではなくて、ぼんやりとしか見えない実在に重ねられた、実在しないイメージないし戯れと見なされる。ショウペンハウアーは、現象の世界を〈マーヤー〉というヒンドゥー教の概念と同一視している。つまり現象の世界は、実

在の本性を永久に隠しつづける整然とした幻想だ、というのである。(9)

カントの世界観に由来する第二の形而上学的流れは、ヘーゲル〔ドイツの哲学者、一七七〇―一八三一。主観と客観の対立を弁証法によって乗り越え、「絶対知」に達する哲学体系を構想した〕の理論である。ヘーゲルはカントの二律背反《アンチノミー》を西洋の形而上学的伝統に対する一種の背理法とは見なさない（カント自身はそう見たのだが）。二律背反が証明するのは、理性的魂が内的変化をこうむらなければならないということである。そのような変化を推進する手段は、二律背反になるだろう。すなわち、まず定立が導かれ、それに反定立が対置されて矛盾があらわになる。だがこれを克服することを通じて、人は思想の新しい段階へ導かれるだろう。(10) ヘーゲルの見解では、現象はいつでも矛盾をともなうが、われわれの理性的思考は少なくともこれらの矛盾に打ち勝つための暗示を含んでいる。概念がどんな仕方で互いに矛盾するかを知ることは、われわれが新たな、より矛盾の少ない概念を練り上げるのに役立つ、とヘーゲルは主張した。こうして、論理そのものが発達し変化するかもしれないし、ある時代ある場所において真でなかったものが、別の時代別の場所では真になるかもしれない。ヘーゲルは、魂が――合理性それ自体が――内的変化をとげるという前提を厭わないが、これはかつての新哲学者たちの観点からすれば、ひどく困った前提である。ヘーゲルの主張によれば、経験が不合理に思える場合にそれを理解しようと努めるのはやめて、かわりに論理に関するわれわれの考え方を変える必要がある。古い論理が経験と矛盾するように思える場合でさえ、この論理を捨てる心構えができていた者は、哲学者の共同体においてほんの少数しかいなかった。西洋の哲学者は普通の人々《エヴリディ・フォーク》の世界をいさんで投げ捨てようとしてきた。多数の哲学者は不変の合理性という観念を捨てようとは思いもしなかったし、今でもそうである。

西洋の哲学と科学は、おおまかにいって、いまなおショーペンハウアーの形而上学に同意する人々と、ヘーゲルに同意する人々との間に引き裂かれている。前者の集団にとって、経験からはただ現象だけが得られ、実在そのものは現象とは全く別個のものである――ショーペンハウアーの用語では実在は意志として、現代の科学的用語では量子状態として、あるいは場合によってはその両方として概念化される、という違いがあるにせよ。後者の集団にとって、経験はただわれわれの心〔原語は mind、ヘーゲルの主著『精神現象学』（*Phänomenologie des Geistes*）の旧い英訳 *Phenomenology of mind* が示唆するように、この心は感覚のレベルから絶対精神の高みまで上昇してゆく〕のための跳躍台――われわれの心が一連のあからさまな矛盾とその調停をつうじて前進するのを可能にする跳躍台にすぎない。多くの場合、後者の思想家の集団は、宇宙を心と同一視せざるをえなくなる――自らの創造物を顕わにしつつあるときの神の心であろうと人間の心であろうといずれにしても、これらの思想家たちにとって、現象の背後に実在はない。あるのはただ現象や現象に対処する（神あるいは人間の）心だけなのである。

経験を救うためのプラグマティックな試み

こうした道を狂奔していた西洋の思想家とはべつに、十九世紀末、多くの哲学者たちが、彼らに先立つ理論家のたどった道筋から逃れようとし始めたのは不思議ではないだろう。「哲学」と「日常的世界を信じない態度」は同義語でなくてはならないのか、と彼らはあやしんだ。どうやらそうであるらしい、なぜなら、ほとんど例外なく、日常的世界を信じないことは、西洋の哲学的思索のための出発点のように思えたからである。一九〇〇年頃までに、ヨーロッパは多数の擬似ヘーゲル主義や擬似ショーペンハウアー主義の哲学体系であふれていた。彼らはただ一点で同意していた。一次的経験に対するあからさまな軽蔑である。以前にまして、哲学者たちは、一次的経験を心的原子ないし感覚だけからつくりだされるものと解釈した。そしてこれらの感覚から意味ある事物をつくるための条件として、あらゆる種類の心的力能が要請されたのである。

現代的な実験心理学が――感覚をカテゴリー化して、これらの（仮設的）感覚に対する心的反応の時間測定に集中するという方法とともに――発明されたのは、この時代のことだった。心理学者や生理学者は、工場労働者を研究対象として、彼らの行動と経験をひたすらエネルギーの放出ならびに感覚という概念によって解釈することを始めた。画家は世界についての「真の印象」と称するもの――解釈で汚されていないと想定された知覚――を描いた。誰ひとりとして、いままで、感覚や感覚を解釈するのに必要だという心的力能を経験したことはないようだったのに、驚いたことに、この事実は哲学者も、科学者も、そして藝術家でさえも、思いとどまらせなかった。ベッセマー転炉〔英国の技師 Bessemer（一八一三―一八九八）の名にちなむ金属精錬用の炉〕に石炭をくべる労働者は、実際には、まず重さの感覚と努力を感受し、その後にこれらをシャベル何杯分もの石炭として解釈するわけではない。彼は石炭――実在する石炭――をくべているのであり、まさにそうした活動――熱くて汚らしい場所での大変な労役――を経験しているのだ。感覚という哲学者の概念は、心理学者の実験室でものごとを記述する賢いやり方かもしれないが、そのほかの場所ではあまり重要ではない。しかし、新しい科学的心理学者たちは、「専門家」として成功するために、自分たちが知っていることと自分たちがしたことが、常識を越えたものであることを示さねばならなかった。日常経験からかけ離れた独自な活動をなさねばならないので、一八六〇年代にはじまる彼らの理論には、「無意識的」という仮設的な心的過程についての記述が含まれていた。すなわち、「気づかれない」感覚は、無意識的な連想と推論の過程によって、忘れられた記憶に結びつけられているというのである。[11]

オリジナルでフィルターのかかっていない印象をカンバス上に定着しようとした絵画の新しい流派の試みほど、哲学による理論化が、日常経験からいかにかけ離れているかを示すものはないだろう。カメラの出現や映画における初期の実験が、絵画についての新しい考え方と深く関係していたことは明らかである。画家のように高度に熟練した技能をもつ観察者であり、イメージの創造者が、観察の通常のプロセスを台無しにするような理論——見ることについての「科学的な」理論——にこれほど影響されるとは信じがたいことだ。それにもかかわらず、一八五〇年ごろから多くのヨーロッパの画家は——とくに点描画家のような技巧にはしる藝術家は——めでたいことに、人が何かを視覚することは、文字通り（シャッター付のカメラのように）目をまばたいて感覚を受容することで生じる、と主張する理論に賛成したのである。見るという過程が「スナップショット」に還元されるとき、視覚世界は、まさしく夥しく描かれた印象派の油彩画に似たものになり始める。これらのキャンバスでは、周辺部より中心部がくっきりしており、小さめの色の斑点がさまざまな色を構成し、それらの色が配列をなして渦巻いている。

例えば、ボートに坐り絵筆をとっているクロード・モネ〔印象派を代表するフランスの画家、一八四〇—一九二六。代表作に『睡蓮』の連作など〕を描いたエドゥアール・マネ〔フランスの画家、一八三二—八三。印象派の指導者的人物。代表作に『草上の昼食』、『オランピア』など〕の一八七四年の作品は、モネの顔と帽子のイメージをきわめて明瞭に表現しているが、モネの手はわざとぼやかされており、背景の色や形はおおまかな筆づかいで素描されているにすぎない。広大な光景を描いたルノワール〔フランスの印象派の画家。一八四一―一九一九。豊かな色彩で裸婦や風景を描いた〕の多くの油絵も、やはりこうしたやり方をとっている。しかし、人間がカメラになりかわろうとするのでもないかぎり、これらの画像は日常経験の視覚世界を表わすものではない――それらは、正しい向きに直されて画布の上に置かれた科学者の「網膜像」なのである。しかし、われわれには自分の網膜像はけっして見えない。なぜなら、われわれは目や頭を動かすことによって物を見るのであって、たんなる印象ではなく光景全体を見ているからである。にもかかわらず、印象派の画家はこのんで次のような主張をしようとする。すなわち、あらゆる人が受けとっている純粋な感覚とは、まさに色彩光の小さな痕跡であり、これらは無意識に銘記された後に、やはり無意識の判断によって解釈される（この「解釈」を「歪曲」と述べる人もいるかもしれないが）というのである。

十九世紀末に科学的心理学が勃興し、上述のように、西洋の形而上学が洗練された結果、知識人、科学者、そして藝術家でさえ、自らの理論に従って経験を再定義しまた再構成しようとして、文字通り経験をつくりなおすことをした。もし一次的経験が自分たちの理論に適合しないなら、彼らはそれを無視した。そして一次的経験と差し替えるために、無意識的経験なるものを仮設として打ちだした。こうした努力によって、日常経験はますます知的生活の周辺へ追いやられた。さまざまな分野のモダニストが、経験の理性的で科学的な分析を提供すると称して、経験を破滅に追い込んだ。そして経験をそれとはまるで異なったもの、つまり自らの創作物と取りかえたのである。

モダニストが経験を破滅させたことに起因する、もっとも悩ましい結末があるとすれば、それはおそらく、彼らが日常生活に対して抱く暗黙裡の軽蔑だろう。かつて「経験」は、人が日常生活を過ごすなかでやりくりしながら集めた知恵のすべてを意味していた。ところがそれは次第に、日常生活の外部にある、風変わりな何ものかと見なされるようになった。今風の意味において人が経験を積むためには——本章のタイトルが示唆をこうむった、ジミ・ヘンドリクス〔アメリカのロックギタリスト・シンガー、一九四二―七〇。エレキ・ギターの演奏を革新した立役者〕の曲が不朽のものとした言葉のように——彼女や彼は冒険者となる必要がある。現代のわれわれは、日常生活を退屈で、おもしろみのない、決まりきったものと決めつける考えに慣れきっているので、近代初期における経験の概念は——例えば、経験が日常生活から知恵を蒸留する働きをするというモンテーニュ〔フランスの思想家、モラリスト、一五三三―九二。主著『随想録』〕やシェイクスピア〔イギリスの劇作家・詩人、一五六四―一六一六。エリザベス朝ルネサンス文学の代表的作家〕に見いだされるような概念は——奇妙なものにおもえる。[12] しかし、経験を奇妙なものと同一視することは、心理学的にも道徳的にも、そして哲学的にも大いなる災難《ディザスター》である。もし経験が常ならぬ状況でしか得られないものならば、それは英雄や専門家の領分になり、知恵は単なる専門知識に変わってしまう。この歪んだ観点からすると、何十年間にわたり労苦にみちた体験を重ねて獲得した知識や技能《スキル》をもった個人でさえ、経験豊かであるとか、知恵があるとは見なされなくなるだろう（彼の知恵は、真の「理解」ではなく、例えば「直観的技能」と呼ばれる）。バイロン〔英国の詩人、一七八八―一八二四。南欧や近東を流浪するなど波瀾の人生を送る。その物語詩や詩劇はロマン主義に大きな影響を与えた〕が描いたような英雄や英雄的科学者は、この経験と知恵の分離の落とし子であり、人をわくわくさせるお手本である。しかし日常生活と経験の分離は、結局のところ、自分の経験を知恵へとはぐくむことができるのは少数の者にすぎないことを意味している。

すでに述べたように、経験へのさまざまな攻撃に対するアメリカ人の反乱は、ウィリアム・ジェームズが――まず彼の心理学において、ついで彼のプラグマティズムの哲学において――先頭に立っておこなった。ジェームズそして後に（彼よりもっと明瞭に）デューイが主張したことだが、科学革命によって促進された原子論的で還元主義的な世界観と現代哲学が手を携えたことが、現代哲学のアキレス腱になった。[13] 物質科学との提携によって、人間の大多数の経験は、泡のように内容のない主観的なものとして放棄を強いられた。それゆえに、現代哲学はますます人間の関心から離反したものになった。現代における哲学の大問題――われわれはどうやって外的世界を知るのかという問い――に対する答えでさえ、大方の普通の人々にとっては知恵の名に値しないだろう。だが哲学は、われわれに自らの生活《ライフ》を理解させ、それを深める手助けをするという使命を果たすべきではなかろうか。十九世紀後半の実証主義が科学へのあこがれを熱狂的に言葉にしたり、あるいはポスト・ヘーゲル主義的観念論が饒舌を弄したり、いずれにせよ、哲学者たちは、科学者や神学者と盛大にやりとりして楽しんだが、普通の人々との会話には着手することさえかなわなかった。

こうしてジェームズとデューイは、哲学の考え方を全体として相手にして格闘することになった。彼らは哲学の目標と方法のいずれにも異議を唱えた。ジェームズが没した十年後、第一次世界大戦の直後に、デューイは、ギリシャの哲学者たちとデカルトを哲学を誤った軌道にのせた首謀者とみなし、「哲学の再構成」を要求しはじめた〔デューイは一九一九年に *Reconstruction in Philosophy* を刊行。ジェームズは一九一〇年に没している〕。

驚いたことに、この反乱によってジェームズとデューイは、現代アメリカ哲学者のある者にとって英雄となった。「驚いたことに」と言ったのは、長い間、プラグマティズムは、あたかも単なる別の一つの認識論的形而上学的体系であるかのように教えられてきたからである。ジェームズとデューイは、哲学の基礎的想定〔哲学者が一切の論証や経験による裏づけなしに受け入れている考え〕に対する彼らの反乱のためではなく、彼らの知識と真理の理論にことよせて研究されていたのだ。ジェームズとデューイの仕事を動機づけた、哲学に対する原理的批判を、二十世紀のほとんどの哲学者は気づいていないようにみえた。たしかにポスト・ハイデガー主義者は伝統的な哲学的想定を脱構築しようとした。だがその場合でも、彼らのやり方はプラグマティストより実効性ではるかに劣っていたし、彼ら以前にプラグマティストがいたことに思いを致さなかった。リチャード・ローティの多大の影響力をもった著書『哲学と自然の鏡』（一九七九年）は、反哲学的な哲学者のために、新しい三人組の英雄――デューイ、ハイデガー、ウィトゲンシュタイン――を創造した[14]。ローティは、新しい英雄たちの業績から西洋哲学の目標と作業仮設が間違っていたことを示す論証をえり抜いたのである。

　ローティのこの著書ならびにその後の彼の業績が、二十世紀後期のアメリカ哲学における重要な変化の徴候であったことは確かである。ふたたび多くの哲学者たちは、トマス・リードのいわゆる「架空の理論」にともなう認識論的想定を批判した。しかし、ローティ自身は――そして彼の信奉者や批判者の多くは――この批判が一次的経験を復活させることになるとは考えなかった。これらの反伝統主義的哲学者たちは、多くの点で、伝統をなしていた経験の破壊の大半を受け入れている。というのは、日常経験は真理や知恵を見いだすための基盤にはなりそうもないというのが彼らの確信だったからである。そのかわりに、彼らはありふれた関心事から自分たちを分離する新たなエリート主義を支持する。ローティは日常的熟慮や日常的実在と手を携えることよりむしろ、西洋哲学のもろもろの活動を称揚しつづけている。そして彼は、哲学者たちは誰にも手がとどかない深い真理に到達する手段をもっているという自惚れ（そうローティは見なしている）を捨てるよう、ひたすら主張する――すなわちローティは、哲学者の思索が格別であるとかねがね彼らが主張してきたゆえんのものを捨てるよう忠告するのである。

ヒラリー・パトナム〔アメリカの哲学者、一九二六―。当初は形而上学的実在論者であったが、内在的実在論からさらに自然実在論の立場に移行した〕は、一九九四年のデューイ講義において、哲学におけるこの痛ましい状況を冷徹に見ている。ローティとは違い、パトナムは哲学そのものを掘りくずすのではなく、西洋の反経験的伝統が哲学に仕掛けた罠から逃れるために、哲学的見地を発展させようとした。パトナムは一次的経験に接触する哲学を捜し求める。パトナムにとって、ジェームズとデューイからのメッセージは、ローティとは対照的に、哲学を捨てることではなく、哲学を再構成することである。パトナムが提案するのは、ずっと以前にリードが提案した第一歩――架空の理論の放棄――を踏みだすことである。パトナムが指摘するように、架空の理論は「どうすれば人は世界と真に認知的に交わることができるのかを知ることを不可能にする」[15]。さらにパトナムは、自然科学との絆を断ち切ることをせず、「心の中にある観念」という考えを捨てなくてはならないと力説している。もしそうできたなら、われわれはまことに重要な現状打破《ブレークスルー》を成し遂げられるだろう。そのようにして、広範囲の人々に認められたデカルト主義に対する批判とそれに代わる自然主義的な哲学理論のさきがけが、哲学において結びつくだろう。

パトナムは、外的世界の実在論がなぜ哲学にとって問題なのかと問うことから始めている。リードの基礎的洞察へのもう一人の回心者ジョン・マクダウェル〔南アフリカ生まれのイギリスの分析哲学者、現在はアメリカに在住。一九四二―〕の議論をひきとって、パトナムは、「この災厄の責めを負うべき重要な想定は、われわれの認知能力と外的世界の間にインターフェイスがあるはずだという見解――いいかえれば、われわれの認知能力は対象それ自体にじかには届かない、という見解である」[16]と説いている。この想定は、一次的経験が主観的感覚の原子から「実際に《レアリー》」〔実在的過程によって〕構成されるという、科学革命の遂行者が設けた想定の帰結である。もし経験が原子的感覚の集合であるなら、周囲の世界についての有用な知識を手に入れるために、われわれは、ちょうどスーラ〔フランスの新印象派あるいは点描派の画家、一八五九―九一〕が絵の具の斑点で画像を構成したように、原子的感覚という要素を用いて世界の画像――表象――を構成しなくてはならない。このように、点描画家は心の中で「実際に《レアリー》」起こっていると同時代の科学者が主張したものをカンバス上に転写しようとしたのだった。

認知的インターフェイス（ジョン・ロック〔イギリス経験主義の哲学者、一六三二―一七〇四。心は「タブラ・ラーサ（白紙）」であり、観念はすべて経験から生じると説いた〕が平易な言い方で「観念《アイデア》」と称したもの）が必要であるというこの想定は、現代哲学が西洋科学と手を携えたことに由来している。理論家が認知的インターフェイスを強く主張した第一の理由は、彼らが知覚の因果説と呼ばれた学説を信じていたことである。この学説とやらは、理論というより実際には度の過ぎた想定――実質的に他のあらゆる哲学的ないし科学的な知覚理論を制約してきた想定――の集合である。哲学者の想定のうちで主要なものは、科学の名に値する知覚理論においては、観察者である人間を惰性的事物――岩やビリヤード・ボールのような――と見なすべきだ、という想定である。ガリレオ、デカルトそしてコンディヤック〔フランスの哲学者・聖職者、一七一五―八〇。ロックの影響のもとに、心的現象が要素的感覚から論理的に構成できると説く『感覚論』を著わした〕は観察者を影像になぞらえている。そして、知覚のモデルを構成するもの（観察者のモデルとしての影像？　事物を見ることのモデルとしてのスナップショット写真？）についていうなら、こうした考えが人を驚かす点は、またしてもその大部分が、哲学者がこうしたとっぴな考えの不適切さについて論評してこなかった、という事実である。これは奇妙だが真実である。知覚を理論化するために費やされた三世紀ないしそれ以上の期間において、見ること、聞くこと、触れることなどの能動的な（影像がこうむるようなものではない）過程を研究しようという発想は、一度もまじめに取り上げられることがなかった。哲学者たちは、経験の主体が世界の印象を受動的に受け入れる影像と同種のものだと信じることに甘んじてきた〔コンディヤックは『感覚論』で認識を受動的な感覚の変容と見なしている〕。知覚に対するギブソンの生態学的アプローチがもたらしたもっとも重要な帰結のひとつは、これらの情報検出の活動を研究することに対する必要性の強調であった。

　知覚の因果説の中心をなすのは、知覚は二つの段階を経て成立するという考えである。第一の段階で、例えば光のような物理的な刺激が観察者（影像）における変化を引き起こす。第二の段階で、観察者の内部の要素がこの変化を検出し、この情報に基づいてそれを引き起こしたものが推論によって割り出される。この理論によれば、第二段階で経験されるものは感覚であって、知覚の過程全体をつうじて、人が直接に経験できるのはこの感覚だけである（このように、日常の一次的経験が間接的経験すなわち推論――例えば電報を解読するといった――に変わっている経緯に注意しよう）。この知覚理論はさまざまにかたちを変えて、現代哲学や心理学の分野で繰り返し唱えられている。これに代わる理論が提案されることはめったにない。それはとりわけ、代わりの理論はただちに素朴実在論として批判され、すぐさま放棄されてしまうからである。

パトナムはこれに取って代わる理論を提案しようとしている。お定まりの攻撃の機先を制するべく、彼は、自らの見解が批判にさらされることは当然のことだとあらかじめ明言している（「わたしがいま求めているものは、〔多くの〕哲学者にとって哲学がふたたび幼児化する現象のように思えるだろう」）。パトナムは、自らの新しいアプローチを「自然実在論」と名づけるよう提案している。なぜなら、彼はこのアプローチが次の二つの要件を充たすことを期待するからである。第一に、このアプローチが日常経験とも科学的知識とも両立することが示されること、第二に、人はどのような意味で知覚が真であると言いうるのか、その意味を理解するのにこのアプローチが役立つこと。パトナムは書いている、「自然実在論者は、成功を収めた知覚とは、外部のそこにある事物をまさに見ていること、聞いていること、触れていることであって、それら事物がある人物の主観性に惹き起した単なる見せかけではないことを確信している」と。もしパトナムが正しいなら、哲学者は「外部世界に関する知識の問題」から授業を始めるのをよさなくてはならないだろう。なぜならこれはもはや哲学の問題ではないからである。[17]

知覚の因果説は哲学者が陥る罠を象徴している。なぜなら、いったん心が頭脳内部に閉じ込められてしまえば、そこから抜け出せなくなるからである。パトナムは、どのように心が世界を志向するかを説明するたいていの理論を、単なる「形而上学的魔術」として退けている。彼はある個所で自分のかつての見解について、いわば「知性の光線」のようなものが外部から頭脳の中まで達しているのを想像できると主張した点で愚かだったとして、この主張を撤回している。パトナムが述べているように、因果論者は誰ひとりとして「「入力」の外部にあるものにアクセスできるとはまるで魔法だ」という思いを拭いされるような説明をいまだ考えついていない[18]。

パトナムは、リードやカントさえ追い抜いて、こうした問題状況まで進んできた。彼らは二人とも、因果説が外界の知識を疑わしいものにしてしまうことを知っていた。しかしリードは、われわれの感覚印象を引き起こす対象を神がなんらかのやり方で――彼はどんなやり方かまるでわからないと認めているが――われわれが知覚するよう手配している、という魔術めいた主張を進んで受け入れた。たしかにカントは直接神に言及するのを避けたが、ほとんどの哲学者は、カントが「統覚の超越論的統一」に訴えたことを形而上学の魔術にほかならないと考えるだろう。

知覚の因果説の罠から逃れようとしたまさにそのとき、パトナムは、バートランド・ラッセルが彼の『物質の分析』（一九二七年）ですでに探索した場所にはまりこむことになる。現代の哲学者にはある根本問題がある、とラッセルは論じた。つまり、もし世界を物質と運動からなると記述する物理学が正しいなら、われわれの一次的経験は真ではありえない、というのは、われわれは忙しく動きまわる原子を経験するのではなく、豊かな意味をもつ世界を経験しているからだ、という問題である。しかし、物理学はある意味でわれわれの経験に基づいてはいないだろうか。物理学理論とわれわれが経験する世界をへだてる距離は、哲学者を苦境に陥れる。パトナムは窮地を脱する方策をもっているのかもしれない。自然を物理‐数学的用語で記述しなくてはならないという考えが――そうすれば日常経験の意味と有用性が蝕まれるにもかかわらず――哲学において「威圧的」になったのはどうしてか、パトナムはそれが不可解だという。世界に関するわれわれの日常的見方を徹底的に掘り崩さないですませるような物理学は真ではありえないのだろうか[19]。

知覚の因果説がもたらした混乱から抜け出すために、パトナムはおずおずと歩みを進める。そうはいうものの、その歩みは正しい方向にあるようにおもわれる。パトナムは、因果説を擁護する典型的な主張に立ち向かう三つの反論を――ジェームズの根本的経験論、それにオースティン〔イギリスの哲学者、一九一一―六〇。日常言語学派の主要人物で言語行為論を開拓した[20]〕の『知覚の言語』（一九六二年）における入念ないくつかの論証で補強しつつ――提示している。

最初の反論は、もっとも弱いものだが、幻覚と夢に関係している。これら尋常ではない心的状態は、心の中に「認知的インターフェイス」や「観念」があることを「証明する」ものとして、しょっちゅう引合いに出される。確かにわたしが龍の幻覚や夢を見ているとき、わたしは龍を見ていない。けれども同じように確かなのは、わたしがこれらの事例で何かを意識しているということである。これは、感覚与件や心的表象――それをどう呼ぶかはともかく――が存在することの証拠ではないだろうか。すなわち、わたしがこれらの事例で何かを意識しているという事実は、あきらかにわたしが知覚するものが存在しない以上、わたしが意識しているものがあって、それが世界についての内的観念や表象の類であるという証拠ではないか。

パトナムは次のように反駁する。幻覚が「感覚与件」を必然的に伴うと単に断言するだけでは、これら奇妙な心的現象を説明することにはならない、と。おそらくパトナムの言うとおりだろう。しかしここで因果論者が求めているのは、感覚与件が存在することの証拠にすぎない。幻覚について説明できればけっこうなことだろうが、因果論者にその説明がいるわけではない。因果論者は、パトナムの議論を受け入れると同時に直接的知覚〔人はあるがままに対象を知覚する、と解されたかぎりでの〈知覚〉〕はないと信じつづけることができる。

したがって、パトナムの反駁よりもっと強固な反駁を行なわなくてはならない。因果説は知覚と幻覚の双方が感覚与件あるいは心的表象を伴うという理由で、それらを同一視する。だがそのかぎりにおいて、この説は知覚と幻覚の区別を掘り崩してしまう（実際、知覚と幻覚を同一視したいと考えているらしい理論家がいる）。この区別を闡明するのに役立つ理論があれば、それゆえ、因果説よりすぐれた理論と言えるだろう[21]。

パトナムによる因果論者への第二の反論は、彼らが無意識という観念をもてあそぶ点に向けられている。パトナムが言及しているように、例えば「盲視」〔視覚的刺激の意識的知覚はないが、そうした刺激を正確に感じ取る盲人の能力〕のようなある種の病状を呈する人には、明らかに、視覚的な感覚与件がない。患者が実際に見ていることを立証できるにもかかわらず、彼らはやっきになって見えないと言い張るからである。この種の事例はわれわれに（用語上の矛盾があると思える）「無意識的な感覚与件」といったものをつくりだすことを強いるか、あるいは知覚の因果説の基礎的主張のひとつ——（この理論の第二段階にとってのデータである）感覚与件が直接かつ精確に知覚されるという主張——をあきらめるよう強いるかする。しかし、この種の変則的な例を見つけるために、病理学の領域に踏み入る必要はない。たいていの人間に共通した両眼視を考えてみよう。言うまでもなく、本書の読者で、自分の両目の焦点が集まる狭い領域以外の視野にある二重の像に気づいた人はあまりいないだろう。もしいまの文章を読んだ後で、読者がこの像の二重化を確かめようとしたとしよう。その場合、この努力が像の二重化をもたらしたのか、あるいは二重の像はすでにあったのか。いずれにしても、これで明らかになったのは、多くの事例――いわゆる病理学的事例ではなく――で感覚与件は直接かつ精確には知覚されないということである[22]。

最後にパトナムは、多くの知覚の因果説が依拠する心身同一説が妥当である見込みがない、と主張している。同一説の主張によれば、神経系の特定の状態を主観の特定の状態（ここでは、特定の感覚与件）と同一視できるという。しかし、パトナムが指摘するように、そのような理論的写像をなしとげるには、写像に関与する対象について明確に述べられた理論が必要となる。ところが、この意味での「感覚与件の理論があるかといえば、それは明らかではない」。哲学者のパトナムは知らないようだが、ジェームズと同時代の多くの心理学者たちは、実際にさまざまな種類の感覚データを説明するその種の理論をつくりだすことに失敗した。彼らは色彩、味、匂いのあらゆる種《スピーシーズ》を一覧表にすることを考えて、これらの種を要素とする完全で共通部分のない集合をつくりだそうと考えたのである。しかしヴィルヘルム・ヴント〔ドイツの生理学者・心理学者、一八三二―一九二〇。経験科学としての実験心理学を確立したといわれる〕、ティチェナー〔イギリス出身のアメリカの心理学者、一八六七―一九二七。人間の心を要素の組合わせで説明する構成心理学を発展させた〕、あるいはG・E・ミュラー〔ドイツの心理学者、一八五〇―一九三四。実験心理学の確立に貢献した〕などの天才も、すべての感覚どころかただひとつの感覚のためにさえ、整合的で首尾一貫した感覚与件の集合を見つけることができなかった。

その後まもなく、ただ経験を繰り返すだけで感覚と知覚両方の状態が変化することが発見された。人が強烈な赤の斑点をじっと見つめると、赤の感覚が「色あせる」傾向がある。それから目を転じて白い表面を見ると、緑がかった色調の斑点が現われるだろう（緑は赤の反対色である）。同じように、曲線（例えば一対の丸括弧の最初のそれ）をじっと見ていると、その線がまっすぐになるのが見えるだろう。それから目を転ずると、視野にある垂直な線が初めの曲線とは反対方向に（つまり閉じる丸括弧の記号のように）曲がって見えるだろう。これらの観察結果は、感覚与件が、観察者に特定の変化をもたらす特定の刺激である、という見解を反証する。それはまた、データを解釈し結合するのに利用できる、感覚的データの精密な目録をつくりだすという心理学の目標をはばむ結果でもある。心脳同一説〔前頁の「心身同一説」にほぼ同じ。心的事象は大脳に生じる物理的過程にほかならないとする。H・ファイグル、J・スマートらによって唱えられた〕というと聞こえはいいが、その細部を詰めようとするとうまくいかないのは明らかだ[23]。科学革命がもたらした心的原子なるものは、結局、変化しうるものであると同時に観察者が入手できないものであるのがわかる――こうして、心的原子は与えられた任務に適さなくなってしまう。

観察に関する伝統的理論に対するパトナムの批判をこのように補強することによって、彼の自然実在論を拡張することができる。われわれがどのように外的世界を知るのかを説明するために、新しい形而上学は必要ない。むしろ、いたるところに出没する西洋の形而上学的想定を取り除かなくてはならない。それらの想定がわれわれに経験の実在性を疑問視させるからである。パトナムが述べているように、「さまざまな形而上学から自然実在論を選りぬくためには、われわれと世界との間のインターフェイスを押しつける構図は不必要であり、理解不能であることを理解しなくてはならない[24]」。しかし哲学者は、自然と同じように空虚を好まない。経験に関する因果説の代替理論がないのに、パトナムや彼の追随者がまともな自然実在論を擁護できるかどうか、わたしには疑わしい。パトナム自身述べているように、ジェームズと新実在論者たちはパトナムとほとんど同じように議論をおしすすめた。だが経験についての代替理論がなかったので、彼らは哲学者たちに古い二元論のドグマを捨てるよう説得できなかったのである。

パトナムは、自らの自然実在論が自然科学と両立すると断言する以上のことをなさねばならない。言い換えれば、明確に反因果的でなおかつ科学的である知覚理論を提示する必要がある。この理論がないと、古い西洋哲学の身についた反経験的思考の反射運動がパトナムの自然実在論を打ち負かしてしまうだろう。幸運にも、わたしが彼の議論を敷衍するために用いた例が示唆するように、その種の知覚理論はすでに心理学者ジェームズ・ギブソンや彼の教え子がつくり上げ、多大な成功をおさめている。

知覚に対するギブソンの生態学的アプローチ（これは彼の呼び名である）は、西洋が経験を放棄してきた伝統ときっぱり手を切っている。ギブソンにとって、知覚は世界が引き起こすものではなく、観察者が能動的に追い求め達成するものである。おのおのの観察者は、意味ある情報を捜し出すことによって自らの環境を理解しようとする。したがって、あらゆる形の心的原子は――感覚、観念、主観的状態――その多くが知覚過程にとって偶発的部分あるいは無用な部分でさえある。知覚過程の有用な局面は、見ること、聞くこと、触れること、精査すること、確かめること――こうした活動の流れからなっている。この流れが意味ある情報をもたらし、価値があり危険でもあるという意味で重要《シグニフィカント》な世界に関するわれわれの経験を形づくるのである。

しかしギブソンの理論がどんなに新しく、また断然趣きを異にしたものであるかを理解するために、反経験中心主義〔哲学史上の経験主義（empiricism）の見地と峻別して、リードは本来の経験を重視する哲学的見地を experientialism と呼ぶ。本書のテーマである「経験」（experience）に由来する用語法であり、ここでは「経験中心主義」と訳しておこう〕と西洋哲学の目標とのつながりについてもっと認識を掘り下げなくてはならない。どのように、そしてなぜ西洋哲学は意味にみちた日常世界という考えに背を向けてきたのか——この点を理解する必要がある。パトナムから遡って、彼が敬意をこめて自らの自然実在論を捧げている哲学者、ジョン・デューイに帰ることによって、われわれはこの課題を果たすことができる。[25]

第二章　経験の哲学を探求する

二十世紀が終わろうとするとき、知識人を源泉とする大洪水――終末論じみた修辞学の大洪水が引き起こされた。脱構築やさまざまなポスト・モダン的立場から、断片化・断絶・知的アノミーの隠喩を寄せ集めたしろものが提供された。理論と分析はしだいに見捨てられ、言葉の破片――ありがたくも華美な言葉もあれば、辛辣で鋭い言葉もある――がそれらに取って代わっている。

まず間違いなく、この情況は一九六〇年代以来亢進しつつある知的文化の「大衆化」を反映している。高等教育機関で学んだ知的かつ文化的な多数の働き手――彼らの帰属意識はますます国際化している――がいまや独自な集団を構成している。こうした展開のひとつの副産物として――ここでは単にそのひとつを強調するに過ぎないのだが――、彼らが自らの仕事を特定の内集団《イン・グループ》との関係のみで正当化し、知識人という特権階級の外部の人々に話しかける試みを諦める傾向、がある。

興味深いことに、二つの社会階層があるというイメージ（思想家どうしの小さくて居心地のよい仲間内の集団が社会のいっそう多数の人々からなる階層から切り離されてあるというイメージ）は、リチャード・ローティがその著作『偶然性・アイロニー・連帯』（一九八九年）において、「リベラル・ユートピア」として描いているもののなかに顕著に現われている。(1) ローティのユートピアでは、一人ひとりが豊かで自律的な私的領域に住んでいる。そこは、自発的メンバーになるかもしれない仲間をつくりだすと同時に、自分がそこに適応していると見なして自らをつくりだす領域である。そこは本質的に「個人のどんな勝手も通る」領域である。なぜなら、まさにそこは私的で自律的な領域、同じ考えの個人がつくる集団だからである。ローティにとって、これら多数の私的領域のそれぞれがそれらより大きな全体としての「民主主義的」社会のうちにある。そして少なくともこの理念的世界において、この全体としての社会は、残虐な行為を防ぐというただひとつの役割を果たしている(残虐な行為とは、それら自律的領域における「個人のどんな勝手も通る」といった類の自己制作が、もたらしかねない副産物のひとつなのである)。

ローティのユートピアは、見たとおり、現代の都市中心部や主要大学にいる知識人の生活に似ている。これら多数の場所で、知識人はたいていの人々の日常的関心事からますます隔離されるようになっている。雇用が並はずれて保障されており、就業規則や労働時間が相当程度自分で管理でき、旅行やメディアを利用する多数の手段を有しているので、これらの知的労働者は、「耐乏生活に備えるための」方策に縛られることがずっと少ない。彼らが感じる制約は、他の分野の労働者と比較した場合はもちろん、さらにいうなら、州立大学や高等学校などの、それほど威信のない教育機関の教員が感じてきた制約よりも少ないのである。大学教員は、かつて自らの知的技能を現実問題の解決に役立たせることができた。しかし当節、彼らが、知的な仕事と大学の外にある問題を真に結びつける場面はめったに見られない。

ことほど左様に、哲学者や理論家はあらゆる日常経験から隔離される傾きにある。例外はまあ知的な経験だろう。彼ら思想家が、経験に基づく説得力のある説明理論は時代遅れだと見なし、その構築のことなど忘れているのは当然すぎることだろう。学界の多数の人々は、こうした近年の情勢を脱構築の作業と解している。なぜなら、彼らは実在世界に関する整合的で経験的な説明を構築する試みでさえ、それを放棄するのが人々を解放するゆえんと見なしているからである。新しい知の世界でもっとも成功をおさめているのは、真なるものや有用なものではなく、むしろ如才ないものや当世風のものである——かつてサロンの会話を支配していたものが今は書物にあふれている、というわけだ。認識の価値を査定するための実践の領域がないとき——あまつさえ、知識人の大半の関心事が、ほかの知識人が自らの業績にどのように反応するか、業績を盗用されないだろうかという点にあるとき、知的業績の認識価値と美的価値を区別する動機づけは結局のところほとんどない。

この種の世界では、本当の経験は徐々に枯渇してゆくから、哲学的理論化がお伽話じみた雰囲気をかもしだすのも驚くにはあたらない。結局、経験を欠いている人々はさまざまな点で子供っぽいのであって、子供っぽい精神構造にはお伽話がふさわしいのである。ローティのユートピアと倫理学説について考えてみよう。ローティは自分のこの学説を自覚的に「危害をもたらすな」ならびに「無慈悲になるな」のような警句に要約している。このユートピアでは相対的に独立した多数の共同体があり、各々が自らの規範と規則を有しているのだが、〈残酷さを避けよ〉という、単純で一般的な禁止命令が全部の共同体を縛っている——こういう見解を裏書きすることによって、自分は相対主義の問題を解決した、とローティは自慢している。〔しかしながら〕そのような理論は過度に単純で形式的であるという点でお伽話めいている。多種多様な民話やグリム兄弟〔ヤーコプ（一七八五—一八六三）とウィルヘルム（一七八六—一八五九）兄弟、いずれもドイツの文献学者、言語学者〕からスース博士〔米国の作家・挿し絵画家、絵本の著者、一九〇四—九一〕にいたる子供たちのお気に入りのお話がそうであるように、ローティのお話においても、邪悪な登場人物《キャラクター》から善良な登場人物を区別するのに何の苦労もいらない。これは二十世紀の倫理学説のとりわけ痛ましい特徴である。二十世紀は、もっとも憎むべき罪が善いことを行なうための言葉や身ぶりでたくみに表現されてきた時代、悪と善とを区別するのがどれほど困難かについてわれわれの多くが本気で懸念している時代なのである。

　実際、ローティのあげた禁止命令は、児童文学のありふれた教訓と大差がない。無数の例をあげることができるだろうが、わたしの娘のお気に入りの『黒馬物語』〔英国の小説家シュウェルの作品（一八七七年）〕からひとつの例をあげよう。馬小屋の少年の一人が先生から学んだ教訓を語っている。「先生は男の子たちみんなに、とてもまじめに残酷ってことについて話をしてくれた。弱い人や無力な人を傷つけるなんて、たいそう冷酷で卑怯なことだとおっしゃった。でもぼくの心に焼きついてはなれないのは先生の次の言葉だった——残酷な行ないは悪魔の特徴《しるし》そのものだ、だからもし残酷なことをして喜んでいるやつを見たら、そいつが誰の手下かってことがわかる[2]」。

　この言葉には分別がある。また、残酷な行ないをローティが非難するのは彼の分別だし、それは善意に基づいている。ローティは、伝統的に神学用語で表現されてきた道徳の教え——これが（『黒馬物語』やバーネット〔英国生まれの米国の小説家、一八四九—一九二四。『小公子』など〕の本のような）古典的児童文学のやり方である——を自分は世俗化しようと試みているのだ、と述べてさえいる。ローティの（ついでにいえばこの種の児童文学書の）問題は、彼の作為ではなく彼の不作為にある。残酷な行ないはいけないという教えは重要であるが、あまりうまくいかない。大方の人々はローティの教えを知っているし認めてもいる。多数の人が、自らが他人を傷つけているときでさえ、傷つけてはならないという禁止命令を憶えている。大人にふさわしい道徳的・政治的理論をつくりだすべきであるなら、とりわけ現在のように他人を処遇する規範が驚くべき低劣なものになってしまった情況においては、はるかに多くのなすべきこと、言うべきことを果たす必要がある。(3)

残酷な行ないに単に手を出さないだけでは十分ではないことに、ローティは同意するだろう――しかし彼の主張によると、残酷さの回避という善を超えて一般的な善を確立しようとする理論は、必然的に人を威圧するものになるという。「ある人が一般に認められた道徳規範に合致した人物だという判定は、歴史的情況に相対的になされる。つまり、どんな態度が規準にかなうのか、どんな行動が正当なのか不当なのか、こうした問いについては束の間の意見の一致《コンセンサス》が成り立つに過ぎない(4)」。悲しいことに、これは実際に歴史的事実である。一九九〇年代において、われわれ都市居住者の大半がホームレスに対して示す態度は、例えばたった三十年前でも、道徳に悖《もと》るものとして非を鳴らされただろう。だがローティは、この歴史的真理を概念の誤謬を助長するために使用する。すなわち彼は、人々がお互いをどのように処遇すべきかについて信頼できる一般的議論を提供するのは不可能だ、と主張するのである。彼は不可能である理由として、知識と称されるものは粉飾された功利性《ユーティリティ》――これ自体が粉飾された権力《パワー》である――にすぎないことをあげている。したがって、哲学者が（あるいは誰にせよ）人間の本性に関する知識や人間にとっての善の知識に基づいてわれわれを特定の道徳的立場に駆りたてるとき、彼らは実は弾圧政治を行なっているというのである。

善意のせいでローティは何ごとについてもあがきがとれなくなる。それは、克服に努めていると彼が主張する哲学的伝統の重要な論点——経験はすべて心の中にあるという考え——に、彼が忠誠を示しているせいである。ローティは経験が価値や意義について情報をもたらさないと思い込んでいる。ローティは人々が残酷さ（あるいは善）として経験しているのは、主観的な感覚与件に基づく判断ないし推論であると想定する。そしてこれら主観的データはそれ自体では意味がないので、他の人はデータに違う解釈を施すかもしれない、と考える。さて、ある情況がしばしば人によってさまざまに解釈されるというのは、もちろん真実である。しかし、互いの解釈に違いが生まれるのは、人々が自らの感覚与件を別々に解釈しているせいであることを意味しない。彼らはその情況を有意味なものとして知覚するが、その意味の理解が人によって異なるのかもしれない。アメリカ人のティーンエイジャーがシンガポールで逮捕され非行のかどで鞭打たれたとき、アメリカ人の大半は、鞭打ちを公衆の前で人を辱める罰だと理解した〔一九九四年、シンガポールで自動車に落書きしたアメリカ人少年が鞭打ち刑を執行され、国際問題になった〕。そして、この種の辱めが適切かどうかに関して論議がなされた。ローティは——そして他の思想家の多くも——まるでわれわれがこの種の事例の意味に関して意見の一致を見ないかのようなふりをする。しかしわたしはそんな振舞いは全くの誤りだと言いたい。

もしローティが正しいなら、われわれは共通善《コモン・グッド》の探究をやめるべきである。実際、もし彼が正しいなら、われわれが共通善の探究と見なすものは、まるで見込み違いのものになるだろう。それは他の人に——おそらく自前の適正な価値観をもつ人々に自らの価値を押しつけようとすることになるだろう。というのも、もしローティが正しいなら、ある情況についてわれわれが理解するその意味を他人が理解できるようにするべく、われわれの価値を他人に押しつけねばならないだろうから。こうして、ローティは広く知られた「哲学の終焉」の議論に賛成を唱えることになる。もし「わたしはどのように生きるべきか」という問いに一般的答えがけっしてないなら、もしわれわれが「どんな種類の食べ物がわたしの味覚を満足させるのか」に答えるのと同じやり方でしかその問いに答えられないなら、その場合、確かにわれわれが哲学と見なしてきたものは死んだのである——哲学は厄介払いされたのだ。

幸いにも、「わたしはどのように生きるべきか」という問いは、実際に、わたしの味蕾《みらい》を刺激するものについての問いの場合と同類の答えを持っていない。われわれはこの問いに現実的で有用な複数の答えを出すことが可能だし、それらの答えを互いに評価することさえできる。しかしながら、そうする能力は一次的経験の世界に深く関与した哲学からしか得られない。ローティや彼と類似した見解をもつ人々はこうした世界に関与していない。実際、ローティの理論は、彼が退けようとしている伝統とこの点ではなんの違いもない。ローティは一次的経験に意味を認める気はないし、自らの真面目な哲学から日常的関心事を遠ざけるべく心に決めているように思える。

ローティとは反対に、彼が尊敬する人物の一人であり世界への関与を重視した模範的哲学者ジョン・デューイは、一次的経験をすべての意味の根源とみなし、デカルトの知覚理論を拒んだ。その認識論や存在論から社会理論にいたるデューイ哲学のすべては、人々が意味を共有している世界を自明なものと見ている——ただし、人々はそれらの意味の遣い方について意見を異にしているのだが。デューイ哲学が主として目指したのは、この意味の共有という条件のもと、人の生き方に関する問いに答えるためにはどうしたらいいかを示すことだった。(5)

デューイの自由の哲学

規範形成や多文化主義をめぐる議論がとびかう今日、西洋哲学の伝統に対するデューイの批判を読むと、人は既視感のような不思議な感覚をおぼえる。例えば、一九一九年に書かれた『哲学の再構成』で、デューイはいま行なわれている論争の相当部分を先取りしていたように思える。彼は単に間違った見解があったという理由だけではなく、圧政的な社会秩序を支えていたという理由でも西洋の伝統を攻撃する。デューイの時代、彼以外の哲学者の著作のうちに、プラトンやアリストテレスが奴隷社会の積極的な加担者であったことを強調して彼らを批判した文章を読むことができただろうか。(6)

デューイは、伝統的な西洋哲学の「確実性の探求」という理念と不変の本質の発見という強迫観念を批判している。なぜなら、これらの見解が単に間違った哲学であるばかりか、エリート主義や反民主主義の主張だからでもある。デューイにとって、不変の本質に心を砕くことには、知る者を行為する者から、知的エリートである支配階級をふつうの労働者から切り離す危険なやり方が示されている。

確実性の探求は間違いでありエリート主義的でもある、というデューイの認識は、現代の多くの人にとって、知識の探求は間違いでありエリート主義的でもある、という信念に歪曲されてきた。

例えばローティは、知識の探求が自らの自律的領域で営まれる私的活動である場合にだけそれを擁護するだろう。しかし彼は、知識の追求に普遍的なお墨付きを与えるべきであるという見解を明白に否定している。だがデューイは、知識の探求をけっして拒絶しなかった――彼は単に西洋思想史のいたるところに現われるそのエリート主義的具体化を拒否したのである。

事実、デューイの目指した目標を要約するなら、「哲学と知識の探求の民主化」と言い表わせるかもしれない。この目的は、経験の民主化を通して成し遂げられ、学校や職場のような制度そして政治的制度によって支えられるべきものだった。この種の広範囲におよぶ経験を共同で営むことは――デューイの用語では経験は「過程」であり所産ではないことを思い出してほしい――デューイにとって哲学の新しい基盤であった。「わたしはどのように生きるべきか」という導きの問いは、徐々に「われわれはどのように生きるべきか」に取って代わられてゆく。この問いは紛れもなくすべての人に向けられたものだが、一人ひとりが自らのやり方で答えねばならない問いである。さらに以下に示すように、共有された経験《シェアード・イクスペリエンス》というデューイの考え方は、善人と悪人しか登場しない子供のお伽話などではなく、人々と境遇の複雑さに対する成熟した認識であった。

デューイはその議論の第一段階で、彼が消極的自由《ネガティヴ・フリーダム》と呼ぶものでは十分ではない、という認識を論じている。デューイは消極的自由を制約からの自由と定義する。思想の領域ではそれは検閲からの自由であるし、行動の領域では内的もしくは外的禁止からの自由を意味する。消極的自由は（デューイのような）市民的自由の擁護者が熱心に弁護し、ローティが自らのリベラル・ユートピアの自律的区域に原理として据えたものである。(7)

消極的自由は制限された種類の自由である。デューイが主張したように、消極的自由を楽しむために、人はすでに欲望、欲求、関心をもった人格（パーソン）である必要がある。しかし人が人格になるためには――これらの欲望、欲求、関心が生じる（ましてそれらが花開く《フラーリッシュ》）ためには――単に消極的自由ではなく、積極的な条件が必要である。デューイは消極的自由をひとえに強調する人々について語っている。彼らによれば、この種の自由は「生来の衝動をあらゆる道義的権利にまさるものとして熱情的に賛美するもの」である。こうした抑制のない創造性は、しばしば自己発見の形式だと見なされている。だがこの見方では、個人の特有性からもっとも遠いものが自己実現と、不正確にも、同一視されている。デューイが述べているように、「食欲は人間の本性におけるもっともありふれたもの、もっとも特徴をなさない、あるいはもっとも個別化されていない」心理学的過程であるのに、消極的自由の擁護者たちは「食欲を抑制なしに満たすことを個性の自由な実現」と誤って同一視している(8)。

　デューイがここで考えているのは、思慮ある両親なら理解できるありふれた論点である。明らかな例を取り上げよう。たいていの子供はテレビを見たいという著しく旺盛な欲望をもっている。消極的自由の理論が示唆するように、テレビを子供が好き勝手に見る機会を制限しないことが子供の個性を自由に実現するゆえんである、と言うべきなのか。けっしてそんなことはない。この種の勝手気ままを制約なしに行なわせることは、多くの場合、自由な発達とは全く相容れない。自分が何をなすべきか、またいつなすべきか、これらについて選択する方法を大人の手助けで学ぶ子供は、自らの渇望を充たす方法を知るだけでなく、自分の個性を最大限発達させうるようになる。すべての子供は自らの渇望を満足させるのに長《た》けている。食欲を思うまま充たしているときほどわれわれが個性的でないときはない。選択し判断する方法を学ぶとき、われわれは独自なあり方をしたわれわれ自身となる。

もし個性の自由な実現が消極的自由でないなら、それは何なのか。これはデューイ哲学の――全部ではないが――多くの部面に潜んでいる問いである。もしこの問いに対して意味のある有効な代案を与えられないなら、学問としての哲学など廃止して、ローティ流の私的な議論に取りかえたらいい。

デューイは制約がないことという自由の観念に取って代わる見解を自分は持っていると考えた。それは、真の自己実現としての自由、各人の精神能力に応じて自らの経験を成長させ豊かにするものとしての自由、という観念である。だが現代の大方の哲学者は、デューイによる自由の観念を「どんな勝手も許される」という原理の変種に過ぎないと解するだろう。さまざまな経験や態度を比較考量するための、普遍化された本質主義的な試金石が存在しないかぎり、彼らは、個人の成長についてデューイが考えた目標は、ありとあらゆる形式の振舞いを単に許可することだと主張するだろう。もしこのようなやり方で定義されるなら、人間の成長は哲学の再構成において重要な役割を果たしえないだろう。

しかしデューイは「どんな勝手も許される」式の相対主義を奉ずるものではない。その理由はまさに、デューイによる自己の成長の強調が普遍的真理を探求する企てとは違うからである。パトナムが指摘したように、世界についてのひとつの絶対的概念があるとかありうるとか、もしくはあるはずだといった見解を、デューイは断乎拒否した。「すべてを説明する唯一の理論という観念は哲学史における災厄であった、という考えをデューイは抱いていた」[9]。デューイの主張によれば、われわれはこの有害な夢を捨てねばならない。そして哲学を、日常生活に現われるままの現実的問題——もしそう呼びたければ「足元の問題《ローカル》」——の解決に資する活動に変えるよう努力すべきである。デューイにとって、そのような足元の問題を解決することが自己実現の中身なのである。一般的な哲学的問題の解決に取りつかれた人々にとって、これは過度に謙虚な言い方に聞こえるかもしれない。しかし読者に思い出してほしいのは、本書を書いているときも、この世界の多くの場所で火急の「足元の問題」が生じていること、そしてそこに、異なる民族集団がたがいに争わず一緒に暮らすことをどうしたら学べるのかといった問題も含まれていることである——これは、「足元の問題」といういくぶん誤解されがちな名称で呼ばれるからといって、誰しもその重大さを軽くとる気にはまずならないような問題である。

デューイが「自由はある種の相互行為のなかにある。すなわち、そこで人間の欲望と選択が何らかの価値をもつような環境を維持するような相互行為である」と書くとき、彼は普遍的真理を述べているのではなく、実践的提案をしているのである[10]。人々が自らそうなりたいと思うものになるのを援助するために、人々を支える環境が必要である。「人々を支える環境」について唯一の定義がないとしても、これは真実である。もしわたしがあなたを深くて足の立たない水の中に投げ込むとする。結局のところ、あなたにとってはこうすることが泳ぎを習得する最善の方法かもしれない。しかし、わたしの場合は、まず両足を蹴って一回につき少しだけ前進する経験によってのみ泳げるようになるかもしれない。デューイの哲学によれば、普遍的に有用な基本原則は次のものに尽きるという。すなわち、どんな場合でも人間が花開く《フラーリッシュ》ためには、彼らに必要な支援が与えられなくてはならない、という原則である。これは一見した印象とは異なり、けっして空疎な言明ではない。ひとつには、この原則は、人間が活躍し経験を積むことに含まれた抜き差しならぬ集団的な要素についての議論を余儀なくするからである。人が活躍できるようにするためには、大勢の人々の間の集団的努力と相互行為が必要である。個人の自由は集団的自由から分離されえない。そしてデューイが主張するように、人間の知識と経験は個人ではなく集団の所有物であって、集団の構成員すべての成長を（いつもとは限らないが）促進するはずなのである。

人間性とその鏡

ローティなどのポスト・モダンの思想家たちは、人間の連帯という啓蒙主義の理想——共有された人間性だけを基盤に行動を動機づけるという理想——は死んだと主張する。これとは対照的にデューイは、見てきたように、個々の人間の自由が集団的自由に結びつくと信じている。人間の成長（デューイはこれを「人間の開花《フラーリッシング》」と呼ぶ）は必然的に個人とではなく集団をなす人々にあてはまる、と彼は主張する。(11)

デューイとポスト・モダンの思想家たちの間にあるこの対照性は特筆すべきものだ。なぜなら、人間の連帯性という啓蒙主義の理想を拒絶するために頻繁に引用される根拠——哲学理論は現実の鏡像にはなりえないということ——は、デューイも同意する根拠のひとつだからである。ローティその他の人々は、実在するものの「鏡」――外界の鏡であろうと人間性の鏡であろうと――としての哲学理論、という観念を、正当にも攻撃してきた。彼らは古典的西洋哲学による（例えば「心が精確に実在を表象する」という表現における）「表象」の強調を（例えば、「われわれのすることはこれである」という表現における）習慣や活動の強調に取り換えたいと欲している。彼らのこのような主張ほどデューイ主義的に聞こえるものはないだろう。実際、この主題に関するほとんどすべての著述において、デューイは、不動の論理、理性、あるいは表象という観念に反対し、活動に基づく探究のモデルという考えに賛意をあらわしている(12)。

しかしデューイと啓蒙主義的理想の批判者との間にある類似点は、自然の鏡としての哲学という概念の拒絶とともに始まり、そしてそれで終わる。活動や習慣についてのデューイの概念は、ローティやポスト・モダニスト一般の概念よりずっと豊かである。デューイは、われわれの心が世界を鏡のように映し表象するという伝統的観念を受け入れなかった。にもかかわらず、彼はどのようにしてわれわれの活動が世界認識を表現するのか、どのようにしてわれわれのなすことが有意味であり了解されるのか、こうした問いを理解しようとした。多くの反啓蒙主義の思想家（例えばローティ）は、解釈者のローカルな集団を超えた意味という信念を避けている。例えばローティは、発話《スピーチ》を単に雑音《ノイズ》をたてることと露骨に同一視している。彼の主張によれば、すべての意味はこれら雑音についてのわれわれの解釈から生じるという(13)。哲学的伝統を拒絶しているにもかかわらず、ローティが、相変わらず、話すという一次的経験を単に雑音をたてることと考えているのは明らかである。聴き手はこれら雑音を解釈し精巧な主観的処理をほどこし、それらに意味を与えねばならないというのだ。

デューイにとって、これとは反対に、一次的経験にすでに意味がある。デューイにとっては習慣《ハビット》でさえ意味があるし成長しなくてはならない。習慣と活動は彼にとり純粋な生理学的出来事ではない。それはむしろ自らの環境を変化させるための手段、しかも意味に関与した手段なのだ。われわれが世界を経験するのは、本来、それがわれわれにとってもつ意味との関わりにおいてである。習慣でさえこれらの意味の発見と連動している。すなわち習慣は、単に機械的で反射的なものではないのだ。デューイのいう習慣は指の爪を噛む癖のようなものではない。習慣は、珍しい鳥を探すのに適した場所がバードウォッチャーにはわかっていることに似ている。もし自由な自己発達が基礎的な善であるなら、行動や習慣を善にする条件は、習慣が成長や発達に開かれていることである（発達の目標についてまだなにも言っていない点に注意しよう――わたしはいま各自の精神能力に応じて自らを形成している人々について話している）。

それゆえデューイは次のように書く。「ある習慣を悪しきものとする要因は、旧弊に囚われるという態度である。善い目的に従うことで機械的な型にはまった行動も善に変わる、という通俗的な見解は、道徳的善の原理を否定するものだ。この見解では、道徳が〔かつて〕合理的であったもの〔しかしもはやそうではないもの〕と同一視されている……。合理性（そして行為における善）の真の核心は、すでに行動の構成要素になった条件を効果的に統御することに存する」。心的表象や鏡とちがって、行動は世界を映さない。ローティが教えるように、何世紀にもわたる西洋思想にとってきわめて基本的な表象の比喩は人を誤らせるものだ。しかしデューイの教えるように、行動は世界を表象しないし、鏡として映すわけでもないが、多少とも環境にあわせた調律が可能である。また行為者は多少とも自分の周囲について知ることができる。それゆえ、デューイにとって人間の基本的美徳は、彼が――たぶん残念ながら不適切にも――従順《ドシリティ》さと呼んだものになる。彼はこれを「活動的で、知りたがりな、拡張してゆく経験からあらゆる教訓を学ぼうとする」熱望、と定義している。繰り返すなら、デューイは特定の種類の経験や経験内容を「善」として主張しているのではない。彼は過程としての経験、環境における人間活動の一部としての経験に焦点を当てるのである。(14)

わたしはデューイの主張に依拠して、ローティのユートピアやそれに似た反啓蒙主義的理論に対して単刀直入な批判を差し出すことができる。人間であるかぎり、わたし自身の成長を他の人々の活動、経験、また成長から切り離すことはできない。逆にいえば、わたしの成長は集団的経験や、集団が得た資源、そして相互行為の複雑なネットワークに多大な恩恵を負っている。一九九〇年代においてこれは明らかなことに思える。いまわれわれが口にする食物、身につける服、そして口ずさむ歌はいたるところからやってくる。またわれわれの生活のあらゆる側面は、無数の他の人々の活動と深く絡みあっている。ポスト・モダンの反啓蒙主義的理論家たちは、経験のこの根本的に集団的な本性をおそらく理解できないのだろう。それというのも、現在われわれは「それを理解するために」十分な数の人々と出会うことがないからである。自力で他の人々を経験し彼らと意味ある仕方で行為しあうには、多数の他人との出会いが必要である。われわれが住む世界は、相互依存的コミュニケーションと経済システム――それらが人という生き物の相互依存に取って代わった――

から出来ている。人間の相互依存にそなわる潜在的な豊かさと活力は、労働、学校、そしてコミュニケーションという近代的制度のために危殆に瀕している。これらの制度は相互行為や共同体の成長を抑制しがちなのである。これらの点については、第三章と第四章で詳しく論じるだろう。

経験とその成長を支援するという理念を正当化するために、行動や態度の基礎に横たわる本質的な「人間性」を理論のなかに持ち込む必要はない。自らの自己やその成長の潜在能力の理解に努めればそれで十分である。デューイの主張によれば、哲学者は「どのようにしてわたしは一般的に(überhaupt)〔全面的かつ完全に〕知ることをなしうるか」という問題で思いわずらうべきではない。問題は「ここでいまどのように考えるべきか」である。全体としての思考の検証とは何かではなく、「この思考を妥当とし裏づけるのは何か」が問題なのである(15)。ここでいま実際に必要ではないものは、自らの知的な繭のなかに籠るためのさらなる言い訳である。その種の言い訳のひとつとして、繭の外の生活はいまとてもつらいものになりつつあり、知的毛虫や知的蝶の環境はもはや成長のための十分な支援を提供しないだろう、というものがある。

行動は、デューイがいう意味で自由を伝える性質があるので、環境や他の人々から切り離すことができない。行動を通じてのみわれわれは環境を変形する。また自由を促進することは、環境を従《ドシ》順《リティ》さ、ひいては人間の活躍のための支援者に変えることによってのみ可能となる。ひとつの目標にあわせて多くの人々の行動を調整するには、集団的行動が必要である。換言すれば、社会的制度が必要なのである。

まさにこの理由で、デューイ哲学は彼の社会学や社会心理学と切り離すことができない。哲学の営みは心や自然といった抽象概念だけにかかわるのではない。哲学が扱うのは、デューイの意味で自由になろうと努める生身の人間が直面する現実の問題にほかならない。したがって、自由の哲学は、少なくとも部分的に、自由を促進する制度を構築し保護する営みにかかわらざるをえない(16)。だが悲しむべきことに、二十世紀末の哲学者ばかりか民衆もまた、制度は自由に対抗するものだと確信するようになった。詳しい引用に値する一節において、デューイはそのような思考を強く非難した。

制度を自由の敵と見なし、すべての慣習を隷属と見なすことは、行動にそなわる積極的な自由を保証する唯一の手段を否定することである。衝動の一般的な解放は、ものごとが停滞しているときにはそれを捗《はかど》らせるかもしれないが、解放された力がなにかに向かいつつあるときには、その道筋や力がどこへ進んでいくのかわからない。実際、種々の力は必ずや互いに矛盾しあい、それゆえに破壊的である――それらが壊そうとする習慣だけでなく、自らの有効性に対しても自ずと破壊的なのである。慣習《コンヴェンション》と習慣《カスタム》はなんらかの幸せな結果へと衝動を進めるのに必要である。自然へのロマンティックな回帰、現存する環境を顧慮せず個人の内部で探される自由、それらがゆきつく果ては混沌である。これらと逆のあらゆる信念は、現実的なものについての悲観主義を自然の調和などに関するはるかに楽観的な信仰に結びつける。これは、表面上は一掃されるべきある種の伝統的形而上学や神学のうちに生き残っている信仰である。慣習ではなく、愚かで硬直した慣習つまり因習こそが敵なのである。そして、われわれが注目してきたように、慣習を再組

織し機動的なものにできるのは、衝動に梃子《てこ》の役目をさせるなにか他の慣習を使用することだけである。(17)

われわれの思考、文化、行動にきわめて深く根をおろした個人主義は、おそらく自由と経験についての真の哲学の発展を邪魔する最大の障害物であり、自由の真に社会的な実践が発展することに対する最大の障害物だろう。デューイが熟知していたように、この個人主義は単なる思考や単なる言葉では根絶できない。この種の強力な文化的想定〔ある文化が自明視している信念や思い〕を克服するには、全員が一致してたゆまぬ行動をとらねばならないだろう。哲学やその他の知的探求が提供できるのは、安直な解決ではなく――普遍的真理では全くなく――われわれのさらなる成長への道案内であり、合理的な励ましである。「孤立した自己と主観的道徳性という誤った心理学が倫理にとって重要なもの、つまり倫理の客観的帰結としての行動や習慣を倫理から締め出してしまう」(18)。したがって、われわれ自らと道徳理論を道徳にとって重要なものに開いておくためには、行動とその帰結を文脈のなかで考察しなくてはならない。デューイはこの点をただ知っていただけではなく、教育や仕事そして社会生活について学ぶ学徒として、その経歴におけるかなり早い時期からこの原則に従って行動した。

日常的場面――学校や職場のような――で生活することにともなう問題の分析は、デューイにとって哲学の本来の仕事の一部であった。ポスト・モダン的な精妙な理論づけを行なっているにもかかわらず、現代の知識人でこれらの文脈に意義ある思想表現を与えたと主張できる者はあまりいない。哲学者は――とくにポスト・モダンの哲学者は――人々が自らを見いだす場所（学校、職場、テレビの前）についてもっと多くの時間を費やして考え、抽象概念を論じる時間を減らさねばならない。被験者にビデオモニター画面の刺激に素早い反応を行なわせ、そのときの被験者の思考を調べるといった種類の研究――いま認知科学と呼ばれるようになった研究――が、人間の思考の研究の典型であるという事態に、現代の多くの科学知識の趨勢が示されている。現在、最先端の認知科学では、ポジトロン断層撮影法の機械やこれに類似した装置（脳の活動を読み取りマッピングする機械）へ被験者を縛りつけたり、暗算のような擬似的仕事に属する単純な問題を被験者に課したりすることがお決まりのやり方になっている。しかしこの種のスキャン装置へ縛りつけられたら、人はたいしたことを行なうことができない。こうして、何もしていないとき人はどのように思考しているかといった問題を研究することが、IT（情報テクノロジー）という魔法によって、「認知神経科学」なるものに格上げされるというわけだ。

　デューイはもちろん狭い特定領域に閉じこもることをしなかった。教育制度に対する彼の批判は、名前だけだとしても、よく知られている。しかし「デューイ教育」が何を意味するかを知っていると思う人のうち、どれだけの数の人が、デューイの提案した改良策の目標が、学校における子供たちの経験を民主化することなのかを理解しているだろうか。模倣（独創性のない習慣）をへらし思慮深い行動（善い習慣と従順さ）をふやすために、この民主化が必要なのである。また、デューイが現代の職場に対して説得力ある批判を行なっていることを知る人は、はるかに少ないのではなかろうか。彼は、職場において、一日のうちの長時間にわたり機械的な型にはまったやり方が生活を支配していることを批判している[19]。自由は、経験とおなじく過程である。自由を促進する条件は集団的で制度的なものであって、個人的ないし私的なものではない。われわれ現代の知識人の多くは、自らの「リベラルな」見解を誇りとしており、市民的自由に反対する人々、現代社会が勝ち取った消極的自由を否定しようとする人々に敵対する。しかし消極的自由の擁護がいかに重要でも、それで自由を完全にあるいは十全に擁護することにはならない。すべての人間の（単に一部の人間だけではなく）成長が依存している制度を弱める人々の行動――あるいは無活動――もまた、自由の敵である。実効ある学校教育や意味ある仕事に広範な人々が参加できなくなることは――これはもはや少数の悲観主義者の悪夢ではなく、多くの人々にとり正夢である――例えば検閲法の可決のように、われわれの自由に損害を与えるだろう。学校教育と労働に具現されたさまざまな恩恵について知識人の見解が混乱していること、また経験の民主化を促進する明確な運動がないこと――これらは、現代のもっとも悲しむべき特徴のひとつである。

進歩への展望

デューイは、普遍的な哲学的問いをインチキだとする反啓蒙主義思想家と意見を等しくする。真理そのものや実在そのものを知るには及ばない。そして恐らくわれわれは、これらの用語が意味するところを知ってさえいない。だからといって哲学のそうした見解を拒むことは、哲学を拒むことと同じではない。デューイは哲学者としてある根本的な問いを訊ねたが、それはわれわれも熟考したほうがよい問いである。現代社会において人間が成長する条件は何であろうか。多種多様な視点から社会全体としてこの問いを民主的に取り扱うために、どうすれば広範囲な人々の成長を促進できるのか。学校は各人の探求をひとつに集約するのに役立つ経験を通じて成長を促進するのか。職場も成長を促進するのだろうか。もしこれらの制度が現状のままでは人間の成長が促進されない場合、学校や職場が目標へ向かうのを助けるためにわれわれに何ができるのか。

ここで使われた人間の成長という概念について、それがなにか新しい絶対的な理念的なものであり、日常生活を評価するための歴史の外部にある基準であると言うつもりはない。しかしながら、人間の成長という概念は、制限された文化的拘束を負った偏見でもない。それはわれわれの現実、われわれが立つ場所についての判断――哲学的判断――である。それは論理必然的《アポディクテック》に確実なわけではない。わたしが思うに、それはわれわれの情況を記述するのに適切であるような判断である。またこの判断には著しい修正が可能である。深刻な批判にさらされたら、明らかにそれを修正しなくてはならない。けれども修正されたからといって、それが現在もっている価値は損なわれないだろう。もし例えば教育に対するわたしのネオ・デューイ主義的アプローチが、設定した教育目標を達成できなくなって、異なるアプローチに代替する必要があるとわかった場合、効果的な教育方法は何か、という重要な争点に関して、有益なことがらを学んだことにならないだろうか。本書が支持する根本的価値、つまり人間の成長を促進することが仕事や学校の基本的目標であるはずだという見解は、要するに、絶対主義者のいう意味ではなく、デューイが次のように描き出したような、普遍的な哲学的主張なのである。デューイは書いている、「哲学はつねに自らの普遍性を主張してきた。この普遍性を〈普遍的存在者〉の認識といった大それた主張と結びつけるのではなく、行為指示型《ダイレクティヴ》の仮設〔例えば、「もしインフルエンザを予防したいなら、部屋の加湿に努めなさい」といったタイプの命題〕の形成と結びつけるとき、哲学は自らの主張を有効で優れたものにできるだろう。実際的要求によって示唆され、すでに達成された知識に守られ、また呼び起こされた操作によって仮設がテストされるとき、その仮設が実り多いものになるのは言うまでもない」[20]と。

デューイが言うまでもないことを詳しく説明したのは喜ばしい。なぜなら、明らかにそれは言うまでもないことではないからだ。多くの哲学者はいまだに絶対的真理という至高の目標のために努力している。彼らに敵対する者は、絶対的な真理は発見できない、と主張している。けれども絶対主義者にしても彼らに反対する者にしても、どのようにしてものごとを現実に知るのか――修正可能な仮設として知るに過ぎないとしても、問題は知ることである――を述べるかわりに、知りうるものが何もない知的な空想世界、ある種の心の遊び場をでっち上げているにすぎない。ポスト・モダン主義者は、実際には何ごとも知りえないと主張して、啓蒙主義の継承者たちをあざけるが、この主張自身、啓蒙主義の卓越した哲学者であるヒューム〔イギリス経験論の哲学者、歴史家。一七一一―七六〕とカントから借用したものなのである。大学で教える哲学者がこのあざけりに示す典型的な応答は、なにか絶対的真理や実在――経験の背後や経験を越えたところにある何か――を見つけようとする試みであった。しかしこの種の相対主義に対するいっそう有効な応答は、人類学者のクリフォード・ギアツ〔アメリカの文化人類学者、一九二六―二〇〇六。解釈人類学を提唱した〕が示唆したように、本質主義ないし絶対主義への反論を提示することではなく、論争をまるごと拒否することである。絶対主義と相対主義は――確約された真理の探求という――質のよくない同じ知的コインの裏と表なのである。神聖な真理が結局は誤りだとわかることがある

――相対主義はこのことを教えている。そして反相対主義が教えているのは、すべての知識の中心にはわれわれの努力次第で共有できる――たとえ共有がうまく成功しないとしても――貴重で質のいい人間の経験がある、ということである。(21)

われわれの行動は環境を変化させるが、しかし行動はまたわれわれも変化させる。経験は行動と手をたずさえて進むのであり、両者を改善し、拡張することができる。人は実際に自らの失敗から学ぶことができる。哲学者や科学者は、他の人と同じように、自らの経験やある領域で秀でた人々から知識を獲得しなければならない。したがって、哲学は「人間の経験に広がっている善」を受け入れざるをえない。「〔哲学には〕モーセ〔前十四世紀頃のイスラエル民族の指導者〕あるいはパウロ〔イエスの教えをローマ帝国に伝道しキリスト教の確立に多大な役割を演じた。六四年頃ローマで殉教〕にゆだねられたような啓示の権威がない。しかし哲学はこれらの共通で自然な善を知的に批判する権威をもっている(22)」。デューイは次のように付け加えるべきだったろう――その権威を哲学が引き受けるかぎりでのみ、哲学者が自らを理解し改善するべく集団の人間的努力に奉仕し間違う危険を犯すかぎりでのみ、哲学は知的批判の権威をもつ、と。不確実性への怖れが現代世界に蔓延している。人間性に奉仕するべく知的批判を用いようとする多くの哲学者の試みを無力化するのは、なによりもこの不確実性への怖れである。

実際的行動や実際的思考は、たとえわれわれを完全なものにできないにしても、われわれを改善することはできる。哲学者が知識の確実性を達成しようと目指して、自分を人々から孤立させ、英雄的で専門的な技量を身につける必要はない――不幸にも、こうしたやり方が西洋哲学の特徴であったのだが。そうではなく、人々の経験を拡張し改善するために、共同して働ける情況をつくりだすべきである。そうすれば知的批判の可能性が創出されるだろう。われわれに必要なのは、個人的経験とその成長、そして真の協同や協調を促進するような日常生活の状態に重きをおく教育だろう。

デューイの見解では、哲学者は自らの学生に真理を伝えようと望んではならない。そうではなく「われわれが子孫のために果たしうる最善は、まともで洗練された生活の要素である種々の習慣を維持できる環境を、損なうことなく、またいくらか意味の増分を加えて、彼らに伝えることである」[23]。この観点からみれば、われわれ二十世紀末期の市民や知識人は落第生である。われわれが子供や学生に残そうとしている人間の環境は、明らかに危険なのは言うまでもないが、ますます意味の劣化を招いている。実際、わたしは西洋の伝統的理論に具現された経験の劣化〔感覚に基づく知覚理論のこと〕が、日常生活の多くの場面ですでに〔「知覚」以外の〕経験そのものの劣化となっていることを示したいと思う。それゆえ、経験の生態学的擁護は理論的価値と同時に実践的価値を持つはずである。

第三章　不確実性の恐怖と経験からの逃走

二十世紀後期のわれわれは、自らの世界を直接に経験する能力を失いはじめている。われわれが経験という用語で意味することにしたものは貧しくなった。同様に、日常生活における経験に関してわれわれが有するものも貧しくなった。なぜだろうか。ひとつの理由は、わたしが思うに、経験に対する哲学的態度——すでに明らかにしたように、この態度が、経験が意味に充ちているという理解を損なっている——が近代における日常生活の諸制度に（四百年近くの間）深く埋め込まれてたままであることだ。コンピュータ制御の電話によるセールス・トークからスーパーマーケットにおけるレジの列にいたるまで、タイピスト要員から組立てラインにいたるまで、われわれの経験はますます貧しくなり劣化している。わたしが言いたいのは、この劣化が日常生活の場合も哲学の場合とまさに同じ原因、つまり不確実性への恐怖による、ということである。

知識人たちは、デカルト派の哲学者から経験を二つの別々の、だが同じように機械的な過程に分割することを学んだ。これによって、一次的経験は、われわれの世界観からみごとに除去されてしまった。アメリカ文化は一次的経験の価値を見失う危険にさらされている。さらに、現代の産業プロセスが生産活動をつくり変えてしまった結果として、仕事から意味のある経験を手に入れるという労働者の望みが蝕まれている。そして理論家が一次的経験の価値を見失ってしまったせいで、労働者や彼らの経験のために必要なものを擁護する者は少なくなった。現代の大量生産に基づく産業化は、ほとんどのパンが、空気と種々雑多な材料からなる少し粘った物質でしかないような世界をつくりだした。これと同じように、現代の産業化の過程は、経験が、衛星経由でわれわれのもとに送信された明滅するモンタージュ映像であるような世界をつくりだした。栄養があって、歯ごたえもあり、皮の堅いパンが不足している現状は、昔に戻るのではなく、パンを入念につくることによって正される――そのためには、心を配り、適切な材料を使用し、腕のいいパン職人の調理法に学ぶことが必要だが。パン製造業者は、製品から得られる利益について配慮するのもいいが、必ずそれと同じだけの配慮を、よい製品をつくることに払わねばならない。同様に、栄養や歯ごたえがあり皮の堅い経験が不足している現状は、適切な材料と手順にたいし慎重な配慮を払うことではじめて正される。

邪悪な霊

日常生活がますます型どおりになり機械化されるにつれ、われわれが他人を経験し出会うことは減ってゆく傾向にある。車で通勤する者にとっての他人とは、自分が走行するのを妨げる金属製の殻をまとった障害物にすぎない。都会の通勤者は、徒歩で通うにせよ公共交通機関を利用するにせよ、実質的にはロボットに変わっている。彼らは、まるでベルトコンベアで運ばれるかのように職場へと急ぎ、目の前の課題や光景ではなく自分だけの思考に傾注している。身体が自動的に世界をつき進んでゆくときの彼らは、たぶん自分だけの思考に生きているせいで、人間の単なる抜け殻のように見える。彼らを生き物と見なすには、ほとんど根拠のない盲信を必要とする。「たまたまそうしたことが実際にあったのだが、もしわたしが窓の外を見て広場を横切っている人々を認めるなら、普通わたしは人間そのものが見えたと言う……。しかしわたしに見えるのが帽子とコートだけで、それらは自動機械《オートマトン》を隠しているのではないのか。わたしはそれらが人間だと判断する。だから自分の目で見ているとわたしが考えたものは、実のところ、心の中にある判断能力によって把握されているにすぎない」。三五〇年前に書かれたとはいえ、デカルトの見解は、現代生活に属する日々の仕事についての不気味なほど適切な記述であるように思える[1]。

しかし、デカルトの観察には現代のオートメーション化された生活方法を記述する意図はなかった。そうではなく、デカルトは二種類の経験、つまり両眼を使用する視覚と精神を働かせるある種の知覚とに、微妙な区別をつけようとしたのである。判断は実際に経験から切り離されていると考えるべきだろうか。哲学が日常的なものを軽視し、経験の誤った分析へといたる最初のステップがここにある。事物の形や運動の印象を受けとる「基礎的な」種類の経験と、身のまわりの事物の意味を推論するための「より洗練された」解釈的な経験——こうした二つの異なる種類の視覚経験が実際にあるのだろうか。われわれはあるやり方で人々の身体を見ているが、人々の心は別のやり方で見るのだろうか。デカルトが謂《い》わんとしているように、ある人の帽子を見る《シー》やり方は、その人の退屈さを理解《シー》するやり方とは違うし、日常の仕事を実行するという断固たる決意を理解するやり方とも違う、というのは事実なのか。自らの見解を証明するために、デカルトは、見るという経験と見ているものを判断するという経験が違うことを論証しなくてはならなかっただろう。だが彼はそれをやらない。デカルトは、例えば帽子の色を見ているときの主観的経験が、退屈な顔つきを見ているときの主観的経験と違うことを論証していない。そうするかわりに、彼は自らの論証を「このうえない力をもつ……悪意ある欺く者がいる。彼はあらゆる可能な手段を遣って故意にわたしを欺こうとしている」という奇妙な想定に基づかせようとする。この人を欺く悪しき霊はロボットに衣服をまとわせることができるだろう。そのようにして、実在するものとしないものに関して、われわれを惑わすこともできるだろう。

もしそのような悪意ある霊がいるなら、真の経験を獲得するためのお墨付きの手段——人間的過失からわれわれを救ってくれるある種の定型化したアルゴリズム——を見つける必要があるだろう。さもなければ、われわれは周囲で起こっていることがらをけっして知ることがないだろう（これは幾人かのポスト・デカルト主義の哲学者がよろこんで受け入れている結論である）。デカルトの独創的考察によれば、われわれの心理学的機序は二つの部分——感覚を集める身体的機構とそれらの感覚に基づいて判断をおこなう心的機構——をそなえている。人は感覚のための身体的機構をそなえているというデカルトの提案が何世紀にもわたり影響力を持ちつづけている一方で、純粋に心的な判断もまた機械に似たものかもしれないという彼の提案は、コンピュータや「人工知能」が出現し、人間の心的過程をコンピュータとそのプログラムと同一視する近年の理論が出現したことで初めて影響力を持つことになった。

デカルトの「邪悪な霊」の想定はあらゆる陰謀説にとどめを刺す陰謀説である。邪悪な霊の想定によって、デカルトは、われわれにこの世界（人がたえず経験してきたこの世界）の現実性を疑わせるための説得力ある陰謀を考えつくことができた。そうなると（少なくともこの陰謀説によれば）、経験とは無縁の世界が、「真理」《イン・トゥルース》として〔in truth は熟語で「実際は」という意味〕存在することになる。これは知的ペテンである。にもかかわらず、デカルトは全く証拠を示さないまま、日常的な実在性を全面的に毀《こわ》すことに成功する。彼の理論を立証するのに必要なのは、彼が示唆するように、ただ感覚は必ずしも信頼できないという証拠である。

哲学者はこの知的策略を「錯覚論法」と名づけてきた。そしてこの論法は、外界に関する知識をあつかう現代的議論の大部分において中心的位置をしめている。ごく大雑把にいうなら、この論法によると、われわれは自らの感覚が時として人を欺くのを知っているから、感覚に由来する証言だけを本物の知識として受け入れることはけっしてできないというのだ。それ以降、日常的知覚を毀してしまったので、各々の哲学者はそれぞれがお好みの真理の源泉をもちだして日常経験に替えている。例えばデカルトは、自らの感覚経験を信用できないとして拒否するが、自らの純粋な思考は信頼できるといって受け入れる。実際、彼の主張によれば、彼の純粋な思考が次の見解の正しさを確信せしめたという。つまり、世界はわれわれが経験するとおりのものではないのであって、じつは運動状態にある微細な粒子から出来ているというのだ。

しかしこれはばかげた《ナンセンス》話だ。分別ある人なら、自らの感覚が時たま信頼できないことがあるという証拠と、世界は見えるとおりのものでは全然ないという証拠とを、同一視などしないだろう。陰謀説のあらゆる目的は、人々が通常ひとつのもっともらしい事実に基づいて、無分別なやり方で思考するよう仕向けることである。デカルト理論はこの目的に目覚しい成功をおさめている。もっともらしい事実とは、われわれの感覚が時として信頼できないということである——しかしなぜこれが、世界は欺瞞的でありわれわれの一次的経験は無益だということを意味するのか。

たとえ錯覚論法のためにデカルトが抱いた邪悪な霊の妄想を受け入れるとしても、基礎的な視覚経験と思考と判断に基づくいっそう洗練された経験とを、デカルトのように区別するやり方が正当だとは言えない。デカルトは、どんな邪悪な霊でも、人を欺いて自らの意識状態について間違えさせるのは不可能だと考えた。「悪しき霊に精いっぱいわたしを欺くようにさせよう。わたしが存在するとわたしが考えているかぎり、わたしが存在しないという事態を悪霊はけっして惹き起こせない」。要するに——「わたしは考える、ゆえにわたしはある」、なのだ。わたしを欺いてロボットが人間であると考えさせる邪悪な霊は、ロボットの帽子についてもわたしを欺くことができるだろう。しかし、わたしが考えているという事実についてわたしを欺くことのできる霊はいないだろう——このようにデカルトは考えた。こうしてデカルトの主張では、知覚の第二段階——思考と解釈——は全体としての知覚過程より誤りを犯しにくいという。これは手前勝手な議論のひとつの事例だが、今日でさえ多くの理論家たちは、個人が——他の出来事については明らかに説明できないかもしれない場合でさえ——いつも自らの心的状態については説明できると信じているらしい。

もしデカルトが邪悪な霊の考えにいっそう一貫した態度で従ったなら、彼は次のように結論したことだろう——厳密にいえば、われわれは自らの心的状態だけを経験するに過ぎない、と。あらゆる視覚はある種の思考あるいは判断〈それゆえ、デカルトによれば純粋な心の働きによって保証された確実性がそなわる思考や判断〉であるか、あるいはどんな視覚も不確実であり、わたしの目は絶えずわたし――それが〈思考しているわたし〉であっても――を欺くかのいずれかである。しかしながら、デカルトはこれらの結論には至らなかった。なぜなら、この種の結論は彼の主要な目標のひとつを損なうからである。その目標とは、日常経験の本性についての評価を変更することである。というのも、科学革命に関する新しい「機械論的形而上学」からはきわめて非常識なもろもろの帰結が導かれるが、日常経験がこれらの帰結を裏づけるのに役立つかもしれないからだ（実際、デカルトは、純粋な思考はある種の経験的観念を綿密に吟味しうるのであり、もしそれらの観念が明晰かつ判明であると判明したなら、これらの観念を真と認めることができる、と主張した。彼はこの主張によって、彼の目標にかかわる争点を全体として糊塗しようとした。この点には後にふたたび言及する）。

　新しい科学の擁護者の役割を果たすために、デカルトは感覚に関する完全な懐疑主義を回避する必要があった、なぜなら、感覚的認識は本質的に錯覚と区別できないと信じる人が、科学の前途に熱狂する見込みはないからである。他方で、人は他人の感情なるものが実際にわかると思う者は、科学的世界観としてふつう容認されていることがらよりずっと多くのことがらを、当人の哲学のなかに受け入れなくてはならない。近代の機械論的科学の到来とともに、感情を初めとする多くの現象が非実在の領域に追いやられた――その種のものは、運動している物質的粒子のみで構成された世界に対する「主観的な添え物」として扱われた(2)。デカルトは、身体をそなえた人間には〈精神と区別された」物質的存在の面があり、身体は運動する物質から構成されている、と述べることで満足した。しかし、デカルトにとって、感情を持ち思考する人間の形而上学的身分は、身体的自己と同じ対象のそれではない。それというのも、感情をもつことと思考することは、全然違う材料、つまり物質界のどこにもない心的な実体から構成されているからである。デカルトは身心二元論で名高い。だが彼（そして他の科学革命の擁護者たち）はまた、活動的で物質的な身体としての自己を熟慮と思惟をおこなう自己から切り離す二元論も創始したのである(3)。

身体は思考しない機械になった。この機械は一定の作用（例えば、呼吸）を少しの狂いもなく実行すると見なされている。それゆえ、心は何ものにも妨げられずに、デカルトが自分の怪しげな実感に基づいて「明晰判明な観念」と呼んだものをつくりだすための判断機械になったのである。たいていの観察者は試行錯誤やその他の面倒な手続きによって徐々に世界について学んでゆくのだが、こうして、彼らの日常経験は度外視されてしまう。デカルトとそれに続く西洋の伝統的哲学者にとって、確実性は思考する心と思考しない身体とに関連づけられるようになった。混乱と不確実性は次第に日常的自己と関連づけられるようになった。そして、日常的自己は、疑いようもなく不明晰かつ判明でないやり方で心と身体とを結合している。西洋の伝統において、知識は確実性に等しく、確実性は日常経験からの分離と等しい、という想定ほど有害な考えもなかった。

心の機械加工

デカルトは彼の科学によって現代世界を先取りしたが、それ以上に不確実性を恐怖したことで真に現代世界を先取りした。デカルトは自らの科学上の成果が——彼の数学上の証明のように——単に確実であって欲しいと望んだばかりでなく、すべての純粋に心的な作用が等しく確固として確実な成果をもたらす世界を夢みてもいた。デカルトは経験が時として人を欺くことを知っていた。そこで彼は日常経験に託された信頼を弱めると同時に、経験がなされるとき、そこに二種類の心的活動を区別しようと決めた。第一の種類の心的活動は確実性をもたらさない。というのは、この種の活動はより高度なあるいは純粋な心の作用——デカルトの世界における一次的経験の残骸——をともなわないからである。この種の心的活動はしばしば「主観的な感覚経験」ないしこれに似た呼ばれ方をされてきた。第二の種類の心的活動は「純粋」で確実性をもたらす。なぜなら、この活動はデカルトの「明晰判明な」観念に基づくからだ。デカルトにとって、この種の純粋な思考をもっともよく示す例は数学の証明であった。

デカルト以後、知覚の科学的研究は、デカルトの不確実性への恐怖を知覚の二段階構成説のさまざまなヴァージョンのなかへゆっくりと組み入れた。結局のところ、科学が確実性を欲したことが一次的経験を完全に切り崩すことにつながった。厳密にいえば人はいかなる事物もけっして見ることがない、とわれわれは聞かされている。われわれが見るものは——この奇妙だがあちこちで耳にする理論によれば——どんな種類の事物でもなく、脳に作用する光や色の斑点である。これがいわゆる視覚的感覚ないし感覚与件である。われわれはまだらな色について明晰で判明な観念を得ることができるが、〔その色をおびた〕対象については誤りがちである。例えば、わたしは時として見知らぬ人を友人と間違える。というのは、彼女の外見に騙されたからである——だがわれわれすべてが騙されることはないのではないか。しかしデカルト主義者の主張によれば、すべて意味のある視覚（すなわち対象や人物を見ること）は、実際には二つの機構の組合わせ、つまり、身体的機構である感覚と心的機構である判断との結合なのである。この隠喩の科学的ヴァージョンによれば、われわれは槽の中の脳であるという。この脳は、検出できた情報がどんなに無意味な屑のようなものでも、それを解釈しようとあがいているというわけだ〔哲学者パトナムが提起した「槽の中の脳」(brain in a vat) として知られる思考実験 (*Reason, Truth, and History*, Cambridge University Press, 1982)。人間の経験している世界は実は水槽に浮かんだ脳が構成するヴァーチャル・リアリティであるという仮設〕。デカルトや彼以降の多くの思想家に言わせれば、すでに保有している明晰で判明な観念を同定し、これらの観念を後続する入力を解釈するために使用するのが最良の策だという。二十世紀の数多くの知識の理論によれば、知識には必ず次の二つの要件がともなう。まず人間の主観的状態の入手、そしてそれら状態がいま起こっているか起こりつつある現実に適合するか否かをテストする試み、である。

経験に関するデカルト主義的見解がいま衰微しつつある情勢を示すには、例をあげるのが近道だ。ある人物に会って彼がわれわれを欺いているかどうか（例えば、なにか共同事業について不正を働いているかどうか）を知りたいとき、デカルトのやり方でそれを見破るにはどうすればいいか。常識的方法——当人をひたすら詳細に観察すること——は除外される。この実際的で基礎的かつ常識的な方法にともなう難点は、デカルトにとって、なされた判断が間違いかもしれない（もちろん間違いと断定するのではないが）ということである。デカルトによれば、われわれはむしろ自らのあらゆる知識——任意のものについての知識——によってその人を評価すべきである。それからこの知識をいまなされている観察に結び付けなくてはならない。したがって、もしわれわれが特定の集団はいつも不正直だと確信しているなら、われわれの評価は、該当する個人を綿密に詮索することによってではなく、このあらかじめ抱かれた考えから始められるべきなのだ。該当する個人に関する自らの経験ではなく、すでに知られた(明晰判明な)真理から詮索を始めなくてはならないのであり、いわば這うように進むことが肝要なのだ。デカルトの方法が偏執症《パラノイア》に似ていること、これは印象的で人を戸惑わせる事実である。例えば、わたしはあなたがたユダヤ人(ロシア人、ホモセクシャル——ここに何を置いてもいい)が奸智にたけていると「知っている」、だからあなたの親切な行動や思いやりのある言葉は、外見とは反対のものを意味するに違いない、といった具合なのである。

不確実性に対するこの理論的恐怖は、こうして、知覚研究者たちに次のように思い込ませるにいたった。すなわち、経験から知識を得るためには、あらかじめ存在する観念を段階的に使用するというあの偏執症的意味において、経験は機械的でなくてはならない、という思い込みである。機械的なものとは、煎じつめるならば、誰にとってもしくじりようがないものであるはずだ。われわれの経験の根底をなすとデカルトが主張する機構は——生物とは異なり——けっして誤らない。不確実性と両義性は生きていることの要素である、と考える人々は、経験へのデカルト主義的アプローチをいつでも不安と懸念をもって眺めてきた(これは、アメリカのプラグマティストの哲学者やヨーロッパの実存主義的現象主義者にひとしくあてはまる態度である)(4)。経験へのデカルト主義的アプローチは誤りを犯す余地がないという科学的魅力をもっているが、しかし深刻な欠点もある。つまり、この種の経験は人を日常生活上の不適格者にしてしまうのである。経験されたものの明晰さや鵜呑みにされた確実性のために、人は盲信者になるか、あるいは無学な冷笑家《シニック》のいずれかとなる。しかし不確実性に対するデカルト主義者の恐怖は単なる哲学理論にとどまらない。それは現代世界で重要な文化的な力を発揮するようになった。

生が不確実であるという現実からの撤退は、いわゆる脱工業化文化を支配している諸傾向のなかにもっとも明らかに見ることができる。医学から金儲けにいたるあらゆる分野で――神秘主義の分野でさえ――絶対安全な技術が捜し求められている。同時にこの確実性の探求（これと並行して、制御《コントロール》の探求）は日常的実践の領域にまで拡大される。現代の職場〔workplace 文字通りには「仕事ないし労働の場所」〕は「情報処理」のための手段になったのであり、そのやり方は、デカルトによる経験の分割に驚くほど似ている。

歴史家デイヴィッド・ノーブル〔アメリカ生まれの技術史家、歴史家、社会活動家、一九四五―。現在はヨーク大学の歴史学教授〕が報告した、コネティカット州の工場経営者へのインタビューには、こうした情況が顕著に示されている。

彼は、相槌をうつ同僚とともに、自分たちがつくり上げた精密な処理手続きについて誇らしげに説明した。どんな製造方法の修正も――それがいかに些細であっても――生産技術者がそれを承認する必要があった。「われわれは工場の現場で何かを決めたいとは絶対に思わない」と彼は強い口調で言った。オペレーターは上司の書面による許可がなければ工程表と違ったことをしてはならないのだった。しかしながら、ややあって、ガラス張りの事務所から現場を覗きこみながら、彼は機械の信頼性や部品や装置のコストにじっくり考えをめぐらした。そして「われわれには現

場で考えることができる男が必要だ」と前言同様の確信に満ちた調子で力説した。(5)

経営者は実際、「考えることができる男」がほしいのだが、この「考える」とは、経営によって確立された作業工程のアルゴリズムに従うという意味でにすぎない――このアルゴリズムはいまアメリカ国中の事務所や生産現場にあるコンピュータの中に祀られている。経営者はいまや個人的な経験、意志決定、判断を斥けている。なぜなら、彼らは不確実性をいまだに恐れているからである。

意志決定しないその反面で「考えることができる」男が必要とされるという事情のせいで、少なくとも現代アメリカでは、労働に関わる人間関係に変化がもたらされた。これまで企業は、厳しく制御された「トップ・ダウンの」生産管理とある種の協同に基づく作業集団の労働システムとの間で揺れ動きがちだった。労働者を制御しようと経営者が熱心に追い求めている確実性は、言うまでもなくかなえられない望みにすぎない――かくして、管理システムは絶え間なく変化することになる。制御という思いにとり憑かれた考え方のために、現代の企業や工場では――学校においてさえ――自立した考え方をする人は、経験豊富で有用な人ではなく、むしろしばしばシステムの阻害要因として作用するのである。

デカルトが「純粋な」観念から「粗野な」感覚の過程を分離したことは、観念による認識と感覚的な認識の両方を衰退させた。この諸刃の価値切下げは、認識論と心理学に長い間はびこっていた理論である。しかしここ数十年で、日常生活も同じような衰退の過程に支配されるようになった。次章で示すように、現実的で一次的な、人から人へ伝えられる技能《スキル》(派生的な情報処理の技能ではなく、現実の事物を相手に作業するさいの技能）を有する人々は、徐々に片隅に追いやられ、現代生活における意志決定から切り離されつつある。経験をあたかも純粋な主観的状態であるかのように扱う理論、そしてわれわれの多くが直面するあまりにも現実的で不愉快な情況――この二つにはつながりがある。なぜなら、いかに生きるべきかに関する重要な決定をなすためにわれわれは自らの経験を用いることができないからである。

デカルト主義的な経験の劣化は、どのように日常生活に入り込みつつあるのだろうか。他の人々を管理している人々はいつでも不確実性という邪悪な霊を怖れてきた。社会の頂上にいる彼らは、いつなんどき転倒しないともかぎらない。もし兵卒が軍曹の命令に従わなくなったならどうなるのか。そんな困った事態の機先を制して、人間を管理する者はルイス・マンフォードが巨大社会機構《メガマシーン》と呼んだものを考案した。その古典的な例として、ピラミッド建設に従事した作業グループがある。[6]文明が始まって以来、部下の行動を管理する能力は実際的なことがらにおいて確実性を達成するためには不可欠である。現代におけるオートメーションと情報テクノロジーの出現とがあいまって、作業グループを巨大社会機構にする必要性は弱まったが、管理という強迫観念は弱まることがない。マンフォードが示すように、テクノロジーは管理という社会関係の代替物としてしばしば用いられている。古代エジプト王が暴力で行なったものを現代の産業経営者はしばしばより巧妙な方法で達成する。現代の産業グループは、古代エジプト王に隷属する労働者ではなくて、端末ディスプレイに隷属する社員からなっている。現代の経営者は、この新式の奴隷状態が知的技能を形成すると言ってわれわれを説得しようとしてきた。新しいテクノロジーと「近代化」はつねに技術を高める革新的手段としてパッケージにされている。しかし現実はいつもそれとは正反対のものであった(7)。

十九世紀の工場所有者は労働時間の短縮に反対して争い、それゆえ労働者（その大多数は子供であった）が昼の光を目にするのを妨げ、そして歌や会話を禁ずる規則をつくったが、それは、不確実性を心配したからである。近年の自由貿易の熱狂的支持者のように、彼らは仕事を怠けることが自らの競争力をそこなうのを怖れた。従業員が顧客と心から交流するのを避けるよう強いる現代のサービス産業の経営者は、その代わりに、従業員があらかじめ決められたせりふ（「いらっしゃいませ、お二人様でよかったですか」）を言うよう命じている。彼らは日常的な社交の不確実性を恐れているのだ。従業員が思いどおりに顧客と交流することを認めるのは、経営者にとってみれば、従業員が顧客に愛想よく対応するための方策ではなく、経営管理がされていない実例という感じをあたえる。不確実性の恐怖は近年広範囲に及んでいる。そして経営者は、作業工程の細部と成果の両面について確実性を手に入れたいと望み、部下を管理するための技術やテクノロジーにますます頼るようになっている。拘束をこのように強化するのは、予測性や確実性を創出するためである。これがわたしが心の機械加工と呼ぶものの本質である(8)。

産業革命において労働者の身体運動は「機械加工」されることになった。彼らを機械に縛りつけるか、あるいは運動を規制する作業規則を事細かにつくるか、いずれかの手段によって、予測可能で制御可能なパターンに労働者の運動を無理やり一致させたのである。しかしながら、最近のコンピュータ化が到来するまでは、運動を規制する作業規則にこだわりながらも（あるいはそれの代わりに）、大多数の仕事が——それらを満足に遂行するために——まだいくらかの個人的技能や経験を必要としたのである。
十九世紀後半のアメリカにおける小型武器製造業の綿密な分析に基づく注目すべき研究において、歴史家R・B・ゴードン〔アメリカの技術史家、一九二九―。イエール大学名誉教授〕は、熟練工の存在がオートメーション化された製造業を実質的に可能にしたことを見いだした。この発見は格別に重要である。なぜなら、流れ作業方式による製造には、互換性のある部品の使用やその他の重要な要因があるが、小型武器の製造業がそうした要因を他に先駆けて創出したからである。ゴードンが見いだしたのは、機械工が機械製品の最終の仕上げをする（あるいは適切な修正を加える）ことができる場合にかぎって、部品の互換性や規格化が可能となるという事実だった。純粋に自動化された作業工程というのは神話であり、これまでも神話だったし、今後も神話でありつづけるだろう。機械化された職場においてさえ、個人の技能は――どれほど目立たなくとも、あるいは過小評価されていても――必要不可欠である[9]。神話のお先棒かつぎが個人的技能にあまり重きをおかず、その代わりに機械装置の絶対確実性を強調する過ちを犯したのはなぜかを問う必要がある。現代文化が、誤りを犯すかもしれないが決定的に重要な人々の技能を称賛しようとはせず、機械的作業をこれほど熱烈に称賛するのはなぜなのか。これはテクノロジーの問題ではなく哲学と心理学の問題である。

現状の経済に関する自動化された情報処理、すなわち「情報化」は、流れ作業を自動化すること以上にいっそうの規格化や機械化を惹き起こす。情報化は人間の技能をさらに無意味化する第二の制御を要求する。すなわち、労働者の心的過程の制御である。職場と作業工程の理想的モデルに噛み合わされた情報テクノロジーがいったん職場を管理するようになると、熟練労働者は脅威になる。

経営に参与しない要員の自主的な意思決定の力は、すべて不確実性の日ごとの源泉になる。従業員の（身体運動に加えて）経験が「機械化」されて、テクノロジーにコード化されてしまった作業工程の管理産出モデルに組み込まれないなら、悪しき霊は野放しになるだろう――表象は、それが表象するとされたものにもはや合致しなくなるだろう。自主的な意思決定を許容することは、外界における事物（製品）が脳における観念（経営計画）に合致しないという危険を冒すことを意味する。経営者の観点からすれば、製品を機械加工し仕上げるのは労働者ではない。職場が労働者を機械加工し仕上げるのだ。しかしなぜわれわれの社会は――とりわけ知識人や教育者は――こんな狭隘な経営上の観点に屈するのだろうか。日常経験の擁護者はどこにいるのだろうか。

情報社会のあらゆる水準において労働の場所は「情報経済」へと「統合され」つつある。それゆえ各々の作業単位の製品は情報処理システムの要求に合わせて形づくられねばならない。われわれはいま――仕事《ジョブ》を情報処理システムと接続するために――労働《ワーク》を作業工程の抽象的モデルに適合するように設計している。これは次のような事態を意味する。すなわち目標達成のための新しいやり方を理解できる熟練労働者は、この新たな方法を作業工程に適合させ、同時にソフトウェア・モデルにも適合させなくてはならないのだ。ソフトウェアとその他の情報テクノロジーは、いつでも多種多様な工程で機能するように設計されている。したがって、そうした新しいやり方は一般にモデルの（費用のかかる）改良を要求することになる。それゆえ、よりよい製品を提供しまた労働をはかどらせる機会を与える場合でさえ、それはしばしば拒絶される。「遺憾ながらコンピュータがそうするのを許してくれない」とは、ポスト・モダン世界に特徴的な反復句《リフレーン》である。

人々は権限の分散化を吹聴し、コンピュータの導師《グル》たちは労働者への権限委譲を称揚したが、こうした言説は内容空疎であるのが明らかになった。そうした権限委譲の環境は確かにあるだろう——しかし、それはいつでも金持と自営業にとって存在するに過ぎない。われわれは「新しい技能を習得する」ことを日増しに求められているが、それはもっぱらコンピュータ化された複雑なシステムにおける情報の歯車になるためである（特にわれわれの「効率」を歯車のそれのように定量化できるようにするためだ）。控えめにいって、これは人のやる気を失わせる事態である。テクノロジーが新しいよりよい社会関係を創出するだろうと期待する人々は、世間知らずだし歴史を知らない。社会関係が貧しい場合、テクノロジーがその原因ではないのとまさに同じ事情で、テクノロジーそれ自体は社会関係を改善できない。社会の改善は人々がなすべきことである。この問題は情報テクノロジーにはかかわらない。もちろん情報テクノロジーにはたくさんの素晴らしい用途がある。問題は、われわれの文化がそれらの用途にかかわる狭隘な経営上の観点に圧倒されてしまったことである——そして情報テクノロジーをはじめとするさまざまなテクノロジーは、人々を解放する潜在能力を現実に具えているものの、この能力は機械ではなくこの経営上のアプローチ（わたしのいう「心の機械加工」）によって阻まれている。[10] 実際、こうしてポスト・モダンの世界はデューイが求めたのとは逆のことを果たしつつある。人間の経験が成長し繁栄できる職場を創出するために情報テクノロジーを用いるのではなく、飾り立てたハトの巣箱とたいていは大差ない職場を製造するために、われわれはこのテクノロジーを使用している。その結果、成長と熟考のためのあらゆる機会も除かれてしまうのである。

現実の脅威

〔一般に〕理想化された表象が現実に合致しえないとき、われわれの大多数はその表象を変更するのが当然だと思う。しかし、デカルト主義的な知的枠組みのなかではこれは成り立たないし、また経営の実際的枠組みにおいても成り立たない。つまり両方とも常識《コモン・センス》とは逆だ。経営とデカルト主義的思考のどちらも、確実性への要求をもっとも重要視しており、しばしば確実性は現実を件の表象〔「心の機械加工」などのイデオロギーのこと〕に合うよう変えることによって獲得される。経営者はこう訊ねる——労働者のする作業内容を変え作業工程を現状のままにしておくほうが「より容易である」（誰にとって？）場合、なぜ製造過程における情報処理を変えなくてはならないのか、と。いったい誰にシステム全体を変えるための時間ないしお金（あるいは実際の工程に関する経験）があるだろうか。さらに、労働者を新しいシステムに適応させられるのか。情報システムを労働者に合わせて変えるのは、通常多額の費用がかかるし実際的ではない。それゆえ、確実性の恐怖に突き動かされた経営者の大多数は、労働者が以前に仕事をこなした経験、つまり彼らの失敗や成功の経験から学ぼうとはしないだろう。競争市場においては、自己教育に時間を費やすのはけっして適切なことではないのだ。

したがって、高価なテクノロジーへ組み込まれたこの表象が新しい現実となる。この表象の妥当性もコスト・パフォーマンスも検証はされていない。にもかかわらず、表象にかかわるすべての生身の労働者よりも、表象が優位に立つことになる（興味深いことに、そして世間一般が信じているのとは逆に、コンピュータ化や情報化が効率や収益性を増大させるという具体的な証拠はほとんどない。一般にそのような効果がもっとも期待されている銀行のようないくつかの業界においてさえ、そうなのである(11)。そのうえ、現実を支配する表象の権能は次第に労働者の心にまでおよんでいる。情報テクノロジーが仕事場へ統合されるにつれて、労働者が利用できる情報、またその情報に基づいて行なってもいい行動が、労働者自身の情況の理解によるのではなく、ますますコンピュータとプログラムに由来するようになった。こうして、自らの主たる職務を管理の達成と見なす経営者にとって、経費の大小にかかわらず自らの考えに合致するように現実を形づくるのが、明らかに筋が通ったことなのである。ここにはまたしてもデューイが擁護したのとは逆のものがある。労働者は育てられ成長すべき生き物ではなく、形づくられ場所にはめ込まなくてはならないシステムの部品と見なされている。

活動から企画立案を分離することとは、けっして職場に限られたやり方ではない。ジャーナリストのジェイムズ・ハワード・クンストラー〔アメリカの著述家・社会批評家、一九四八―〕が現代アメリカの都市計画史に関する自著で示したように、都市計画を効果的に「自動化」したのは自動車である。交通工学者は、効率的な交通の流れを促進するために、いく通りかの道路形態と交通規則を定めたが、これらはしばしば地方自治体にパッケージとして売却されている。「たぶん設計という問題はすべて解決ずみなのだろう、何年もの間この問題に関する知的な論争はほとんどなかったのだから(12)」。この表象の影響をこうむった人々(すなわち、われわれの大部分)のうちで、道路幅をどうすべきか、あるいはどんな種類の交通網に沿ったどんな種類の建物を許可するべきかなど、こうした公的生活にかかわる争点について議論する者はあまりいない。

問題にかかわる少数の市民が建物や街路の番地について実際に議論を戦わせているが、彼らの選択肢の範囲はひどく狭められてしまった。これは、交通の流れが公共の利益となることに反駁の余地はない、というアプリオリな想定のせいである。「アメリカ人はとても長いあいだ自動車中心の生活を送っている。それはあまりに長かったので、かつて風景や都市の景観を……〔それを守ることで〕人間にとって価値あるものとしていた要因についての集合的記憶がほとんど拭い消されてしまったほどである。よい場所を制作するという文化は、農耕ないし農業文化のように、知識と獲得された技能のシステムである。それは人間に生来のものではない。それゆえ、ある世代から次世代へ手渡されないなら、この文化は失われる」(13)。クンストラーが続けて説明しているように、アメリカの都市、田園、そして郊外でも、われわれは、労働を支援する情況、あるいは労働以外の相互行為の形態にとって快い情況をアフォードする〔afford はふつう「提供する」という意味の動詞。ギブソンはこれを名詞化して彼の生態学的心理学の基礎概念 affordance を創出した〕環境を、次第に組織できなくなっている。さらに悪いことに、われわれの大半はそのような場所を制作し形づくる経験をしたことがない。それゆえ、よりよい場所を制作するという目標に向かって働きたいという希望をいだく者は、ますます少なくなってゆく。

現代生活についていたるところで聞かれる不満は、個人が（具体的なものとそうでないものとの両方について）かかわりが薄い、制御できない、隔離されている、またそれが恐ろしい、といった感じを覚えることである。これらの不満の源泉はひとつではない。おそらく、学校、工場、職場、そしてメディアをひろく覆っている心の機械加工が、不満を助長するのに大きな役割を果たしているのだろう。われわれの社会は不満の「解決策」(これはしくじりようがない方策《スキーム》だとたびたび思われてきた――アルゴリズムである!)を捜すことにごく慣れっこになっている。それゆえ、捜すことそれ自体がわれわれの知的不安感の根源にある可能性について熟慮することを、大方の人はとてもこわがっている。真の経験、生き生きとした経験、危険で人を脅かすような経験を捜し求めるだけの勇気を、われわれは個人として再生しうるだろうか。われわれの社会は気力を回復できるだろうか。またたとえ人々が間違いを犯さざるをえず、彼らの努力のすべてがうまくゆくわけではないとしても、社会は、各人が自らの経験を獲得し、それを用いるように励ますことができるのか。社会が労働や生活のためのよりよい場所を制作する方法を学ぶには、時間がかかるし、過ちを犯さざるをえないのは確かである。自力でものごとを経験する能力を再生するためには、また自己開発された知恵を促進するべく集団として働くために、われわれには――個人としても、集団としても――時間と実際行動《プラクティス》が必要である。経験のこの再生がないかぎり、われわれは空虚な確実性と感覚の無意味な断片の間で揺れ動かざるをえない。あるいは、終わりなきシニシズムと空虚な信念の不毛な連なりの間で揺れ動かざるをえないのである。生きているということは、危険を享受《エンジョイ》し、間違いから学ぶことである。ところが、たいていの制度はわれわれに対して日常における危険も間違いも認めていない。生きられた経験が幸せの中核をなすという人間生活の基本的真理を学びなおすために、われわれは団結できるだろうか。

第四章　現代の職場における経験の衰退

お神籤《みくじ》入りクッキーの工場に閉じ込められた人についての古い冗談がある。その人にとって脱出の唯一の望みは、クッキーに入れた自分の伝言を工場の外に持ち出すことにかかっているという。その人が当惑をおぼえるのは、この冗談が告げているイメージが——そのユーモラスなみせかけを剥ぎ取られて——近年しばしばわれわれの生活を描写するのに使用されていることである。われわれが隔離された状態で監禁され、必死になって脱出を捜し求めているという想念が、文学、哲学、そして科学にさえ広がっている。閉所恐怖症的イメージが一般の人の会話を満たしており、人々は，仕事や家庭また生活一般において、閉じ込められたと感じていることに不満をもらしている(1)。

サミュエル・ベケット〔フランスの劇作家・小説家、一九〇六—八九。不条理劇を代表する作家の一人、長編小説『モロイ』、戯曲『ゴドーを待ちながら』など〕の後期作品では、暗くて密閉された場所をどうにかしようともがく匿名の主人公の幻想が目立っている。ベケットは現代の窮状を言葉で表現した作家だといわれている。ベケットのたいてい名無しの主人公は、自らの奇妙な場所をしきりに測定し地図に描こうとするが、この挿話には重たい意味がある。また『事の次第』（一九六四年）の男の主人公は、密通している最中に相手の身体の寸法を測るのだが、このようにベケットの主人公は、周囲の人々さえ測定しようとする。ベケットはまるでデカルトの邪悪な霊から逃れようとするかのように、彼の経験を共有する者はおろか、彼の言葉に耳をかす一人の聴き手も見つからないのを気に病んでいる。彼らなら、かつてないほどの閉所恐怖症的情況にいるベケットが確実性という避難所を捜す手助けをしてくれるはずなのに、と。半自伝的な作品『伴侶』（一九八〇年）において、ベケットは冗談にもならないことを言っている、「永遠の闇の中であってさえ、数字は慰めであるのがわかる」と〔「わかる」の原語findは、discover after searching（探して見つける）ことをいうが、「永遠の闇の中」ではいつになっても何一つ見えないはずである〕。(2) 数字が――それがなければ不条理でしかない風景のなかで――その確実性のおかげで安らぎになるのだ。

多くの哲学者は現代生活を記述するために、この種のベケット的イメージを用いてきた。刮目に値するのは、これら哲学者が現代人の刑務所暮らしのような経験について不平を言っているのではなく、それを祝福していることである。人工知能から引き出せる教訓を明確に述べようとして、例えば哲学者ダニエル・デネット〔アメリカの哲学者、一九四二―。認知科学や進化生物学と人間の意識との関係を論じている〕は、われわれの心の作用を次のような状態にいる人の働きにたとえている。つまり、点滅灯やダイアルやレバーが備わった場所に閉じ込められていて、この監獄の外側で生じていることを一度も知らずに、どのボタンを押すべきか、どの明かりに注意を向けるべきかを理解しなければならない状態にある人にである。(3) 不条理な場所への監禁、というこのイメージは、文学や科学を次々に移動しながら、二十世紀後半には心を記述するための支配的隠喩になった。このイメージの起源は、フランツ・カフカ〔プラハ生まれのドイツ語の作家、一八八三―一九二四〕の『城』（一九五四年）や『審判』（一九六四年）のような、官僚的愚かさについての風刺文学にある。現代テクノロジー、特にいわゆる情報テクノロジーは、われわれが他者と接触しあうのを助けるどころか、他者からの分離、現実からの疎外、そして事象の無意味さの感覚を強化し深めるのに使用されてきた[4]。

無意味な場所に閉じ込められていると感じている人々は、しばしば機械のような振舞いで反応する。これはデューイ哲学のいう成長《グロウス》に対するあざけりである。われわれは人々を機械だけが繁栄する環境に置き入れるので、彼らは成長して機械じみたものになる。二十世紀後半の消費社会において、誰もが次のようなタイプの人間と顔を突きあわせているのに気づいている。われわれを助けてくれると思われているが実はそうできないし、「規則でそれはできません」という言葉で自らの怠慢を正当化するような人間である。彼はまるで自分がロボットにすぎないかのようにそう言う。恐らく彼はロボットになりなさいと指導されたに違いない。十九世紀は機械の時代《マシン・エイジ》であったが、現代は機械加工《マシンド・エイジ》された時代となる危うさに直面している。

デカルトと彼の邪悪な霊はわれわれに他の人々が機械であると説きふせようとした。ところが、ある人々に自分自身を機械のようだと確信させることが、現代の産業文化をおおう格別に邪悪な精神になってしまった。機械になったというこの感情は、多くの精神病患者の特徴である。だが、これはけっして狂人に限られた感情ではない。それどころか、「わたしは機械である」という想念は哲学者や科学者によってさかんに喧伝されている。明らかに正常な多数の普通の人々も、自分たちが機械じみたものになりつつあると感じており、これについて彼らは怒りと諦めの両方の感情を表わしている。こうした感情は人々の生活に見られる監禁状態、無意味さ、そして空虚な規則性が社会の広範囲におよんでいるという情況に由来する。さまざまな企業や制度の機構がほとんどの者に――学校で、通りで、職場で、そして公共施設においてでさえ――強く望むものは、規則と規制、几帳面さ、そして課された制約への服従である、その結果、われわれは個人性に対する嫌悪を自然発生的につのらせることになる。

ヘンリー・デイヴィッド・ソロー〔アメリカの思想家、詩人。一八一七―六二。代表作に『森の生活（ウォールデン）』など〕はニューイングランドの森の鈍感さや辛抱強さを好んでいたが、一八〇〇年代中ごろのマサチューセッツで周囲の人たちにも同じ特徴を認めて、激しい怒りへと駆り立てられた。

このようにして大勢の人々は、人ではなくもっぱら機械として自らの身体を使用して州に仕える。彼らは常備軍、市民軍、看守、民警団〔郡保安官が重罪人逮捕や治安維持のために招集した組織〕などを組織している。たいていの場合、どのような判断力や道徳感も自由に働かすことができず、自分たちを木や土や石と同じものにしている。ことによれば、同じ目的に役立つ木製の人間を製造できるかもしれない。このような能力の持ち主は、藁人形や泥の塊と同じで、尊敬に値しない。しかしこのような人でさえ一般にはよい市民として評価されるのだ。(5)

ソローは現代の政治生活について、それが道徳的選択の働きから一連の機械的決定へと堕落したことにつねづね考えをめぐらしていた。しかし、現代の学校や職場は現代の政治組織よりはるかに機械化されている。たいていの場合、よい労働者や学生は、よい市民のように自力で判断力を行使しないよう懸命に努める。実際、よい労働者や学生であるための秘訣の多くは身体を用いてなされ、正しい姿勢と正しい態度で、適切な場所と時間にいることだ。

　人々はますます、機械のような規則性、機敏さ、そして精確さを、人々にとって固有な属性であり、美徳でさえあると見なすようになった。それゆえ、いま「人工知能」の研究が盛んであるのはそれほど意外なことではない。人々がたずさわっている活動の多くが機械的なものなら、結局のところソローが示唆するように、機械でも同等に巧みに、あるいはそれ以上巧みに、これらの職務を遂行できるはずである。例えば、コンピュータはかつて人間（まず例外なしに女性）であった〔パソコンを使用するにはホスト名つまりそのパソコンの名を設定しなくてはならないが、そのためにしばしば女性の名が選ばれた事実がある〕。この「人間」は大勢の仲間とチームを組んで働き、全員で現代社会を支える双子の支柱――砲術（弾道学）と銀行（保険統計表など）――のために数表の計算をしていた。この種の単調で骨のおれる仕事は、電子計算機が最初に自動化するのに成功したが、電子計算機がいまだにもっとも得意とする仕事である。

　多くの解説者は成功した自動化のこうした事例に基づいて、人工知能が現実のものとなったとか、あるいは少なくともすぐに達成される可能性があるという結論を導いた。もし機械にわれわれ人間の仕事がやれるなら、機械は知性を持つと考えてはいけないのか。多くの人がこの問いに対する答えは当然「イエス」だと見なしている。しかし、ソローの言葉に耳を傾け、「機械は本物の人間の仕事をするのか、あるいは単に木偶《でく》の仕事をするのか」と訊ねてはいけないのか。どんな情況なら人々の単調で骨の折れる仕事を撤廃し、機械にやらせるのが望ましいのか、またどんな情況なら労働の意味のある面と労働における人間的経験の重要性を強調することが重要なのか。一九八〇年代に、哲学者ジョン・サール〔アメリカの哲学者、一九三二―。言語行為論、人工知能批判などで知られる〕は愉快な方法を考案して、人間による行動の機械的シミュレーションが必ずしも機械が知性を持つことを証明しないことを示した。

ベケット後期の小説やお神籤入りクッキーの工場についての冗談のように、サールの議論も監禁のイメージから始まる。つまり、英語を話す人が出口のない部屋に入れられているというイメージである。[6] この部屋でできることは限られている。部屋には印字された紙をすばやく繰り出す自動機械、その解釈のための本あるいはマニュアルとおぼしきもの、そして書くための材料がそなえつけてある。監禁のこの犠牲者は退屈しているせいで、出てくる文書を詳しく調べてみるが、シナの表意文字〔漢字のこと〕かもしれないと怪しみながらも、自分がそれを理解できないのは知っている。利用できるマニュアルを精しく調べてみて、彼女は、紙片に書かれた表意文字が（たしかにそうだとしての話だが）英語の同義語かもしれないものと一緒にマニュアルに掲載されているのを見つける。この囚人は、全く中国語を知らないというもっともな理由から、印字された符号が中国語であると――あるいはマニュアルの英単語がそれぞれの翻訳だと――思うことはありえない。他にいいやり方があるわけでもないので、彼女はそれぞれの紙を手にとり、マニュアルから英単語を拾い出し、それに「対応する」記号のとなりにこの単語を書くのがよさそうだと心にきめる。この時になって、彼女は部屋の壁に郵便物の投入口のようなものがあるのに気づく。そして面白がって、そこへ自分の英語の文書のいくつかを入れる。

外部の者にとって、この監獄はシナの表意文字を英単語へと翻訳するための「ブラック・ボックス」のようなものである（それらすべての符号《マーク》とマニュアルは、事実、表意文字や英単語から成っているからだ)。内部に人がいることを知らない者は、これは中国語で書かれた運勢を英語で書かれた運勢へ翻訳するコンピュータだと考えるかもしれない(なぜなら、われわれの囚人は知らないことだが、紙に印されたシナの表意文字はすべて運勢とことわざを表わしているからだ)。

この監獄(サールは婉曲に部屋という表現を使用しているけれども)に関するサールの議論は単純なものだ。中国語を全く知らない人でさえ表意文字を英単語に置き換えることができた。ことによると、時間をかければ囚人は中国語を習得できるかもしれない。しかし、中国語についての知識は彼女が作業を始めるために必要がないのは確かである。シナの表意文字を対応する英単語に置き換えるコンピュータ・プログラムが開発されていたのがわかっても、当然ながら、わたしたちは、このコンピュータは中国語を「理解している」とか「翻訳している」と断言しないほうがよい。この囚人のように、人間には理解したり翻訳したりしないでこれらの作業を実行できる以上、コンピュータが同じようにできるのは確かである。ソローの言い方を借りるなら、機械に木偶《でく》の男(あるいは木偶の女)の仕事ができるという事実自体は、機械は思考することができるとか知的であるとかの十分な証拠にはならない。

サールの議論は強力だが、思考実験つまり純粋に仮設的事例に基づいているという弱さがある。しかしながら、最近の情報テクノロジーを使用した夥しい流行りの現象を、同じ主張をなすために使うことができるだろう。サールの監禁された翻訳者は、機械的手順からなる仕事に囚われている大勢の人々に似ている。彼らがテクノロジー装置を使用するのは、次の目的のためである。すなわち、自分では制御できないし、それに関する一般的知識もほとんどない、そして関心も乏しい、複雑な情報処理における二つの処置のあいだにつながりをつける、という目的である。

お神籤入りクッキー工場にて

労働者の視点から見れば、現代的経営の根本的な目標はすべての仕事をサールの監獄中の作業のようにすることである。経営者の側からするなら、情況にとって必要だと労働者が考えるものとは関係なく、労働者は明示された規則や仕事内容の説明（マニュアル）に従うべきである。マニュアルに記載のない問題が生じれば、労働者は問題を自分で解決するのではなく、監督者を連れてこなくてはならない（このやり方は顧客や消費者にとってひどく鬱陶しいから、ある会社では問題事例を監視し処理する「クレーム対応係」を設けている）。ハンガリーの社会理論家ジェルジ・ルカーチ〔ハンガリーの哲学者・文学史家、一八八五―一九七一〕[7]は、はるか以前に、労働における「合理化」は「達成すべきすべての結果を精確に予測できること」を意味すると説明した。巨大企業がしのぎを削る現代の環境において、規則性と精確さの強調は、経済効率にとって絶対不可欠だと見なされている。しかし、ルカーチは現代の経営者がまだわかっていないと思われることも知っていた。つまり、機械的手順で遂行される労働は人の精神を消耗させるということである。仕事は合理化によって明確に記述された手順となり、個人的経験は正しい手順の流れからの逸脱にすぎないものになる――ルカーチが言うには、労働者は「ますます間違え《エラー》の単なる原因として現われるようになる」[8]。生き物は機械工場ではいつでも場違いなのである。

現代の仕事場とテクノロジーのシステムは人がうんざりするように設計されている。経営者は自立した思考と経験という邪悪な霊を怖がるあまり、仕事の手順のシステム化を強調する。仕順も何も考えずに仕事をこなすことができる（こなさなくてはならない？）ようにするためである。実際に間違いが生じたとき、人々が批難するのは、〔システムではなく〕問題を起こした人間、つまりシステムの操作者である。一九八〇年代中頃にアメリカ海軍のハイテク巡洋艦がイラン旅客機を撃墜したとき、マスコミはなぜ過ちが起こったかを詮索する報道を展開した。性能のいい双眼鏡を持った乗員なら、おそらく迫りくる飛行機が、戦闘機ではなく旅客機であるのがわかっただろう。だが、レーダー操作員が潜在的敵機であると決めつけたのだ。乗員たちを、愚かで、不必要な、そして致命的な間違いのせいで非難すべきなのか。そうはいっても、彼らは機器に頼るように訓練されていたのであり、自らの眼や双眼鏡、まして自らの判断力を使用するのを避けるように訓練されていたのである。彼らは訓練で学んだことを申し分なく身につけていた――その結果が大惨事になったのである。

惨事が生じるたびに、機械は正常に働いていたが人間がへまをしたのだと言われる。機械と人間のいずれを潜在的危険という領域に置くべきだったのか、機械とともに労働し経営指針に従うことで、人間が持っていたかもしれぬいかなる判断力も枯渇してしまったのではないか――こうした問いを誰も今まで訊ねなかった。われわれは労働者が作業手順から逸脱したことに注目するが、そもそもこの手順が理にかなっているかどうかを吟味しない。

労働には経験と技能《スキル》が必要である。個々の労働者が生産の多くの位相にかかわっている場合にはとくにそうである。なぜなら、そこにかかわる労働者が、工程の各位相で自分が行なうことの意味を理解する必要があるからだ。各々の位相にかかわる労働者は、計画に従って自然を変換するために自らの技能と道具を使用することができる。しかし、カール・マルクス（ドイツの経済学者・哲学者・革命家、一八一八―一八八三、主著『資本論』）がきわめて印象的に述べているように、「手工業や工場制手工業においては労働者が道具を使用する」が、「工場においては機械が労働者を使用する」(9)。「機械装置」が情報処理テクノロジーで構成されている場合、労働者の経験と理解は「合理化された」作業過程によって制御されなくてはならない。情報技術の巨大システムのなかのひとつの歯車である人間が情報処理過程を疑問視することはゆるされない。十九世紀に、それ以前の作業工程は、蒸気と石炭で駆動される機械の要求に適応させるため新たに策定された。現代では、以前の作業工程はコンピュータの要求に合わせて新しく策定されている。そのうえ、コンピュータはいまや生産業のみならずサービス業や販売業においても幅広く使用されているので、現代社会におけるほぼすべての経済活動は、コンピュータの要求に機械的に適合させられている。製造や販売の世界をコンピュータ準拠の世界にするためにどれほど多くの努力が費やされつつあるか、自らの経験にたって自問してみよう。ところで、人間という住民のために世界をいっそう安全で健康なものにするために、どれほど多くの努力がいま費やされているかも自問してみよう。その落差は、控えめにいっても、人を当惑させるほどである。

　機械装置の要求に応えるべく労働が専門化したせいで、労働者は、目的にあわせて道具を調整する人間から、機械装置の動作の流れを維持するための仕掛け《デヴァイス》に変化する。情報技術の要求に応えるべく労働が専門化したせいで、労働者は、目標の達成を容易にするために経験を使用する人間から、（自動化された）情報の流れを維持するための仕掛けに変化する。こうした労働の専門化を過度に強調するのは有害である。なるほど、専門化された産業労働者は、他人と分かちあうための生産物も一般的技能も持たない。また、専門化された情報労働者は、他人と分かちあうための個人的で独自な労働経験さえ持たない。労働の経験はこのように委縮し卑小なものとなった。しかしこの委縮は、学校教育における経験や余暇における経験の機会を増やすことで、相殺できるかもしれない――だが以下で論じるが、これらの領域においても、一次的経験より間接経験のほうが重視されているのである。

人間文化の基礎をなすのは、さまざまな要求や経験や生産物そして技能をたずさえた、さまざまな人々が互いに交流しあうとき出現する葛藤と調和である。[10] アラン・ブルーム〔アメリカの哲学者・古典学者、一九三〇―九二。当時のアメリカの精神状況を批判した『アメリカン・マインドの終焉』（一九八七年）はベストセラーになった〕をはじめ現代教育に関する保守派の批評家は、現代アメリカ社会が共有された意味を失っていることを声高に非難するが、それは教育制度の結果ではなくて、われわれの日常生活の結果なのである。そして日々の生活が――人々の協調によるか対立によるかはともあれ――真に共有された意味が発展することを組織的に阻害するのだ。[11] 学校は個人と集団の両方が持っている、学びたいという意欲を支援するための環境である、というデューイの理想は、いまだかつてその実現が試みられたことがない。彼の時代以降、学校は次第に大規模な工場をモデルとするようになり、学生は、学習し遂行し習得するという一連の作業を課せられた「操作手《オペレーター》」になりつつある。アメリカ合衆国の学校教育について絶えず蒸し返される一般受けする保守派の不満は、このようにして、学生を犠牲者にするのを阻止できないために、犠牲者（学生）を批判するという悪質なかたちをとることになる。われわれは勉学を支援しない環境に学生を置きながら、学生には勉学不足だと文句を言う。われわれは学生が学んでいることに彼らが関心を持つための動機をあまり提供しない。それなのに、何メガもの情報を彼らの脳に詰め込めば自発的に脳の働きが始まるかのような態度をとっている。われわれの社会は情報スーパーハイウェイ〔一九九二年の大統領選をビル・クリントンと闘ったアル・ゴアは合衆国のすべてのコンピュータを光ケーブルなどによる高速通信回線で結ぶという構想を「情報スーパーハイウェイ」として打ち出した。一九九三年、クリントン大統領が彼を副大統領に任命した後、この構想は民間へのインターネット普及事業に形を変えてゆく。これがクリントン政権のNII（全米情報基盤）構想であり、全国的な情報インフラの整備がなされた〕には何十億ドルも喜んで支出するつもりでいる。しかし、学校をそこで過ごす教師や学生にとって魅力的な環境にするために改造することには、僅かの費用さえ出し渋っている。

経験のこの機械化と断片化は、それ自体われわれの文化遺産に対する攻撃である。というのは、ウィリアム・モリスがとうの昔に指摘したように、個人の技能《スキル》はすべての文化の基本的構成要素だからである。「職人や工藝家の技能と力は……無数の年月続いてきた伝統の遺産であるのは、絶対に疑いようのない真実である。……しかし、商業を特権化する現代社会はこの貴重な遺産を気軽に浪費している。まるで、種々のもののうちでいちばん善いもの――すなわち世界の進歩の兆候とその恩恵、世界の未来への希望――の悲観的な面だけを見ることがものごとの道理であるかのように」[12]。モリスのレトリックが現代人にとても耳障りであるのは印象的である。われわれは、「進歩」について考えるとしても、めったに人々や人々の発展にかかわらせて考えることはしない。実際、われわれが教えられてきた進歩は、しばしば人々、彼らの経験、彼らの技能を無視している。

デューイが強調したように、自主的に技能を身につけ、自律した有能な人間になるという個人的能力は、自分で何でもできるという意味における「生まれつきの自足性」と見なされるべきではない――あるいはお神籤入りクッキー工場に監禁されるのを予定しているのでもない限り、この能力は人が目指すべき有効な目標でもない。人間の自律性はある種の自己十全性〔self-adequacy 特定の目標を実現するための生得的能力ではなくて、経験と教育によって陶冶され発達する可塑的な一般的能力のこと〕としてよりよく理解できるし、人はこの特性によって共同生活のもちつもたれつの関係に貢献しうるのだ。これもデューイが強調したことだが、経験は過程《プロセス》なのである。経験に富む個人は他の人たちとともに集団を創出する過程に参加することができる。この過程は集団の他の成員の経験を促進する。これを実行するためには、他人の仲間に入る能力が身につくのに十分な技能と経験が発達しなくてはならない。文化的・市民的遺産がますます衰退してゆくのを嘆く人々は、教育者に非難の矛先を向ける人よりはましかもしれない。それでも彼らは、日常生活の決まりきった仕事があらゆる進歩的な文化的表現あるいは市民的表現の追求と対立しないのか、と訝ねるかもしれない[13]。現代の学校は自立した思考あるいは表現を後押ししない（学校はあえてそうしないのだと言う人がいるだろう！）。職場は久しいあいだ技能の発達と協同の試みをともに妨げるような組織であった。現代の娯楽に必要なのはせいぜいスイッチを入れることとチャンネルを合わせることに過ぎない。こうした環境は個人あるいは市民が繁栄するのを後押しするだろうか。そうは思えない。しかし、この過程の犠牲者を選び出し声高に非難することはやめよう。

　労働者の機械に適合する技能は、「科学的経営」が喧伝された時期に計算尺やストップウォッチによって機械加工されて生まれた。現在、コンピュータがますます普及するにつれ、われわれの心的技能も機械加工されつつある。工学技術の理論家ジェイムズ・ベニガー〔アメリカの社会学者、一九四六―。物流と通信が結びついた制御について論じている〕が指摘するように、現代的経営はつねに「人間の脳に基づくあらゆる〔制御システム〕

に共通するひとつの欠点、すなわち目的の非依存性」に直面せざるをえない[14]。幸運にも――そうべニガーは考えるのだが――生産工程のような制御された過程は、情報技術のおかげでいまでは「合理化」が可能である。経営者や知的指導者はあいもかわらず、コンピュータや情報技術を労働者に知的課題や知的刺激を与えるという理由で導入している。しかしすでに見たように、知的刺激は技術を導入するための理論的根拠でもないしその結果でもない。そうではなく、高度に制御された情報を労働者に与える情報技術の能力によって、経営者は労働者の反応をいっそう効率的に抑制し、制御し、監視できるのである。このように経営者は、生産工程における（あるいはサービスの過程においてさえ）情報の流れのあらゆる位相を策定できると同時に、策定した計画だけに労働者が確実に従うようにできる――そのうえ、このモデルに従わない労働者を判別することもできる[15]。もしわれわれがみな、サールの監禁されたお神籤の書き手のように、あるいはバーコード読取り機で全くミスしない、白昼夢にふけるレジ係のように仕事をやれるなら、まことに結構なことだ〔精神分析では、現実的課題に直面するかわりに白昼夢に退却して心理的葛藤を解消しようとする防衛機制を「自閉的空想」という。一二二頁を参照〕。実際、そうなれば理想的だろう。労働者が情報の流れに「干渉する」気にはならないだろうからである。

　情報技術のこの見方には多くの人が反対している。彼らの主張では、コンピュータは人間の心を抑えつけるどころか、われわれの知的能力を促進し改善することができる。情報技術に関するこの肯定的見解は学者や知識人の間に広まっている。しかし彼らのほとんどは、自分で工夫する余地がない情報システム――そして彼らの作業量を監視し成績不振のせいで罰則を課す情報システム――のなかで一日八時間あくせく働いたことがない。ここでの争点はテクノロジーにあるのではなく、ルイス・マンフォードがテクニックスと呼んだもの――人がテクノロジーを使用するやり方――にある。ある条件下では、コンピュータ・テクノロジーは心の能力を高めることが可能だ。学者や作家――彼らは多少とも自分で労働時間を調整しているし、また一時間に何回キーを打つかを監視されているわけでもない――は少なくとも自分のある種の労働がコンピュータ化によって容易にされたと感じることがある。だがここでの争点は、特殊な事例でどういう事態が起こるかということではなく、大方の職場や学校で、実際に何が起こっているかということである。原理的にコンピュータは考えることができるのか、あるいは原理的に自動化《オートメーション》は労働者の利益になるのか――これらの問いについての論争は空理空論にすぎず、普遍的問題を論じる哲学のこうした遺産は捨てさるのが賢明かもしれない。注意すべき論点は、制約の度を強めつつある労働のテクノロジーによって他人〔経営者〕から〔経験そのものや経験される対象の〕カテゴリーを押しつけられ、それらのカテゴリーによって日常生活を解釈するよう強制されている大多数の人々に何が起こっているか、ということである。問題なのは、いま使用されているテクノロジーの用途を決めている人々、そしてテクノロジーをそのように濫用している経営者の観点におおむね同意してきた知識人や教育者なのである。

サールの監禁のイメージは、一般の人々が、他人の情報システムの内部に囚われているというありふれたものになりつつある情況とどう折合いをつけているかを示す恰好のモデルである。この情報システムは、わたしを操るがわたしには制御できない規則からなる多少とも恣意的なシステムである。そうしなければならないなら、わたしはそれらの規則を学ぶことができるだろうし、就労時間を使って他のことがらについて考えることもできる。例えば、歯科治療費の保険金支払いを計算する人は次のように言う。「コンピュータ・システムは〔支払請求に対する〕すべての制限を知っているとされているが、これはすごいことだ、なぜならわたしはもはや全部の制限などを知らないから」[16]と。人々の行為から意味《ミーニング》を吸い出しこれを「システム」（あるいはコンピュータ）に注入しているような情況においては、人々の間に認識《センス》がある。個人はもはや作業全体を行なっていないから、一人の人間がある仕事の全体を習得したり、自らが成し遂げた仕事（あるいはシステムが遂行した仕事）を評価したりするのは難しい。「かつてわたしは〔何が行なわれているかを知っていた〕、しかし今では以前の半分もわからないね。仕事を失ったような気持がする――コンピュータのほうがたくさん知っているよ。わたしはいまボタンを押しているだけさ」[17]。いったいこうした環境にいる個人が自分の職場の「システム」の複雑な仕組みを理解したいと思うだろうか。いったいレジ係がバーコードを読みたいと思うだろうか。

経営者は不確実性を恐れて、何度も繰り返し信頼性を求めてきた。彼らのこうしたやり方が大多数の者を危険な場所へと導いてしまった。クリスマスケーキにそえられた干し葡萄のように労働者の点在している情報システムが、われわれを取り囲んでいる。周知のように、労働者あるいは消費者としてのわれわれの生活にはいつでも小規模な障害が生じている。したがって、これらのシステムは――絶対確実だと信じたいだろうが――実はそれほど確実なものではない（邪悪な霊そのものではないが、大勢のグレムリン〔飛行機などに故障を起こさせるという小魔〕がいて、それらの働きを邪魔しているのだ）。システムはしばしば「ダウン」したりうまく作動しなかったりする。システムを操作する人が自分の努力によって仕事《タスク》を実行できることはめったにない。サールのお話に描かれているように、彼らの経験はこの上なく狭い範囲に閉じ込められているからだ。これらの人々は、システムとその他少数のものの範囲内で自らの位置を理解している。しかし、自分が情報処理ネットワークで占める位置を知ったところで、仕事全体をきっちりやり遂げる方法を理解するのにはまず役立たない。サールの監禁された翻訳者のように、システム内部の操作者は、自分の行ないがもっと大きな処理過程に適合するかどうかについて、ほとんどあるいは全く把握していない。彼らはほとんど無理やりに間接経験に頼るよう強いられる。この間接経験は巧みに処理され伝達された情報に基づいている。しかし経験は生きものであり、訓練と実際行動によってのみ成長する。サールの翻訳者のように、幽閉された労働者は、直接経験のための能力――またそれに由来する判断力――が環境によって絶えず削られ、それゆえ萎えてしまいがちであるのを感じている。

引き裂かれた生活、断片化された労働

それゆえ、サールのお話の教訓は、機械は自らが行なっていることを理解できない、ということではない。つまるところ、お神籤入りクッキー工場に設置された意識を持つ空想の機械には、読者やわたしと同じように、退屈したり仲間外れにされたりする（わずかながらにせよ）可能性があるだろう。むしろサールのお話の要点は、われわれの文化が、信頼性、素早さ、そして繰り返し可能性が知性の証しであるという勘違いを犯してしまったということだ。このような想定には十分な理由がない。われわれはむしろこうした考えに取って代わるものを考察すべきである。異文化心理学

者バーバラ・ロゴフ〔カリフォルニア大学サンタクルズ校、心理学教授。著書に『文化的営みとしての発達』當眞千賀子訳、新曜社、二〇〇六年など〕は次のように書いている。「現地人がもつ〈知性〉の概念は正反対の価値づけをされたいくつかの行動とともに大きく変化する。……ウガンダ〔アフリカ東部の内陸にある共和国、十九世紀末に英国の保護領となったが、一九六二年に独立した〕の村人は知性を「遅い」、「注意深い」、そして「活動的」といった形容詞と結びつけている。一方でウガンダの教師や西洋化された集団は知性を「速さ」という語と結びつける」[18]。

　現代生活には速さ、繰り返し、そして確実性の強調があまねくゆきわたっているので、われわれはこれらの徳の欠点が見えなくなっている。人間の複雑な振舞いを特徴づけるのは、変化、不確実性、困難な選択などの経験であって、知恵はこれらの経験から生じるのである。われわれの文明は知恵が個性を強めると思い込んでいるが、実際には敏捷さと確実性の探求を称えている。その結果、知恵は犠牲にされてしまうのだ。学校や職場において——娯楽《エンターテイメント》に際してさえ——不確実性や困難な選択が望ましいことだと力説されることはまずないし、込み入った情況で自分を試すために（はっきりいって、間違いを犯すために）何度も同じように出現する機会から逃げない者はあまりいない。あまりにも多くの人々がファーストフード的世界観に夢中になってしまっている。われわれは、いくつかのお手軽で手間なし《ファースト》の選択、いつでも素早く修正のきく選択を望んでいる。賢いことではなく確実で素早いことを選択してしまったのだ[19]。

　抽象的に捉えれば、速さ、繰り返し、そして確実性という徳は望ましいもののように思える。しかし特定の文脈にそれらを置くと——サールのお話のように——それらの限界が明らかになる。日常的作業過程がアルゴリズムの繰り返し的精確さを獲得するとき、それらの意味は失われる。繰り返される過程があらかじめ構築された情報処理システムに組み込まれることでいっそう純化されるとき、直接的な日常経験のほとんどすべての意味が削がれてしまう。経験がどんな変化も生じないほど型にはまったものになれば、経験から学ぶことはできない。実際、経験が完全に失われる事態についてさえ語りうるかもしれない。[20]これは文化理論家ヴァルター・ベンヤミン〔ドイツのユダヤ系思想家、一八九二―一九四〇。ユダヤ神秘思想とマルクス主義に立脚し西洋近代文化の検証を試みた〕が第二次世界大戦前の暗黒時代に予言したことである。当時、彼は創造性にとって絶対不可欠な変化や自発性の要素が日常生活の機械化によって貶められていると警告していた。お神籤入りクッキー工場に囚われた人々には語るべき話が何もない。われわれは出てゆきたいと思う。なぜなら、外に出なければ、共有に値するもの――語るに値するもの――を行なう機会などあまりないからである。

デューイの主張によると、経験を蝕んでいる原因の一つは分業である。[21]しかしながら、彼のいう「分業」とは単なる労働の専門化ではない。詳しくいうと、それは肉体労働と精神労働とが切り離されているような専門化――情報を基盤とする経済でますます一般的なものになりつつある現象――を意味していた。デューイがひそかに思っていたように、現代社会における分業には二つの位相がある。第一の位相においては、労働が単純な、短い、機械的過程に分割される。第二の位相においては、労働者がたがいに分離される。すなわち、異なる労働者集団は全体としての作業工程で異なる機能を果たすのである。分業のこれら二つの位相は異なる心理学的および社会学的帰結を持つ。

ひろく認められているように、分業の主要なねらいは労働を短時間の意味のない操作へと分割することである。マイケル・アーガイル〔イギリスの社会心理学者、一九二五―二〇〇二。オクスフォード大学教授〕が述べているように、現代における労働サイクルは、多くの場合、一分も続かない作業過程の繰り返しからなる。(22) したがって、労働者が一日八時間、一時間に百回近く一つの手順を繰り返すのはおかしなことではない。アダム・スミス〔イギリスの経済学者、一七二三―九〇。古典派経済学の創始者、主著『国富論』一七七六年〕の説明によれば、分業のこの形式は市場の要請に応えて創出された。ある製品に対して巨大市場がある場合、作業過程を副次的作業《サブタスク》へ分割すること、あるいは現代の仕事場に見られるように、極小の分子的労働へ分割することは著しい利点を生じる。わたしが自分のためにピーナッツバターとジャムのサンドウィッチをつくるとき、でたらめな順序で欲しい材料を取り合わせるだろう。しかし十人以上からなる家族のためにサンドウィッチをつくるときは、最初にパンを、それからピーナッツバターを、それからジャムをという具合に取り揃え、整然とした手順に従って調理を進める可能性が高い。

アダム・スミスはふつう分業がもたらす効率を賞賛したことで記憶されている。それはたぶん、大部で緻密な内容の本〔『国富論』のこと〕の冒頭の数ページで効率が論じられているせいだろう。しかし、公教育が必要であるという彼の議論には、分業の欠点――大部分が心理学的なものである欠点――の鮮やかな分析が隠されている。それゆえその一節は詳しく引用する価値がある。

> 分業が進むにつれて……きわめて大勢の人の仕事はごく少数の、しばしば一つか二つのきわめて単純な操作へ制限されるようになってきた。ところが大部分の人間の思慮は、必ずや日常の仕事によって形成されるものだ。一生涯を二、三の単純な操作――それの効果もいつでも同じかほと

んど同じであるような操作――を実行することで費やす人間には、自らの思慮を発揮する、あるいは未曾有の困難を取り除くための手段を見つけるために工夫をこらす理由がない。それゆえ、彼はおのずと思慮を働かす習慣をなくし、ほとんどの場合、人間に許された最大の程度で愚かしくまた無知になる。精神のこの無気力さのために、人間は理性的会話を楽しんだり、あるいはそうした会話に参加したりするのが不可能になるばかりか、どのような寛大、高貴、あるいは優雅な情操をも抱くことができなくなる。その結果、私生活のふつうの義務でさえ、その多くに関するいかなる適切な判断も形づくれなくなる。……特定の職業における人間の機敏さは、このように、知的な徳、社会的な徳、そして軍事的な徳の犠牲において得られるように思える。しかしどの……文明社会においても政府がいくらか心を砕いてそれを防止しないなら、労働貧民すなわち大多数の国民が必然的におちいるのが、こうした状態なのである。[23]

言うまでもなく、人々はスミスを（政府は何もしないという）自由放任政策の最大の擁護者として引合いに出す。しかしその彼が、分業――彼はこれを現代資本社会では避けえないものと見なした――の有害な効果を改善することが政府の義務だと強く感じているのである。

スミスの時代以来、市場の規模は桁はずれに大きくなり、それに応じて労働の断片化も増大した。（スミスが念頭においていた）織工やピン作り職人の短時間でできる単純な作業さえも、現代の工場において組立てラインで作業する労働者に許された短い労働歌と比較すれば、シンフォニーである。スミスの時代以来、公教育には価値があるという信念が大きくなった。しかし、この信念を擁護するスミスの議論をわれわれはめったに耳にしない。スミスによれば、断片化された作業をやるよう強いられた労働者の非人間化を妨げる、あるいは少なくとも低減させるためには、一般教育が必要だという。〔一般教育の軽視に加えて〕さらに悪いことに、今日では、教育の価値は学生に労働の準備をさせることである、という議論（普通こうした議論に付け加えられるのは、アメリカ合衆国における教育はその準備として不充分ではないかという懸念である）を聞くのが普通である。公立校の学生の大多数が将来彼らが就くような労働について考えるとき、そうした議論をまじめに受け取るのは難しい。というのは、幅広い教育的背景を必要とする仕事に就けるのはほんの少数の学生だけだからである。「よりよい世界のためによりよい学校教育を」と唱える多くの——明らかに誠実な——論者が現状を十分に調べたとは思えないのは驚きである。彼らは、今日ほとんどの人が教育をあまり必要としない仕事に就いている現状を理解していない。もっとも、「教育」が一連のプログラムに追随するやり方についての手ほどき《インストラクション》を意味するなら話は別であるが。断片化された労働のための準備教育は、学生にとって分業そのものと同様に退屈でくどくどしいものだろう（悲しいことに、全部とはいわないが現代教育がそうであるのは明らかだ）。われわれはスミスの先見的な警告に耳を傾け、現代生活で消滅しつつある〔教育の〕効果をなにか文化活動で埋合せるやり方を人々に教えることを考えるべきかもしれない。[24] だがそれ以上に、おそらく高度に分業化された労働という甘言に進んで屈しようとする気持を考え直すべきだろう。

分業の第二の位相はわたしが心の機械加工と呼んだ結果につながる。ひとたび労働が断片化され、労働者がその労働サイクルに順応し始めると、システム性が必要になる。製品の均一性と信頼性もやはり市場の規模によっている。経営者は均一性を確保しようと努め、生産過程のために新たな制御の手段を開発する。経営者が踏むべきこの常道からのどのような逸脱も――たとえ製品を改良する逸脱でも――問題であり脅威（邪悪な霊の顕現）だと見なされる。そしてもし道具が着実に働かないなら、それらに意味はない。はなはだしく断片化された労働過程では労働者は道具にされる。

多くのテクノロジー研究者や職場の設計者は、テクノロジー研究者H・H・ローゼンブロック〔イギリスの工学者、一九二〇―。マンチェスター大学名誉教授〕の「プログラム制御可能な装置の役割を果たすべき人間は標準化されねばならない。というのは、もし標準化されないなら、おのおのの労働者に異なるプログラムが必要になるだろうから」という提案に同意するだろう。(25)

労働者が自らの労働についての計画や組織化に与ることを許された少数の事例において、彼らは相当な技能や熱意を示した。マサチューセッツ州リンにある、ゼネラル・エレクトリック社〔世界最大のアメリカの複合企業（コングロマリット）、GEと略称される〕の航空機部品製造施設では、製造過程を再組織化するために労働者の経営への参加が模索された。一つには、管理には不必要な、例えば現場主任といった管理部門を取り除くことによって、作業現場の機械工は仕事の生産性をあげることができた。〔ところが〕ゼネラル・エレクトリック社の首脳陣は、一年の終わりにこの成功した試みを調べなおし、労働者のシステムへの介在をとりやめ、以前のシステムに戻すことにした。労働者を要素として組み込んで組織された工場施設は、経営者だけが運営する工場施設に比べ、それほど容易には国境を越えた情報や制御の流れに適合させられなかったのだ――そしてどれほど効率や収益性が増加しても、そのことが労働者による制御を選ぶことのお墨付きにはならないのは明らかであった。標準化された組立てラインこそが、ゼネラル・エレクトリック社が実現したいもののすべてであるように見える[26]。

労働者の標準化には労働過程のいっそうの断片化が必要である。またそれは作業の遂行から作業の計画を切り離すことをともなう。すなわち、作業過程の計画と評価のすべての局面は、計画の実行から厳密に切り離された状態にしておかなくてはならない。この場合にのみ、計画を確実に遂行できる――いまや、計画の遂行はコンピュータ上のアルゴリズム的計算を実行することに似てくる。経営者は不確実性の恐れに対処するために、あらゆる計画や評価の機能を独占する。結果として、労働者は作業過程の実行のための道具に変えられてしまう。

現代の職場では、労働者は、意味を抜きとられた、短くて機械的な仕事に配置される。労働の断片化と標準化が生産性を確保するもっとも効率的な方法であるというのは全くの偽りだ。それどころか、労働者の標準化が必要だと見なされるのは、計画がその実行から切断されているからにすぎない。もし労働者が計画や評価について発言権を持つなら、標準化はきわめて有害である。変わりやすく予測できないあらゆる種類の問題がおそらく未解決のままになるからである。ローゼンブロックが述べているように、「人々は各々の技能と経験の点で異なっている」のだが、しかし、現代の断片化され分断された職場において「そんなことを求めても仕方がない。標準化された男女のために仕事が設計されるのだから、彼らはあらゆる労働者に確実に見いだされる能力や技能しか持ってはならないのだ。……仕事は単純化されねばならない。できるだけ短時間に仕事を習得できるようにするためである。……こうした意見は、極端化すれば、産業上の多くの仕事は精神障害者の能力にもっとも適している、という見解につながる[27]」。

分業の第一の位相は、労働を断片化し労働者から技能を奪うことによって彼らを貶める。分業の第二の位相は、労働を標準化あるいは「合理化」し、労働者の日々の経験から思考、計画立案、そして自律性を抜きとることによって労働者を堕落させる。人間の経験をひどく劣化させる環境をつくりだすために、これらの傾向が相俟って作用する。直接経験はますます少なくなり、間接的で加工処理された経験がますます多くなる。こうした環境で労働者が自らの可能性を拡張することは期待できない。これは人間の開花《フローリッシング》を奨励するデューイの環境とは正反対のものである。

労働の機械化

分業は技能と経験の機械化を助長する数々の力をつくりだした。仕事の断片化は、大規模市場のために標準化された製品を大量生産するのに一役かっており、労働者に退屈な仕事を強いて仕事からの疎外を押しつける。研究者がいままで何度も確かめたことだが、白昼夢や麻薬の摂取は分業のこうした位相へのありふれた反応である。第二の位相で計画と評価が仕事の実行から切断される結果として、標準化された生産者——彼らは作業工程にとって何の危険にもならない——が現われる。

これらの位相をともに経ることにより、わたしが世界のメニュー化と呼ぶものに至りつく。労働者、消費者、学生はますます現実的な選択（事業の計画や評価に由来する選択）に直面しなくなる。彼らが直面するのは、システム設計者がオプション・メニューと呼ぶものからの選択である。すなわち、選択肢《オプション》はプリセット〔「前もってセットされた」を意味するコンピュータ用語。コンピュータのハードウェアやソフトウェアでは、さまざまな設定が可能な場合でも、ユーザーが自分で設定せずに使用できるように出荷のさい標準的な設定にしておくこと〕されているのだ（しかも選択肢は断片化された仕事から構成されがちである）。選択といっても、ただどの選択肢を選ぶかという問題にすぎない。情況によっては、メニューの枠から出て現実的選択を求めることも可能だが、そうするには通常相当なコストがかかる。すなわち、現実的選択はお金、時間、制御の面に関してますます高価なものになっている。こうしてわれわれは、行動《アクション》そのもの――これには変更可能で思慮のある選択がともなう――が消えつつある世界をいまつくっているのである。行動はあらかじめ決められた選択肢の小さな集合からの「選択《チョイス》」に取り換えられた。現実的行動は経験を含んでおり、人が環境と出会うこと、そして事物や人々との関係を変えるために行動することをともなっている。現代の学校、職場、そして娯楽の形式でさえ、そうした自律的行為や出会いを妨げる傾向にある。行動や経験の機会は奪われている。その代わりにわれわれに提供されるのは、選択肢のメニューと選択の自由の価値についてのお説教である。

　われわれの知的伝統と日常生活との分離は既定事実化した。こうしてこれらの重要な社会的趨勢は、その解釈者にとって、残念ではあるが人間生活を理解するのに重要ではないと論じるのが以前より容易になった。例えば、ダニエル・デネットの『エルボー・ルーム』（一九八四年）は自由意志の問題を論じた本だが、著者は大衆が「才能のある」人々とそれ以外の人々に分裂したと述べている[28]。才能ある人々は合理的に論じる能力をもち、合理的議論に従って情況を評価する能力も賦与されている。ものごとの経営を請われるのはもちろん彼らである。だが、この本のどこにも触れられていないことがある。大多数の人が、（じつは多くの大学教授も含めて）才能に恵まれているか否かにかかわらず、われわれの生活に影響する計画――例えば会社取締役、市や郡〔アメリカ合衆国における州 state より下位の行政区画〕や州の行政担当者などが立案する計画――に対して、ほとんど発言権がないということだ。

推論することが仮に大目に見られても、組織的に無視されている世界で推論能力を持つのは、それほど良いことではない。ローティのユートピアは少なくとも正直さという強みをもつ。ローティが記述する、才能ある孤立した皮肉屋は、自分がものごとを仕切っていると考えて自らを誤魔化すようなことはしない。

他方で、「手でする《マニュアル》」仕事の自動化が成功したのは、活動の計画とその遂行を分離する作業工程を経営者がつくりだしたからである。(29)人間の活動だけでなく人間の経験も分断された職場をつくりだすことによって、自動化の次の段階、すなわち「知的」労働の機械化が急速に進みつつある。

意味があり思慮にとむ行動から思慮のないメニュー点検へと労働が形を変えた顕著な例は、ジャーナリストのバーバラ・ガーソン〔アメリカの劇作家・社会活動家、一九四一―〕が述べているように、政府による福祉事業《ソーシャルワーク》の展開である。ガーソンがいうように、福祉事業は「「曲げたり、丸めたり、切ったりしないこと」と明記してあるIBMの登録証を胸にピン留めしている、わたしと同じバークリー大学の学生たちにとって、正当な労働《ワーク》だった。彼らは数字としてではなく、個人として扱われることを要求した(30)」。しかし、福祉事業はすでに単純な要素的作業（つまり「アクション」、例えば食料配給券の受給者を登録する作業は「アクション」である）に分割されてしまったし、いまなお分割は進んでいる。そして福祉にかかわる評価と決定のどちらの行為もほとんど個々のソーシャルワーカーから除かれてしまった。福祉の受給者を評価できないソーシャルワーカーをつくりだすというアイロニーは、システムの計画者には通じなかったのかもしれないが、ソーシャルワーカー自身にはわかっている。こうして、労働者の標準化と出力のシステム性は安泰である。なぜなら、評価や計画は、いまやコンピュータ・プログラムに具体化された規則と規制に具現されたからである。

この分業の結果、いまやソーシャルワーカーは本質的にメニュー操作者となった。彼らはコンピュータ・システムのための人員の「受入れ数値」として機能している。このシステムが、サービス受給者の利益を計算するために、受給者を分類するのである（「仕分けする」という言い方もある）。ソーシャルワーカーは福祉サービスの受給者として誰が適切かを知っているように思える。なぜなら、受給者自身が重要な情報をコンピュータに入力する方法はまだ考案されていないからである。ガーソンの調べたマサチューセッツ州当局のソーシャルワーカーは、彼らがどれほど多くのアクション（メニューの選択）を実行するかという基準で全面的に評価されて（また給与を支払われて）いる——つまり、受給者と話したり助言したりしても、ソーシャルワーカーに積極的な評価がなされるわけではない。その上彼らは絶えず、手続きをまもってカウンセリングを開始するかどうかを監視されている。[31]

多くのソーシャルワーカーの職務上の世界からは、このように、情報を共有し助言するという行為が締め出されてしまっている！　福祉の受給者にカウンセリングをすることが禁止されていると言っているのではない。ただ、情報処理を施されるために（支援を受けるべく）福祉事務所を訪れる原料（つまり人々）に人間的関心を向けると自分が処罰されるとソーシャルワーカーが予期するかもしれないと言っているのである。「それがいまのやり方だ」と、ガーソンの情報提供者の一人が言った。「あんたは〈ソーシャルワーカー〉じゃない。〈資金提供者〉だ。もし家族の一人の子供を援助するため十分間費やすなら、ソーシャルワーカーとしては落後者だろうね」。

自由裁量権の低下は知識の低下と手をたずさえている。ガーソンが調べた事務所では、ソーシャルワーカーは以前に義務として実施していたさまざまな財政上の計算をもうやっていなかった。これが意味するのは、「一度も自分で計算したことのない経歴の浅いソーシャルワーカーは、福祉の受給者の家賃を二〇〇ドルから一五〇ドルに減らすことで、実際には〔食料配給券がカットされることによって〕その家族をいっそう貧しくするかもしれないと想像できない」ということである。

ガーソンの研究でわかったもっと驚くべき意外な事実は、ある経営者に関するものだった。彼は新しいシステムに非常な不安を抱くあまり、労働組合に強く要求して、「順法闘争」を行なわせたのである。彼はシステムの規則を几帳面に守ることがシステムの崩壊を惹き起こすと論じた。例えば、〔規則によれば〕ソーシャルワーカーは毎月初めの三週間の間にその月の自分に割り当てられた仕事を片付けてしまえば、一週間の有給休暇がとれた。だが困ったことに、規則通り働けば、より安い家賃やパートのアルバイトが受給者の利益を脅かすかもしれないこと（これはたいていのソーシャルワーカーが望まないことである）を受給者家族に説明できないことにもなるだろう。皮肉だが、システムがつくられたゆえんである仕事を果たす唯一の方法が、〔システムの規則を遵守せず〕そのシステムを掘り崩すことなのだ。

英国には順法闘争のような戦術で闘う伝統をもつ労働組合がある。労働者全員がすべての就業規則をまじめに取って従おうとすると、郵便局のような機構で大混乱が生じて麻痺してしまったことがある。おそらくこれは、多くの規則がもっとも合理的で効率的な労働を体現するものではなく、むしろ分業を維持し労働者を制御するための手段であることを示す最良の証拠だろう。ガーソンの調査に登場する経営者は次のように論じていた。すなわち、新しいシステムの目標は「福祉施設職員から（人間が行なう）判断のあらゆる特徴を取り除き、それを機械の中に――いわばより高い水準に――保持することである。それは、現場の事務所にいる労働者の決定権と干渉（これらはふつう福祉の受給者のためになされる）を制限するためである」。

経営者が意志決定から経験を厳格に分離する能力をもつこと、また現代の認識論においてこの区別が広く受け入れられていることは、この区別が基礎的な心理学的事実であることの証拠と解されてはならない[32]。事実、機械による自動化が行なわれていることは、仕事が管理《マネイジング》と行動《ドゥーイング》という二つの活動に分割できることを示している。情報処理の自動化が実際になされていることは、労働者を生のデータの供給者とこのデータに基づいて判断してもいい者とに分割できることを示している。もっとも、分割できるということと分割すべきであることとは別のことであるが。

われわれは、これらの機械加工《マシンド》された情況をそこに配置された大多数の人々が嫌悪していること、そして彼らがしばしば積極的にこれに抗うことを知っている。しかしながら、現代生活のこうした劣化に組織的に対処するためには、機械加工されていない意識――経験と判断が切り離されていない意識――を称賛し促進するような経験が必要である。経験が機械加工されることで制限され、また機械加工された経験が他の経験を制限している現代の情況について、多数の批判がなされている。わたしは本書において、これらの批判が暗黙裡に述べていることを明確にするつもりである。機械加工された経験は、単にひとつの生活の形態ではない。言い換えれば、それは個人が生き方についてなしうるひとつの選択ではないのである。機械加工された経験は現代世界における制度的現実の所産であり、こうした経験が、心の成長のためにたいていの人が利用しうる可能性を制限しているのだ。経験のこの衰弱した間接的形式が人々を縛っている。とりわけ、経験を利用して、われわれがなりたいと思う種類の人間に自分を変えるという重要な課題に取り組もうとする際に、われわれの手足を縛るのがこの種の経験である。個人的選択あるいは社会的選択としてさえ、機械加工された経験を擁護することはできない。なぜなら、この経験はある種のシステムを包含しているからである。この種のシステムが成り立つのは、ただ少数の人しか完備した選択肢のセットをもっていない場合に限られている。どうすればこの間接的で、制限され、機械加工された経験から脱け出せるのか。その手立てを知るためには、もっと豊かでいっそう直接的な経験に必要な条件を調べなくてはならない。

第五章　経験を共有する

すべての動物は自らの環境にそなわる意味と価値の少なくともいくつかを知っている。単純な動物——例えばミミズ——でさえ、生きることに関係した生息地についてさまざまな事実を識別しているのがわかる。ミミズは生活の意味や自らの社会的成功や失敗などを気にしないかもしれないが、やわらかな肌で土壌の硬軟を鋭く識別しているのは明らかである[1]。動物と周囲の情況の関係についての意味ある情報はどんな環境でも手に入れることができる。この情報を見つけたり使用したりすることが経験をもたらし、それから経験はさまざまに洗練されてゆく。これらの洗練は実際行動と学習によって情報をピックアップする過程で生じる。

経験についての伝統的理論は意味を——経験を無意味な入力から意味を構成する過程とみなして——頭の内部に置くが、経験に対する生態学的アプローチは意味を環境のなかに置く。意味あるものに数えられるのは——それが観察者にとって良いものか悪いものかはともかく——世界が観察者にアフォードする〔本書九六頁参照〕ものである。ジェームズ・ギブソンの言い方によれば、これら「環境のアフォーダンス」は動物の生態学的ニッチ〔動物が環境内に占める位置であり、ギブソンによれば、その動物に環境が提供するアフォーダンスの集合によって規定される〕の様相《アスペクツ》であり、環境構造に依存している。岩地がミミズにはチクチクしすぎて致命的であるように、極端に乾燥した不毛な状態は人間にとってあきらかに致命的である。生体によるこれらアフォーダンスの経験は、生体のつねに変化する欲求、利害関係、そして活動からでてくる。〔それゆえ〕砂漠に利害関係をもつ人間は、適切な防護と予防措置を講ずるなら、砂漠を遠出しても生き残ることができる。この見方では、意味獲得の過程とは主観的観察のようなものではなく、動物が自らの世界から何かを探索する能動的過程である。

見たり聴いたりすることから得られる経験は、直接的なもの、あるいは体験的なものである。しかし、人間の経験の多くはとくに孤立してはいないし個人的なものでもない。われわれは頻繁にやりとりする他者との交わりから自らの世界について学んでいる。それゆえ、直接経験を間接経験から注意深く区別すべきである。というのも間接経験においては、世界について学ぶための情報が何らかのしかたで他人によって修正されたり、選択されたり、つくりだされているからだ。伝統的な西洋の知覚理論は、意味の発見には内的あるいは主観的探究がともなうという考えから出発する。それゆえこの理論はしばしば直接経験を間接経験の戯画に変えてしまう。あたかも人が内的自己と相互に作用するかのように見なすのである。他方で、この主観主義は間接経験が実際にどのように機能するのかという点を理解し難いものにする。なぜなら、もし主観主義が正しいなら、人はつねに他人の情報を自らの内的かつ有意味な媒体へと変換しなければならないのではなかろうか？　しかしこれが真実なら、他人とのあらゆる対話は独り言の変種になる。だがもちろん、われわれは経験を他人と共有できるし事実共有している。一次的経験と二次的経験の対立にまつわる混乱のせいで、西洋的思考は、認識経験を共有するという人間的能力を説明できない、という困難をつねに抱えてきた。

わたしが本書で展開する生態学的心理学は、直接経験も間接経験も両方とも重要視する。とはいえ両者は著しく相違しており、しかもたがいに補いあっている。直接経験は必ず自発的に得られた情報を使用している。間接経験といえども一般にある種の直接経験をもたらす情況から派生する。だがその経験が間接的なものになるのは、必ず他人が選択した情報を取り入れるからである。例えば対面的な相互行為において、人は言語や身振りという媒体を通して間接的に知覚を行なうが、にもかかわらず、身振りや語りを行なう対面者を直接に観察もしている。間接的情報が文字を読む過程のような非人称的なものに由来するときでさえ、単語の意味を汲むためには、やはり紙の上のしるしやコンピュータのディスプレイ上の斑点を直接に知覚しなくてはならない。間接経験と直接経験とのこれらの結びつきにもかかわらず、間接経験には依然として、直接経験にはない重大な制限がともなう。人が独力で世界を詳しく調べているとき、この精査には限りがない。つまり自分が望むだけ注意を凝らして見ることができるし、つねに新たな情報を明らかにすることができる。[2] しかし、これは間接的情報についてはまったく成り立たない。〔例えば〕風景の記述には——風景の写真やビデオによる記述でさえ——必ず情報の選択がともなう。〔情報の選択がともなわない〕本物の風景を調べることができない場合、風景の精査にはいつでも外部から制限が課されるだろう。この情報の選択が経験の共有にとって間接経験を決定的なものにする。ところが、他人の注意をある対象に集中させそこへと差し向ける能力によって獲得されたものは、自己と他者を包み込み、また両者に開かれたものに姿を変える。

世界に触れつづけること

長くてまっすぐ続く無人の幹線道路を友人とドライブしており、助手席に自分が坐っている、と想像してみよう。前方に山があり道路の両側に白いガードレールがある。さて、目の前のフロントガラスに映る光と形のパターン——窓の外に見える〔実在する〕丘陵地帯ではなくフロントガラスにいわば投射されたさまざまな形のパターン——が、移動につれてどのように見えるかを想像してみよう。配列をなした光学的形態の中心に車が向かいつつある山がある。車が道路に沿ってまっすぐ進むかぎり山は動かない。しかし、その山の大きさは増大する（もし山がはるか遠くにあるなら、おそらく少し大きくなるだけだろう）。フロントガラス上に投射されたパターンの縁にカードレールの映像があるだろう。この映像は大きさと速さを増しながら次々に流れて背後の視界へと消えてゆく。山とガードレールの間にあるのは道路表面のフロントガラスに投射された映像である。光学的肌理《きめ》をなすこれらの断片も大きさと速さを増しながら流れてゆき、同じように視界から消える。

映像の流れの配列は自然法則——われわれがみな重力に気づきながら、めったにそれについて考えることがないのとまったく同じ類の法則——の特徴を持っている。地上の動物が移動するとき、流れる〈光　配　列《オプティック・アレイ》〉が動物を囲んでいる。この配列には、発見者であるジェームズ・ギブソンによって〈遠近法的流動《パースペクティヴ・フロー》〉と名づけられた内部構造が含まれている(3)（ゲームセンターで、レーシングカーや飛行機やときには宇宙船などの登場するゲームをして時間を過ごしたことのある読者は、これらの遠近法的流動をなすパターンがどんなものかわかるだろう)。遠近法的流動には二つの極がある。これらは不動の点であって、あらゆる動きや大きさの増加がそれらの点から生じるように見える。前方の点は〈拡大の焦点《フォーカス・オヴ・イクスパンション》〉と呼ばれている、なぜなら、そこで対象が拡大するように見えるからである(車がまっすぐ進む方向にある山をもう一度見てみよう。たとえきわめてゆっくりだとしても、山が見かけ上大きくなってゆくのに注意しよう。またその拡大が特定点つまり拡大の焦点の周りで対称的なことに注意しよう)。拡大の焦点の真後ろに〈縮小の焦点《フォーカス・オヴ・コントラクション》〉――すべての光学的運動がそこへと収束し、すべての対象が縮んでしまう点――がある(読者がこの点を見るためには、もちろんリアウインドウの外を見なければならない)。これら二つの極を結ぶ〈経線〉は視野における光学的投射すべての〈掃引線〉〔sweep lines 移動に伴って生じる光学的な運動ベクトルが描く「メロン型の曲線群」のこと。上図を参照〕――例えばガードレールの支柱から、あるいは道路の表面からなる曲線――である。その二つの極の中ほどの位置(一種の仮想の赤道)に近づくにつれて、掃引線は大きさと速さを増す。そこを越えて縮小の焦点のほうに移動するにつれて、掃引線の速さと大きさは減りはじめる。

遠近法的流動は、動物が移動する空間や時間につねに生じるのだから、これは自然法則である。拡大の焦点はいつでも

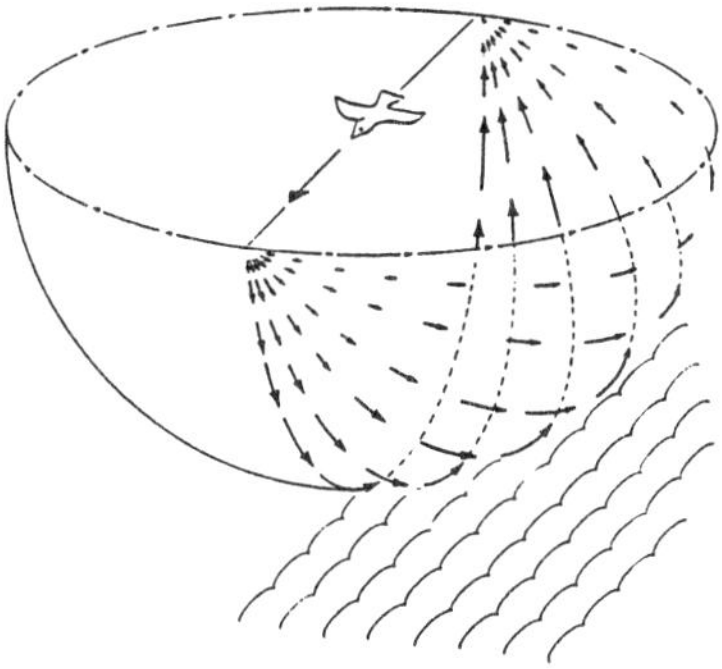

図　メロン型の曲線群(リード『アフォーダンスの心理学』より)

人が向かっている方向にある点である。山を左へ「移動させる」操作によって道路が曲がるなら、拡大の焦点は右へ移動するだろう。こうして、自動車が進む方向にある点が特定されるのである。ちょうどさまざまな活動（例えばバスケットボールをつくこと）をするために重力を直観的に利用するように、われわれは自らの行動を制御するためにこの光学的法則を利用する。例えば、対象に接近するとき、対象の映像が拡大の焦点に一致するようにしながらわれわれは移動する。そして拡大の焦点をそこに保持しながら、対象が視野を占め始めるまでそれを拡大する。正しい進路から外れないために、われわれは対象の映像が対称的に拡大されるのを（すなわち映像全体が片側にではなく均一に拡大するのを）確かめなければならない。ギブソンはいくつかの事例をリストにしながら「拡大に関係した多数の法則がある」と書いている。「精査を可能にするには、細部が見える程度まで配列を構成する継ぎはぎ《パッチ》を拡大しなくてはならない。握れるものを操作するためには、対象が手の届く範囲にはいる程度まで継ぎはぎを拡大しなくてはならない。……誰かにキスするためには、もしその表情が好意的なら、ほとんどの視野を占めるように顔の形態を拡大しなくてはならない。（衝突を避けるには両目を開いておくのが絶対に必要である。好意〔を特定する微妙な情報〕を識別するのを学ぶことは賢いことである）」[4]。以上の提案は風変わりだが、それが言わんとする重大な論点については実際に証明がなされている。すなわち、この種の法則は、人間から鳥、蜂、そして（光学的流れによる定位の変異形である反響定位〔自分が発する音波の反響で周囲を探知すること[5]〕を使用する）コウモリにいたる、多くの異なる種の動物が移動するための基礎をなすのである。

このように、光学的配列の遠近法的流動は、環境のなかを歩き回る必要のある動物に豊富な情報を提供する。流れのさまざまな様相は、例えば、人がいま向かいつつあるのはどこか、どれくらいでそこに到着するのか（あるいは逆に、向こうにある物がどれくらいで到来してわたしにぶつかるのか！）といった重要な環境的事象を特定する。

それらの対象が何であるかについての光学的情報は流れの場の極や経線に含まれているのではなく、光学的流れ、特にギブソンが遮蔽（オクルージョン）と呼んだもののパターン内部に含まれている。もう一度自動車の中にいると想像してみよう。さてガードレールが車と岩だらけの原野との間にあるのに注意しよう。車が風をきって走るにつれて、〔連結した〕おのおののガードレールが岩だらけの荒野の特定領域の正面に移動し、その領域を浮き上がらせながらそこを通り過ぎるように見える。ついでこの領域は次のガードレールによって一時的に隠され、そして……という具合にこのプロセスが経過する。これはより近い表面によるより遠い表面の遮蔽である。それは画家が〈重ね〉（絵の中の一つのイメージが第二のイメージをさえぎり重なりあうように見えること）〔〈重ね〉の原語はinterposition。絵画では二次元の素材に三次元のイメージを描く技法として各種の遠近法（パースペクティヴ）が工夫されてきた。二つの対象を重ねて描くと、重なる対象のほうが重ねられた対象より手前に見える効果が生じる〕と呼ぶものに似ているが、だがこちらは出来事であり、静止した絵ではなく移動する観察者に生じる現象である。出来事として、遮蔽には始まり（近い表面の前方の縁が遠い表面を隠し始めるとき）があるし、中間（近い表面が移動して遠い表面に向かうとき）と終わり（背景をなす表面が、近い表面の後方の縁から出現しつつもう一度完全に見えるとき）がある。遮蔽もまた自然法則であることに注意しよう。しかし、これは被験者や観察に依存する法則である。読者にとって遮蔽された背景領域はわたしにとって遮蔽されてはいない。というのも、わたしの視点が異なるからである。

われわれは雑然とした環境に住んでいるので、遮蔽に由来する情報をたえず手に入れることができる。また動物が環境を観察するとき、彼らは——テレビを見るといった普通でない状況は別だが——たいていの場合たえず動いているか、いまにも移動しようとしている。遮蔽が重要であるのは、対象の縁やその位置づけに関する情報を提供することで、わたしに近いものと遠いものとを特定し、また事物の形態を特定するからである。対象の縁が見えないときには、縁や位置づけについてよりよい遮蔽情報を得るために、われわれはしばしば対象の周囲をまわったり対象の向きを変えたりする。

遮蔽はまた心理学者が対象の永続性《パーマネンス》と呼ぶものについての基礎的な情報を提供する。ある対象が表面の背後に向かったときと同じ姿で遮蔽する表面の背後から現われたなら、その対象は永続的である。例えば木の繁みの中に飛来し、またそこから出てくる鳥の場合がそうである。ついでにいえば、いったん顔をそむけふたたび見た木の場合も同じである。これにひきかえ、自動車の窓の表面にひらめく光は車がトンネルに入る前後で変わらざるを得ない。また吹き出された煙の形はそれが木の枝を通るにつれて変化する。対象が自力で移動する種類のものではない場合、人はその対象の周囲を見回さなくてはならない。永続的事物か永続的でない事物かを区別するために、遮蔽パターンをつくりだす必要があるからである。

観察者が環境を移動するにつれて、二つの特殊な遮蔽する縁《へり》がいっしょに移動する。第一に自分自身、とくに自分の頭蓋骨である。観察者である人間には自分の鼻と眼窩のそばを過ぎてゆくものが見えている。振り返って事物を見るとき、この鼻と眼窩は頭の後を通過するものを遮蔽する。頭の後で視界から消えたものを見るためには、この特殊な遮蔽物を回転させねばならない。その結果、前方の縁が以前見たものをあらわにし（遮蔽をとりさり）、後方の縁が今しがた見ていたものを隠す（遮蔽する）ことになる。われわれの移動性と密に結びつく第二の遮蔽縁は局所的環境あるいは眺め《ヴィスタ》である。雑然とした環境中を前進するにつれて、視野の遠くの縁の背後に隠されていたものが徐々に明らかになる。街区を移動し角を曲がると、次第に次の通りが見えてくる。牧草地を移動するにつれてその向こう側のものが徐々に見えてくる。一般にわたしの移動につれて眼前に眺めが開け、背後ではそれが閉ざされる。またしてもこのパターンは可逆的である。

ギブソンが一九六九年に述べたように、光学的遮蔽によって入手可能な情報は、長年にわたる形而上学的論争に決着をつけることができる。(6) あちらにある事物が実在する対象かそれとも夢や幻覚の中の事物なのか、それがどうしてわかるのか。簡単である。それに目を向けて移動しているかどうかを見て、それが移動しているなら——不透明な固形をなす対象なら当然そうなるはずだが——背景を体系的に遮蔽したり遮蔽を取り去ったりできる。もし移動していないなら、対象の方に移動して、わたしの運動に即応して対象が背景を遮蔽するかどうか試すことができる。煙、鏡像、ホログラフィー像、幻覚のすべてがこの単純なテストに失敗する。蜃気楼でさえこのテストには失敗する。だが喉の渇いた旅人にとって、蜃気楼のオアシスが地面のどこかにあるわけではなく、自分がいくら移動してもいつも一定の距離のところに浮かんでいるという事実に気づかないほうが幸いかもしれない。実際に、デカルトの邪悪な霊が、夢や幻覚に遮蔽パターンを模倣させる唯一の方法は、夢や幻覚中の対象をわたしがそれを検査するのに用いるあらゆる運動と入念にタイミングを合わせて移動させる（あるいは移動させない）ことである。たいていの場合、われわれは日常の世界を経験するように夢や幻覚を経験したいとは思わない。それゆえそれらの微妙な違いに注意を払わない。なぜ楽しみを台なしにするのだろうか。だが実在から錯覚を分離することへの関心が欠けていることは、その能力が無いことと同じではない。

多くの読者は、実在するものから錯覚を区別するという深遠な哲学的問題に対する解答がこんなに「単純な」のにとまどうかもしれない。だがなぜこの問題への解答が単純であってはならないのか（実際、すべての古典的解答がそうだったように、述べられてみれば、この答えも単純に思える。しかしそんな単純な解答を割り出すのにおよそ三世紀もかかったのである）。数えきれない哲学者が「ある事物が夢や幻覚の中にあるのか、それとも実在するのかをどうしたら区別できるのか」と問うてきた。この答え――その遮蔽パターンを吟味せよ――はこの問いに簡潔で完全な答えをもたらす。確かに観察者はその問いの検証を望まないかもしれないし、またその時には検証できないかもしれない。しかしそれは別のことである。[7] 誰しも自分がそうした遮蔽の検証に首をつっこむとは思いもしなかったのではないか。多分それが事実だろう。しかし、注意深く調べればすぐに夢か現実かが判明するだろう。遮蔽は一次的経験にそなわる比較的に単純な事実であって、経験された対象が実在するかどうかをこれに基づいて検証できるのだ。ギブソンがいうように、経験の生態学的分析はわれわれに「実在論を支持する新たな根拠」を与えるのである。[8]

ものの実在性を明らかにする遮蔽の力にまだ疑いをもつ人々は、さらに二つの事例をじっくり考えてみればいい。周囲を見ながら移動する観察者が遮蔽パターンに変化をもたらすことができず、それゆえ夢から現実を区別するのに遮蔽が役立たない事例はこれらだけである。いくらそうしようとしても、自分の頭の中にあるものを見ることはできない。どのような移動の仕方でも、わたしに見えるのは単に——自分の頭をめぐらすことで露わになったり隠れたりする——背後の環境の一部に過ぎない。わたしの頭自体は視野の中のひとつの領域——大きくて、移動可能な、遮蔽された領域である。そしてこの領域（人間にとってこれはほぼ球面である）はつねに二つの眼窩がなす遮蔽縁の背後に隠れている。同様に、空の彼方にあり空によって遮蔽されているものは、わたしが地上でどんな行動をしても目に見えるようにすることはできない。

こうして、人間の生態学に根ざした一次的経験のうちただ二つだけが、われわれの探索的努力にもかかわらず、いつまでも不可視のままである。それは頭蓋骨の内部と空の彼方である。これらに関しては経験のうちで現実と夢との区別ができない。なぜなら、区別するために遮蔽を使用する通常の方法が利用できないからである。人間生活における最古の二つの神秘——魂の本性と天国という観念——が遮蔽の法則に直接関係しているのは実に印象的なことだ。

遮蔽は、このように、われわれの周囲の世界と接触を保つもっとも重要なやり方のひとつである。遮蔽パターンと遮蔽の解除のパターンは、われわれが対象をその影から識別し、自分がどこにいるのかを理解し、そしてどこに向かいつつあるかを知るのに利用可能である。遮蔽は直接経験の一部である。子供はみな自力でこれを学び、大人や学校の助けをほとんど必要としない（つまり間接経験をほとんど頼りにしないのである）。もちろん、遮蔽や幻覚に関与する能力を超えたほかの知覚能力もまたわれわれが世界における自らの場所を発見するのに役立つ。一次的経験、「無教育な」

経験は、われわれに自己の感覚と人生の道程についての感覚をもたらす。このようにして、一次的経験はわれわれを他人との意味ある接触へといざなう。この接触を続けながら、われわれは間接経験を築き上げるために、他人からの情報獲得を開始する。この間接経験を通してわれわれは、自分が直接経験しうる範囲以外の世界と、人間たちの複雑きわまる相互行為について学ぶのである。とはいえ、どんなに高尚な間接経験でさえ、一次的経験の豊かで肥沃な土壌、世界における各人の場所と各人がたどりゆく世界の道程の意識という豊かな土壌に根ざしている。

世界に門戸を開くこと

ここまで直接経験つまり環境について直接観察しうることに考察を集中してきた。直接経験は単純なものであるように見える。直接経験のために読者はまさしく見る（聞く、触れる、味わう、臭ぐ）ことが必要である！　だが現象は人を欺くことがあるし、われわれが直接的と見なしている経験の多くが、実は社会的文脈から出現するのかもしれない。人間はふつう孤立状態で育つわけではない。実際に、人間は生まれたときほとんど無力であるし、誕生後の二年間の大半をそれぞれの世界の中で行動し世界を経験する方法を学ぶことに費やしている(9)。

幼児について現代の研究が明らかにしたところでは、赤ん坊は無力ではあるが相当に洗練された知覚的技能を身につけて生まれてくる。興味深いことには、これらの知覚的技能は相互行為と社会生活に結びついている。新生児はとりわけ人間の顔と声に興味をもち、顔の表情や声の表情の流れにおけるパターンを見つけられる。しかしながら、パターンを検出できることは——またそれらに反応できることは——人間行動の意味を経験することと同じではない。おそらく新生児は少なくともいくつかの重要な意味——例えば嬉しい顔と悲しい顔の違い——をとらえる能力を生得的にそなえているのだろう。だがこれに劣らず確かなのは、たいていの有意味な経験が学習と訓練の長期にわたる過程から現われるということである。

ここで経験が発達する際の鍵となる三つの要素を列挙することができる。すなわち、生命状態（生物と死んだものとの区別）、因果性（ある出来事が別の出来事を結果として導く仕方）、そして意図（行動を導くさいの特別な目標の働き）を理解する能力である。これらの能力はすべて幼児が身の周りの出来事のうちにパターンを見つける直接的能力と他人の導き（これは最終的に間接経験になる）に対する感受性とに依存している。養育者は、〈いないいないばあ〉や〈かい繰りぐりかい繰りとっとのめ〉といった遊びによって、経験のこれら三つの重要な特色についての情報を赤ん坊に与える。幼児はいったん（這い這いとお坐りによって）可動性と自主性を手に入れると、遊びには規則があることを知り始め、このようにして社会的意味に対する感受性を示すのである。生後十ヶ月の赤ん坊は、例えば養育者の手をつかんで遊びの次のステップを「うまく切り抜ける」。これは——たとえ未熟で不明確だとしても——真の共有された意識の始まりである。そこでは二人が同じことをしながら、この、同じことをしている事実を認めている。子供の相互行為の能力が大きく育ち成熟するには、さらに多くのことが生じなくてはならない。だがこの時でも、子供はなにかしら真の意味で他人と経験を共有しており、その経験は社会的文脈のうちで成長できるのである。

一歳になる前に、赤ん坊は、過去三世紀間、哲学者や社会理論家が不可能だと断言したこと——

言語を使用せずに他人と経験を共有すること——をする方法を発見する。それというのも、子供による経験の共有は主観的なデカルト主義的観念ではなく、情報に基づいているからである。子供は他人から観念を受けとっているのではないし観念を他人に伝達しているのでもない。養育者は情報を子供が利用できるように計らい、子供はその一部を理解しうるのだ。養育者が子供にものごとを意識させるようにすると、やがて子供も彼らにものごとを意識させうるようになる。意識は個人がなしとげるものだが、この遂行は主観的過程ではなくて、自力によるのと同じくらい他人の導きによるものなのだ。

　歩き方を習得したばかりの幼児は、こうして、人々が生息する環境の中を動きまわるようになる。もし子供が養育者の禁じた場所に行こうとしたり禁じられたことをしようとしたりすれば、制止されるかもしれない。子供はゆっくりと——大方の養育者にしてみれば、あまりにもゆっくりと——すべての人が自分と同じ意図を共有するとは限らないことを学んでゆく。同時に子供は対象を探索しながらそれらに変化をもたらす自分の力——対象を持ち上げたり、蹴ったり、つついたり、つまんだり、噛んだり、叩いたりする力——を探索してゆく。この学びと訓練の間に、子供は生態学的情報——視覚的なものに加えて、聴覚的、触覚的、化学的（味覚や嗅覚）な情報——の豊富な配列を受けとる。この時に特定の考えや行動は奨励され、ほかのものは制止されることになる。こうして、よちよち歩きの幼児は直接経験と間接経験の継ぎ目のない混合物によって社会化されるのである。

　われわれは情報に取り囲まれている。われわれが世界における自らの場所を見るために使う情報のいくつかを記述してきたが、環境の音、におい、そして感触にもかなりの情報がある。これらの情報は経験の原因ではないが、経験の根拠である。それがないとわれわれは環境に関する明確な意識をもちえない。

人はめったにそうした情報を意識しない。一般に、人は情報が特定するもの――環境に関する何かしらの事実――に反応する。これが特に明白なのは感触の場合である。物に触れるとき、われわれは皮膚が変化するパターンや骨格の位置の変化に気づくことはめったにないが、対象に関してはたいていいつも何かしらを知覚している。物の表面に指を走らせるとき、われわれの気づくのは表面の粗さや滑らかさであって、指の隆起ではない。荷物の中にあるものを感知するため荷物を持ち上げてその重さをみるとき、われわれが注意するのは掌にかかる重さや圧ではなく、中身の重さと材質の配分（中で何かが移動するかどうか）なのである。

西洋の標準的な心理学と哲学において、これらの情報は一般に経験の外部のものとされ経験の原因の地位に昇進させられている（これはわたしが第一章と第二章で批判した知覚の因果説である）。伝統的理論の教えによれば、われわれは皮膚に加わる圧を無意識に記録し、この圧の感覚からそれの原因が何かを決定するのだという。それゆえ知覚とは、われわれの（無意識的）感覚の原因となるものを推論する過程、ということになる。

情報に基づく知覚理論は、これらの感覚を知覚の原因ではなく副作用――これは特別な条件下で気づかれる――として適切に位置づける。好きな物を食べている間、確かにあなたは舌で甘さ、塩辛さ、あるいは苦さといった単独の感覚にならんで口中の圧や抵抗の感覚について考えをめぐらすことができる。だが食べ物の味や舌触りを単に賞味するかわりにそうした思考を行なうのには特別な努力を要する――実際、あなたはその過程で舌を噛むかもしれない。恋人を愛撫している間、あなたは自分の皮膚にかかる圧に注意を向けることができる（それにそうすることは時にはとても望ましいことだ）。だがたいていは、パートナーの要求、意図、そして動きを精確に見極めようとするだろう。

情報は知覚的経験を決定するのであって、それを引き起こすのではない。情報が特定するのは人が知覚するもの（哲学者が知覚内容と呼ぶもの）である。その食べ物はすじ肉状なのかゼラチン質なのか。その皮膚はしなやかなのかたるんでいるのか。これらの事物を知覚するために観察者は探索しなければならない。見たり聴いたり触ったり味わったりしなくてはならない。医者が肺や肝臓の状態を知覚するためには、患者の腹部を打診し触診するやり方を習得しなくてはならないように、われわれはものごとを調べる方法を学ばねばならない。またわれわれは探索する情報の微細な区別に注意をこらす仕方を習得しなくてはならない。熟達した料理人はオムレツをつくるのに溶き卵に十分な熱が通ったかどうかをすばやく見分けることができるが、この大切な情報を未熟者は捉えられない。

まさにデューイが示唆したように、経験は学習――これは潜在的には生涯にわたる過程である――に組み込まれた活動なのである。伝統的理論が経験を心的行為――推論に基づく判断――の産物として扱うのに対して、情報に基づく理論は経験を行動の潜在的遂行として扱う。何かを知覚することは、意味を持った対象、場所、あるいは出来事としてそれとの親密な関係にはいることである。この意味における知覚は単に心的なものではない。それは行為であり、心と身体との統一にもっとも役立つ要因なのである。知覚は全体としての人間――いま見て、聴いて、精査して、識別している人間――が遂行する働きである。人間は貧弱で秩序のない経験から始めるかもしれないが、最後には多数のものごとを鋭敏に意識できるまでになる。子供が自転車に乗ることを習得するとき、例えば彼女はバランスがとれた状態ととれてない状態の違いを感受できない。彼女の経験は混乱している。しかし練習と励ましによって彼女のバランス感覚は徐々にこの新しい課題に慣れ、自転車で出かけられるようになる。

感覚に基づく西洋の標準的知覚理論が、世界に関する知識を科学的仮設に類似したものと見なすのに対して、情報に基づく理論はそれを技能の獲得に似たもの、つまり〔仮設が一挙に与えられる全体的なものであることとの対比で〕部分的なものと見なしている。たいていの子供たちは自転車に乗るわざを習得する以前に何度となく転倒する。この事実は、デカルトとその後継者が主張するように、バランスの知覚や道路の知覚が仮設であることを意味するのか。わたしはそうは思わない。子供のバランス知覚は最初は貧弱だが、その後に改善されてゆく。子供は実在の性質についての仮設を試しているのではなく、利用できる情報によって自らの行動を制御する仕方を習得しているのだ。西洋の伝統的思想の想定によれば、真理と知識がその名に値するものであるためには絶対的である必要がある。これは、邪悪な霊についてのデカルト主義的神話からの直接的帰結である。しかし生態学的な意味における知覚は、完全あるいは絶対でなくとも真なのである。わたしが世界における自らの行動を舵取りできるために、自らの環境についてすべてを知ることは〔あるいはそう主張することとさえ）必要ない。わたしは世界の性質について完璧な報告をなしえないかもしれないが、転んだり物につまずいたりせずに歩き回ることができる――いや、そればかりか、ずっと多くのことを行ない理解できるのである。いっそう重要なのは、もし注意を払えば、新しい行動を習得できるという点である。換言すれば、出来事を知覚し自らの活動を制御する能力を高められるのである。

ポスト・モダニストはなぜ寝そべってテレビ視聴に耽るのか

このように、生態学的視点から見ると、経験は人が所有するものというよりむしろ人が従事する学びの過程である。経験の果実は観念のたくわえではなく、知識とりわけ技術知《ノウハウ》である。経験に富む人は経験のない人よりもより多くの技術知を持っている。このことは、もちろん直接経験によって獲得される技能にあてはまるが、間接経験や間主観的活動にも適合する。知覚による習得は、ギブソンが好んだ言い方では、主として学校の外部で起こる――なぜならこの種の学習はどんなことを行なう時もわれわれに伴いうるし伴うはずだからである。しかしポスト・モダンの世界は、われわれから経験を豊かにするための機会を奪おうと躍起になっているようだ。

すべての動物が、自らの環境を観察し日々の活動を果たすのに必要なあらゆる知識を環境から手に入れる何かしらの能力を持っている。たいていの鳥や哺乳動物は、人間と同じくらい多くの遠近《パースペ》法的流動《クティヴ・フロー》パターンを利用する。人間は他の動物とは異なり（対象、材料、そして他の人々に関する）経験的技能を高度な水準に発達させた。人間の生存は、近年まで、土壌、木、石、鉱物、植物のもろもろの特性を経験して学び、習得した技能によって生命を維持する個人の能力に依存してきた。人間の生存はまた、他人が考えていることや感じていることを経験し、この知識にわれわれの行動――それがふつうの社会的相互行為であるか、儀礼、子育て、踊り、あるいはセックスなどの特殊な行為であるかは問わず――を適合させて形づくる技能にも依存してきた。

多くの人々（その数は増え続けている）にとって、人間生活のこれらの基礎的パターンはもう効果をもっていないようである。産業化されて一世紀以上がたち、アダム・スミスの分業の行きすぎが世界中の職場でありふれたものになった。各人は自分の些末な得意分野（スミスに例を求めればおそらくピンの製作）についてはかなりよく知っているが、その他のことについてはほんの少ししか知らない。そのうえ、一般的な職場の規則や規制は、われわれが作業過程全体について学び、同僚や友達と作業を共有しようとする試みを積極的に妨害する。ハンナ・アレントは数十年前に『人間の条件』（一九五八年）においてこうしたことの大半に苦言を呈した。それ以後変化したことといえば、経営者がこの分業をサービス産業へ拡張するのに、産業のコンピュータ化や情報テクノロジーが利用できると気づいた点だけである。ちなみに、それ以前、サービス産業は広範囲にわたる分断から保護されてきたのである。

歴史は逆には進まない。われわれの社会がアレントの時代やそれ以前の時代の慣例に戻ることはないだろう。われわれが産業化以前の社会に戻らないのは確実である。にもかかわらず、もしわれわれが前向きに進みたければ、社会がこれまで起こしてきた変化から学ばねばならない。これらの変化から価値あるどんなものが失われたかを学ぼうと努め、失われたものを取り戻す方法を捜し出す努力をしなくてはならない。テクノロジー化の一途をたどる世界において、経験に価値があるかどうかをめぐる論争を抑えつけるために、「それが進歩というものだ」といった敗北主義者の言い回しを使うのは、実際には経営者の観点に屈服することである。本書全体を通じて、これらの変化を調べるためのいっそう人間的な観点があることを、わたしは示そうと努めてきた。これらの変化の累積的効果に打ち負かされないために、われわれはこのいっそう人間的な観点から学ぶ必要がある。

アレントがあの本〔『人間の条件』一九五八年刊〕を執筆したとき以来、事態がとくに悪くなったのは職場や仕事だけではなく、家庭生活や余暇も同じように悪くなった。ありがたいことに、人は仕事や学校だけで学ぶのではない。自分だけですること――ハイキング、手藝、趣味、単に坐ることや考えること――もまたわれわれが学ぶのを助ける。また伝統的な家族的活動――遊戯、手藝、共同でする雑用――は、同じ目的つまり学びの経験にかなっている。実際、これらの形式ばらない地道な仕事は、おそらく人が自分たちの環境から学ぶことを助ける最善の方法だろう。しかしわれわれは、テレビ文化という比較的最近の現象のせいでその種のことをほとんどやめてしまった。

テレビの批判者でさえテレビの影響力の全容と正面から取り組むのにひどく苦労している。例えばテレビ番組の内容に関する批判は――これは仕方がないことだが――テレビの力の単に一つの相だけを扱っている（繰り返していうが、わたしはテレビの文化的現実――単にテクノロジーとしてのテレビではなく、そのテクニックス――について話している）。過去数十年にものされた多くの研究は、素人が自力で簡単に観察できることがらを確証している。すなわちアメリカの大方の家庭では、少なくとも一台のテレビが誰かが家にいる少なくとも半分の時間つけられているのだ（その人が実際にテレビを観ているかどうかを突きとめることはずっと難しい)。このような社会現象は、世界史上、まったく先例がない。信仰心がもっとも篤かった時代においてさえ、祈りのために労働時間の一〇分の一の時間を——四分の一あるいはそれ以上の時間などは論外——費やす人はそういなかった。現代の社会学者は、多くの人がテレビを観る時間の半分でも費やして教会にゆく人々を異常な信仰心の持ち主と見なすだろう。世界史上、多数の人口が一日のうちの長時間を費やして行なう活動がほかにあるとすれば、わたしに考えつくのはただ一つ、食糧生産だけである。とはいえ、この活動は産業化以前の社会だけに認められるにすぎない。テレビ視聴は社会の広範囲にわたる活動だが、現代でこれに近づきつつある唯一の活動は労働である——しかし労働は様々な人々が行なうきわめて様々な活動に及んでいる。したがって、現代人の全員がテレビを観るという活動に労働を比較するのは無理なのである。

テレビは現代文化を覆いつくしているから、その悪い側面に加えて良い側面にも注意を払うことが重要である。現代の人工衛星テクノロジーの出現とともに、テレビは大量生産された情報の御用商人、またこの種の情報の全世界的な合成装置の役割を演じている。それは情報を世界中に流布させる安価で効率的な方法である。これがテレビのすべてなら——つまりテレビが単なるテクノロジーの道具であるなら——それは人類に対する恩恵であるだろう。

しかし種々の理由のために、テレビは情報源をはるかに越えたものになってきている。テレビは現代の家庭生活の中心であり、大勢の人生がそのまわりをめぐる祭壇である。テレビ視聴が広範囲に普及すると、他の活動のための時間は少ししか残らない。こうして、テレビの遍在は、経験から学ぶためのもっとも大切な中心つまり家庭におけるその種の学びの機会にとって、深刻な脅威となる。今や人々は〔現実ではなく〕テレビを観ている。彼らはもはや自力でものごとを見ていない。そして現代の学校や職場の制約を考えると、われわれに必要なのは経験を獲得するためのそれら以外の機会である。

あらゆる間接的情報は制限されている。なぜならそれは必ずや選択されたものだからだ。情報にもっとも富んだ画像やビデオテープあるいは双方向型のCD-ROMでさえ、われわれが独力でものを見る助けにはならない。現実世界の精しい調査は、テレビやビデオの画面については画像の受動的注視に取って代わられた。この画像はメニューから選択することによって、あるいは少々誤解を招きやすい当今の隠喩を使えば、チャンネル・サーフィン〔テレビのチャンネルを次々に切り換えいろいろな番組を見ること〕によって変化するに過ぎない。それゆえテレビの番組内容についてのあらゆる批判には意味がない。たとえ多数のテレビ番組が全体として素晴らしくても、テレビ視聴はやはり知覚的学習の発達を抑制する。何といってもこれは困ったことだろう。

料理本を読むことは料理することと同じではないし、世界でもっともすぐれたシェフがスフレをつくっているのをCD-ROMで見ることは、自分でスフレをつくろうとする経験に取って代わることはないだろう。そして手術を受ける決心をしたとき、あなたはどうかは知らないが、わたしなら何年もCD-ROMで手術の勉強をしただけの人より多少とも直接経験をもつ外科医のほうを選ぶだろう。

テレビや情報テクノロジーの推進者は、視聴者がこうした間接的な情報を手に入れ、それを直接経験に統合するだろうと想定する。彼らはわれわれに、テレビで訓練された外科医は実地の経験も取り入れると請け合っている。しかし大量の時間とお金が情報テクノロジーに浪費されるとき、彼らの約束が確実に実行されるための時間とお金がどこに残っているのだろうか。どうして最初から、一次的経験が学習の基礎にならねばならないことを、また一次的経験が情報源であり、その必要がある場合には、間接的な情報で補充できることを強調しないのか。

　間接的な教育は直接的な学習につねに統合されるだろうという議論は、二つの誤解を招いている。第一に、われわれの文化的経験によれば、用心しないとテレビ視聴の時間は膨れ上がって、各人の利用可能なあらゆる時間を占めてしまう。第二に、テレビから得た経験を直接経験に統合するのに必要なものの多くは、滅多に手に入れられない。わたしが子供だったとき、テレビでミスター・ウィザード〔テレビの科学番組「ミスター・ウィザードの世界」の主人公。「ウィザード」は「（男の）魔術師」をいう。科学実験を交えて科学的知識を紹介することで人気を博した〕がしたことを自分でしようにも、それに必要なものの半分もけっして所用していなかった。そしてどんな人物あるいは学校でさえ、例えば「新星《ノウヴァ》」〔ボストンの公共放送WGBHが制作する定評あるテレビの科学番組〕で見せられたいくつかの現象を再現するのに必要なもののすべてを持っているだろうか。読者に想起してほしいのは、アメリカ社会が情報スーパーハイウェイに数千億ドルも費やしたその同じ年に、アメリカの学校に関して、校舎のおよそ三分の一が基準を満たしていないかあるいは危険でさえあることがわかったという事実である。もしかしたら一億ドル（必要な額のおよそ千分の一の金額）がこの問題の解決のために回されるかもしれない。だが周知のように、緊縮財政のために、それだけの金額が回されることにはならないだろう。[10] われわれの社会は、実地経験に関わるものごとには緊縮財政をとるのに、間接経験を増進させるためには気前よく金や資源を使ってきた。

テレビと映像の断片化

さらに考えをめぐらすと、文化生活におけるテレビの覇権についての問題関心には、もうひとつの領域があるのに気づく。幾人かのポスト・モダニストの思想に由来するこの問題関心はテレビにかかわるもっとも優れたもの、すなわちテレビで使用されるモンタージュ手法に集まっている。[11] テレビ、ビデオ、そしてコンピュータのディスプレイは、これまで強調してきたように、選択された情報を提供するが、この選択の工程が情報を組織し提示する様態に関して重要な問いを提起するのだ。これらのメディアはますますモンタージュ――むしろ重層的モンタージュと呼びうるようなやり方――によって情報を提供するようになっている。モンタージュでは出来事をいくつかの視点から撮影し記録する。それからさまざまな線形的系列をいったん断片に切り刻み、これらの断片を使ってもっと大きな組合わせをつくる。この組合わせからその出来事の表象が選択されるようにするのである。重層的モンタージュでは、音声も映像と同様の処理を施される。そして一般に、いくつかの補足的出来事あるいは二次的出来事とそれらの表象もまた混ぜ合わされる。

重層的モンタージュは大変おもしろい。それは動きの速い恰好いいコマーシャルやミュージック・ビデオにはうってつけである。これらモンタージュの力能が非常に優れていると仮定しても、モンタージュが、定義上、本物の経験の因果的構造を、物語的構造（時には複数の構造）や声（あるいは複数の声）に置き換えるという事実に変わりはない（これがまさに藝術の新しい形式としてモンタージュが称賛される理由なのだ）。しかしながら、すばらしい技法《アート》だとしても――実際、藝術的《アーティステック》であるからこそ――モンタージュは日常経験の代わりにはならない。人間のあらゆる技能がそうなのだが、われわれが習得するものの大半は特定の手続きによって――種を植えたり、ろくろで壺をつくったり、グルメ料理をつくったり、科学的実験をしたりして――ものごとを生じさせる方法である。もし知覚によるあらゆる学習がモンタージュに基づいているなら――これらの技能を習得することが最新のミュージック・ビデオを楽しむ準備にはならないのとおなじで――われわれは、これらの地道な努力を払う気持にはまるでならないだろう。モンタージュから世界におけるその正当な場所を奪わないようにしよう。とはいえ、日常的な生活世界における複雑な出来事や関係をていねいに経験することを促進するよう意を用いようではないか。

これに加えて、人がみな獲得しなくてはならないもっとも重要な日常的技能のひとつに、環境の精査に伴う複雑な運動がある。対象や出来事を独力で注意深く観察するには、人は出来事一般とその因果的で逐次的な構造について何らかの理解を持たなければならない。家屋敷の持ち主は風や水や太陽そして排水がどのような動き方をするかを知っており、たぶん季節ごとに家庭にどんな出来事が起こるかを予期している。陶工は多種多様な使用条件の下で粘土や釉薬《うわぐすり》がどうなるかを知っている。看護師は身体の働きを理解しているので、患者にいま起こっていることを理解できる。独力で探索する能力を持っている者は未経験の情況さえも調べる方法を知っており、情況が展開してゆくパターンを見いだすことができる。われわれはこの種の知覚的学習から、自らが生命の流れの一部であるという経験を獲得する。あるものの一部であるという経験はとりわけ人々との出会いに関連するが、もっとも重要な日常的出来事である。そしてこの種の経験は、いかなる優れたビデオ・モンタージュでも提供できないものなのだ。

映画やテレビにモンタージュが導入されたことで、自称ポスト・モダン思想家は西洋思想のいくつかの知的足枷から解放された。映画は、出来事を模写しない場合でも、その出来事についての映画であることができる。誰にしても、同時にキャッチャーの背後からとセンターの守備位置から、また両チームのダッグアウト越しに同じ野球の試合を見ることはできない。実際われわれは、ある観戦場所から別の場所へそんなに素早く移動することはできない。しかし多くの人がまさしくそうした視点から試合のテレビ・モンタージュを楽しんでいる。伝統的な感覚に基づく知覚理論は、経験を世界から分離されたもの、仮設的モデルないし実在の表象として考えるように人に強制する。これに対して、新しい経験概念は、日常性からの完全な文化的漂流というわれわれの情況に話がうますぎるくらい調和している。現代の知的風潮は常識や実地から得られる技術知《ノウハウ》よりも特殊な知識や抽象的知識をよしとする潮流を賛美してきた。同時に、現代の社会的風潮は熟練を要する手仕事の価値を次第に過小評価するようになった。ところで、皮肉というしかない顚末だが、ローティのようなポスト・モダニストは、デカルト主義的世界観をまるごと拒絶し、真理や表象といった哲学的理念は神話であると主張する。モンタージュが教えているのは、表象が現実に真に似ることはありえないし似る必要もないということだ。ということは、誰一人として、自らが住んでいる世界を実際には知らないのである。

ポスト・モダニストの言い分はすべて正しい——ただ彼らの結論を除いて。表象は真でありえない。しかし表象主義の終焉は真理を台無しにはしないし、各人が真に環境を経験しているという主張を台無しにするわけでもない。表象主義者にもポスト・モダニストにも、情報の概念や探索的活動という概念は全くない。彼らは知覚の働き方について何も理解していないのである。ポスト・モダニストは経験がどれほど高い価値を持ちうるかを自らの経験から知っている。にもかかわらず、彼らは自らの理論のなかに経験のための場所をもうけない。これらの理論家すべてにとって、わたしが直接経験と呼ぶものは端的に存在しないのだ。現代の知識人や教育者が、現代文化において四面楚歌の状態に陥っている直接経験を擁護しないのは、彼らが直接経験の重要性を知ろうとしないからだ。哲学者も心理学者も、あらゆる種類の知覚的学習を評価しないし、一歳児がなしうる単純な知覚的学習や意識の共有さえ正しく評価していない。表象主義者も反表象主義者もともに、知覚が真であることは表象が精確であることに似た事態に違いないと主張する。しかし表象が表象された場面の写しでは滅多にないように、直接経験もまた世界の写しではない。これは世界がないとか真理は存在しないという意味ではない。それが意味するのは、モダニストとポスト・モダニストがともに依存している知覚理論が誤りだということである。

知覚の中に真理《トゥルース》を見いだすことは、模《かたど》られたものに模型《モデル》を対応させるようなことではない。またそれは孤独な過程あるいは主観的過程でもない。知覚のなかに真理を見いだすことは、材木の縁が「精確《トゥルー》な寸法」になるまでカンナをかけ、しっかりした継ぎ目にすることにむしろ似ている。人は有意な情報を捜しだしそれを使用しなければならない。これにはただ労力だけではなく、しばしば時間と学習が必要である。失敗を犯したときでさえ、知覚は真でありうる点に注意しよう。わたしは縁の寸法が正確になるのがわかっているしそう信じることができるが、間違うこともある。わたしは岩を土中から簡単に掘り出せるのがわかっているしそう信じることもできる。しかし、ツルハシで少し掘ってみただけで、結局、そこに巨大な岩が隠れており取り除くのにたぶん一時間かかるとわかるのである。経験はこうした類の真理と虚偽からできている——ウィリアム・ジェームズの隠喩を借りるなら、真理と虚偽は、経験が飛び続けるためにしばしのあいだ安らう止まり木なのだ。

標準的理論とは異なり、情報に基づく理論による真理（あるいは虚偽）は私的なものではない。われわれが一緒に戸棚をつくる作業をしているとき、あなたとわたしでは、その縁の寸法がどれくらい正確かについて意見が分かれるかもしれない——そしてもしその接合面が雑な仕上がりになれば、どちらかがたぶん「だからそう言ったのに！」と言うだろう。なぜなら情報は二人が共有しうる環境の中にあり、導き手がいるとき人は学習の成果がいちばん上がり、もっとも豊かな経験をするからである。導き手はわれわれに観念を伝達するのではないし、特定の考え方を押し付けるのでもない。よい指導者はわれわれがものごとを独力で習得できるように、また利用可能な情報に関心を集中することができるように援助する（「ご覧、こんな風に持つとその縁が真ん中でわずかにたわんでいるのがわかるだろう」）。共有された経験は教育的である。なぜなら、指導者はわれわれを助けて、使用しなかったかもしれない情報あるいは誤って使用したかもしれないし間違いの情報へと導いてくれるからである。指導者がいなければ、われわれは間違ったかもしれないし間違いの理由がわからないかもしれない。あるいはわれわれが正しかったとしても、やはりその理由がわからないだろう。

近代西洋における経験の見方では、観念や経験を共有することは秘密を共有するようなものである。ここから西洋哲学に内在する偏執病《パラノイア》が生まれる。われわれは他人の心をどのようにして知りうるのか。われわれは秘密がすべて共有されたことをどのようにして知りうるのか。知ることができないのは明らかだ。生態学的見方では、経験を共有することは、対等の人間どうしの間か、ある種の徒弟関係にある者の間で、なんらかの活動を共有することに似ている。われわれは全部を一緒に行なうかもしれないし、責任分担をするかもしれない。しかし分担をする場合でも、われわれ各人が全体のある部分には寄与している。問題は、わたしがあなたの表象と調和する表象を所有しているということではなく、わたしの経験（それに行動）があなたの経験（行動）に適合することである。もし二つの活動が噛み合っていないなら、われわれは経験を共有していないのだ。生後十五ヶ月の幼児に入浴後の後片づけの手助けをさせようとしたとする。あなたが整理や片づけをしているとき、子供は床を水浸しにして水たまりをバチャバチャやっているかもしれない。二人はその場所を共有しているが、活動も経験も共有していない。とはいえ、場所を共有するのはつまらぬことではない。そしてその子が活動と経験を共有する仕方をいずれ習得するのを期待しよう。

　この例と適合《フィッティング》としての共有という概念はなるほど単純なものだが、この考えには深い含意がある。モダニストとポスト・モダニストはそろって、観念や理想を調整し一致させることに共同体の根拠があると見なしている。この見方では、わたしがあなたと同意見だといわれる根拠は、共有された労働や共有された経験ではなく、共有された観念――現実についてのわれわれの表象を調整し一致させること――なのである。この見解を発達させることで、モダニストの啓蒙家たちは、すべての人々が一致しうる普遍的理想（自由、平等、友愛、人権、その他何でも）を探し求めた。ローティなどのポスト・モダニストたちはこうした探求を軽んじている。ひとつの観念がすべての人の意にかなうことはないし、もろもろの理想を互いに調整し一致させることは、比較的小さな集団においてのみ認められるに過ぎないと言う。おそらくそうなのだろう。しかし調整された理想が共同体の根拠でないなら、理想を普遍化することは可能だという考えと不可能だという断定のどちらもが、どうしたらわれわれは経験を共有できるのかという問いにとって有意でないことになる。

　われわれに必要なのは——そして私見によれば途方もなく必要なのは——人々がまとまって一緒に労働するやり方を学ぶことである。われわれの社会が直接経験を促進し、同時に学校、職場、そして家庭でそれを共有するのを促進する努力をはらうとき、そうした必要性が現実のものとなるだろう。この学びの作業は単純で、（時間と努力が必要ではあるが）費用はいらないし、臨機応変に実施が可能である。これを錠剤のように人々に無理やり飲み込ませたり、あるいはテレビ・コマーシャルのようにその意味を印象づけたりはできない——このことをいちはやく悟ることが大切である。いったいいつまで、礼儀の崩壊を嘆き悲しみ、道徳から学問〔book-learning 字義的には「直接経験を源泉としない知識」をいう。著者のアイロニー〕まであらゆるものが衰退していると不平を言っていられるものだろうか。人々は多くの経験を積むことで経験に基づく技能を独力で開発し、それらをゆっくりと学んでゆかなくてはならない。モダニストによる「普遍的」規範〔自由、平等、友愛など〕の強調もポスト・モダニストによる個別的で異質な諸文化《セパレート・カルチャーズ》の要求も、わたしの強調する経験、配慮《ケア》、そして関心《コンサーン》が実行可能であるのとは異なり、実行可能な解決策を述べていない。

　わたしは、デューイの言葉を借りて、共同体は真の共有を拡大し深める活動によって制作されると断言したい。真の共有とは、理想――それが自発的なものか、強制されたものか、説得されたものか、教え込まれたものかを問わず――を調整し一致させることではない。真の共有は一緒に行為し経験することだ。これは機械加工の工程とは正反対のものである。その種の工程では、人々の経験は前もってあった考え――主任の仕事場用フローチャートあるいは厳格な教育者による細部にいたるまで管理されたカリキュラム――に収まるようにつくられている。しかし自分たちの行動と経験を結びつけようとしている人々の真の共同体では、共有された探索や行為の遂行がある。すなわち、そこでつくりだされる、一緒に労働することの意味と価値を捜し当てる試みにほかならない。一緒に労働することは、価値を調整し一致させることを意味しない点に注意しよう。看護師は一人の人間としての患者を慰め元気づけることのほうを好ましいと思うかもしれないし、外科医は患部を手術することで患者を救うことのほうを好ましいと思うかもしれない。にもかかわらず、看護師も外科医も一緒に労働できるし実際にそうしている。さらに、直接経験を共有する根拠は明確な言葉にできないが、一般にそこには明示的情報の共有(すなわち間接経験)という根拠が付け加わっているのがわかる。後者の情報の共有には、例えば、「それを見ろ」という命令のような単純なものから、外科医に手術用器具を手渡すための正しい順序を新米の看護師に教えるのに必要な複雑な指図まである(そして別の場合には、経験豊かな看護師が青二才の外科医に教えることもある)。

経験に関する代替理論――つまり生態学的アプローチ――をざっと再検討しただけでも、デカルトとその後継者たちがわれわれを理論的軌道から著しく脱線させたいきさつを知ることができる。

西洋の哲学者も心理学者も、経験を、コミュニケーション・システム——身体が心に信号を送るシステム——に埋め込まれた別個の二つの機構から構成されているものとして概念化した。これら理論家たちは、人間と世界との接触を物理的な事象と見なし、それゆえ、心によってこの接触が解釈されない間は無意味だとした。また彼らは、われわれと他者との接触を、身体的信号を心が内的に解釈した結果を調整する作用と見なしている。経験のこうした見方は、たいていの人が成長し世界について学ぶその実情にほとんどそぐわない。だが皮肉なことに、この見方は、将来どのように子供たちが成長し学ぶようになるかという点には一致しているとますます思えてくる——なぜなら、現代社会は学校や職場を偏狭なデカルト主義的監獄として制作しつつあるからである。

しかし経験は生に内在するもの、われわれが独力で遂行する活動、あるいは他者との共同体において遂行する活動、と見なすことができる。直接経験を間接経験によって高め豊かにする可能性はある。ただし、それにかかわる人々が経験を共有する方法とこの共有を自分たちの目標にする方法を知っていればの話だが。そうだとしても、ではどうやって無表情を捨て、生き生きとし、経験して成長するのを学ぶように人々を動機づけ、そして最終的に、他人と経験を共有するやり方を学ぶようにやる気を起こさせたらいいのか。

第六章　経験と生活への愛

現代西洋の経験理論は、情報ではなく感覚を基礎にしている。そのためにこれらの理論は直接経験と間接経験とを区別しないし、何が経験を良いものや悪いものにするのか、この点を理解する役には立たない。またこれらの理論は経験がどのように人々の行動を動機づけるかを理解するためにも役立たない。

もしすべての経験が主観的感覚から構成されているなら、われわれは環境をけっして直接に経験してはいないことになる――デカルトのように、われわれに可能なのはせいぜい自分の周りで何が生じるかを推論することだけである。世界について学ぶことは、自分の一部分にいま生じていることを自分の別の部分に教えることと似通った事態になる――どちらの部分も情況に対する真の通路を持たないのだから[1]。少なくとも経験についてのどんな評価も、このように骨抜きにされてしまう。いろいろな理論家が紆余曲折を重ねたが、その挙句に至らざるをえないのは、デューク・エリントン〔アメリカ出身のジャズ作曲家、ピアニスト、バンドリーダー。一八九九―一九七四〕の音楽哲学を捻じ曲げたようなしろものである。エリントンの「よい音がするなら、それがよい音楽だ」という賢い考えとは違って、これらの理論家たちは「よいと思えるなら、それがよい理論だ」という狂気じみた考えをわれわれに提供する。もしわれわれが直接意識するものがいつでも内的感覚という〔現実の単なる〕うわべの姿――音楽そのものではなく、外部の世界で楽器を演奏することが惹き起こす主観的感覚――に限られるなら、どんなに知的居心地の悪さをおぼえても、経験の良し悪しを評価する唯一の理論的基準は、バンドの実際の音ではなく、内的感覚になるだろう。

　何世紀もの間、哲学者たちは価値理論を支える感覚的基礎の弱点を覆い隠すために、砂上の楼閣を築いてきた。彼らは価値と真理のために多くの基準――整合性、単純さ、優雅さ、有用性、科学的事実や形而上学的本質との対応――を提供してきた。西洋の経験の理論家たちは、経験の価値には明らかに異なったさまざまな基準があるが、しかし結局のところ、これらすべての基準に対してただ一つの試金石――「その経験は、哲学者にとってよいと思える感覚経験か」――を持ち出さざるをえないことに気がついた。思想家が異なればそれぞれに異なる基準――例えば、単純さあるいは事実性、優雅さあるいは論理的構造――を選ぶように思えるが、自らの内的な感じ《インターナル・フィーリング》以外の基準によって経験をテストするために、唯我論的循環から脱出できたものは誰もいなかった。主流をなす西洋哲学が日常経験をそれほどまで軽視しているのも驚くに値しない。だが多くの思慮ある個人は、善や悪の定義を主観的感じだけにゆだねるつもりはまったくないし、そんなことを考える哲学者をたしなめることだろう。

　適切な知覚理論がなかったので、この唯我論的な価値理論に対して誰も首尾一貫した知的応酬をなしえなかった。こうした経緯はギブソンの業績を非常に重要なものにする。経験の内部で夢から現実を区別できること――この点を理解しさえすれば〔一三七頁以降を参照〕、われわれは経験の重要な特徴、つまり経験が動機づけと行動に結合しているという特徴を理解する課題を先に進めることができる。経験について広くいきわたった主観的見方は、結局のところ、動機づけに関する容認できない還元主義的説明に至りついた。この種の説明もまた生態学的心理学の見地から刷新されなくてはならない。

行ないはどうして行なわれるのか

われわれには気に入った活動がある。スポーツを楽しむ人もいれば、音楽の演奏が好きな人もいるし、両方を好む人もいる。ある人は――もちろんわれわれではないが――不可解な要求に動かされ取りつかれている。彼女はバンジージャンプから何を得ているのか。彼が週末ごとに狩りをしたいと思うなんてことがどうしてありうるのか。彼らはおたがいをどう見ているのか。経験がわれわれに教えるのは、目的や目標が人によって異なる力を持つということだ。バンジージャンプはある人にはほとんど抗し難いものであり、別の人にとってはほとんど不可解なものである――われわれは人に教えられなくとも、こんなことはわかっている。

しかし現代西洋の経験理論は、この動機づけの力に関する一般的見方が錯覚「であるはずだ」と暗に述べている。もしバンジージャンプのような競技がなければ――いや、そこまで言わないまでも、少なくともバンジージャンプについてのあなたの主観的考えとわたしの考えが完全に異なっているなら、そして人は実在する事物ではなく単に自分の内的な感じ《フィーリング》だけを経験するのなら、われわれの行動を動機づけたり怖がらせたりするのはバンジージャンプそのものではありえない。何か内的な状態「であるはずだ」。

価値に関する理論と同じくらい多くの、動機に関する哲学的理論や心理学的理論がある。しかし西洋哲学の反経験的な基礎的前提を満たすために、これらの理論はおのおの、とどのつまり動機を内的状態ないし内的な感じに還元することになる。真理論について見いだされるのと同じ観念のいくつかが、動機理論にも現われる。すなわち、優雅さ、単純さ、あるいは強度が、動機という感じの特徴だとされている。しかしこれらの特徴は、結局のところ次の公式に要約される。動機づけとして作用するのは積極的感じを惹き起こす主観的状態であり、人を行動から遠ざけるものは消極的感じを惹き起こす主観的状態である、と。

動機づけに関するこの還元主義的説明は、精査に耐ええない。自分が明らかに愉しんでいないことをするよう動機づけられているのに気づくことがしばしばある。多くの親がうんざりしながら〔幼児の〕嘔吐や下痢の後始末をしてきた。少数の親は子供を救うために氷の漂う水中に飛び込みさえした――しかし、彼らのうちただの一人でも連合された主観的状態を楽しんでいるとは信じがたい。権威ある理論家は、そのような事例でも、親は他の観念や感じによって動機づけられているのだと反論する。それらの観念や感じがその時の主観的状態に対して優位に立つというのだ（言い換えれば、子供を救うことをよしとする感情があなたの内的な不快や恐怖を無視させるのだという）。しかし、これらの変種の理論でさえどのみち失敗する。こうした理論は「わたしはxしたい感じがした、なぜならxしたいとは感じなかったからだ」という誤魔化しと大差なくなるからである。初心者が最初のタバコもしくはヘロインに手を出す行動が最適の例である。どちらの場合もたいていの初心者は気分が悪くなるが、ある者にとってそれがタバコや薬を使用する目的になり、その行動に戻る動機づけが強化される。人は快い感じがするものごとをなすよう動機づけられていると述べる理論は、これに加えて「自分を不快な感じにする要因は時として自分を快い感じにする要因である」と述べるが、このような理論を受け入れることはできない。常識は動機がたがいに葛藤しあうことがあるのを認める。例えば、冷たさや濡れるのは嫌かもしれないが、わたしは自分の快適さよりも我が子の生命を重んじる。だが標準的理論で強調される価値の主観的基準に照らすと、この葛藤は二つの主観的状態の相対的強度へと還元されなければならない。問題は二つの行動方針の相対的長所ではないのだという。

　動機についての還元主義的説明にはさらなる問題がある。ひとつに、この種の説明は「何もかも説明する」から、動機をたがいに区別する役には立たない。結局のところ、あらゆる動機づけが、積極的感じ、遺伝的適合性、自己強化、あるいは理論家がいまお好みの任意の普遍的要素に還元される。経験をまじめに解する観点からいえば、これは嘆かわしいことだ。性的行為は一般に摂食や歌唱などの活動とは違うものとして経験されるだけでなく、各々の活動にともなう快感を、初心者でさえ簡単に区別している。実際、反経験中心主義的世界観が人々に押しつけている遮眼帯《馬の目隠し》がなかったなら、われわれの文化はさまざまな形式の快感に関して興味深く重要な議論を行なうことができたかもしれない。[2]

　フロイト〔オーストリア出身の精神医学者、精神分析の創始者。一八五六―一九三九〕は動機づけに関する標準的理論に多くの問題が含まれていることを知っていた。彼の欲動〔triben〕理論〔triben は英語でしばしば drives〔衝動〕と訳されるが、wishes〔願望〕のほうがいいかもしれない〕はこれらの問題を解決できなかったが、問題の認識はしていた[3]。西洋の近代主義的世界観の枠内で提案されたもっとも明瞭な動機づけ理論のひとつであるフロイト説には深刻な限界がある。この点を見ることにしよう。

フロイトによる動機づけの分析は、幼い子供が自分たちを他人や事物から分離された個人として自覚し始めるのはどのようにしてかという問題の説明と密接に関係している。幼年期に関するフロイト流の記述で顕著なことは、（本書で批判されたような）伝統的な心理学的概念が、プラトンの『饗宴』――これは標準的理論の枠内にはまず収まりそうもない本だ――でソクラテス〔古代ギリシャの哲学者、前四七〇か四六九―前三九九。主としてプラトンの対話篇にその言動が述べられている〕が語るエロスの神話に直接混ぜ合わされているという点である[4]。

幼児の経験は、フロイトによれば「大洋感情」に始まる。この感情によって子供は世界との一体感をおぼえる（あるいはもっと適切にいえば、自己と世界にいまだ分割されていない漠然とした統一感を感じる）。ある面で統一感は快いが、他の面では不快である。いずれにせよあらゆる感じは内的で未分化である。愛とは微かに記憶された完全性を絶えず探し求めることだと主張したソクラテスと同様、フロイトは幼児期の経験に現われるこの一体感を捉え直すために、晩年の研究の基礎を快楽原則に据えた。快楽《プレジャー》の探求とは人が過去に生きた完全性を探求することである。そして現代の他の心理学理論と同じように、フロイトは快を内的状態と定義する。換言すれば、快には認知の働きはなく、単なる感じである。快そのものは、その感じを越えた何かしらの意識ではないという。

フロイトにとって、現実原則は快楽原則とはまったく異なっている。現実原則は――本書で検討を加えてきた諸理論がそうだったように――外的な事物が自己の内部に引き起こす多様な感覚に基づいている。外的要因が引き起こす内的状態を経験することによって、自我は自らが全宇宙にひとしくはないことを見いだし、自己とは別個のものとしての世界の像を形成しはじめる。幼児の経験はエロス――一体感の快感――に支配されているが、フロイトによれば、これは現実に直面している大人の経験へと変換される。それゆえ、大人の内部には快に左右される一群の感じ（イド）、社会に由来する一群の内面化された規範（超自我）、そしてこれらの調停者（自我）がある。この調停者が個人の経験を快楽原則と現実原則との一種のつりあいとして構築するのである。(5)

フロイトはこの精神的機構がどのように働くのかを示すために次のような例をあげている。子供は幼いころ自分の排泄物の中を転げまわったりこねくったりするのを愉しむことがある。しかしやがて現実原則が（社会規範を体現する超自我に助けられて）この無邪気な快楽を妨害することになる――そして子供のかつての感じはその反対物つまり不快感に反転する。いまや子供は排泄物を不快で吐き気を催すものとして経験するようになる。注意すべきは、フロイトは（標準的な認知理論のように）子供の排泄物に対する態度や判断が変化したと言っているのではなく、感じそのものが変化したと述べている点である。フロイトにとって経験は完全に内的な状態からスタートするので、そのような反転が生じうるのだ。フロイトは直接経験を主観的状態についての経験ではなくて、世界にある事物に関する経験と見なしている。一種の間接的世界を構築することによってのみ、われわれは現実を解釈し始める。この解釈は、世界の内部にある自らの場所についての経験を変化させ、それゆえ自らの感じを変化させる。つまり、エロスは認知の働きをなしえないのである。

世界の経験（認知）はいつでも快楽原則ではなく現実原則に媒介される。イドは感じ《フィーリング》という夢幻の世界に住むが、にもかかわらず人間のあらゆる動機の背後にある力である。それゆえ、人間の根底にある動機はただ一定の感じを持ちたい（例えば、幼児期の大洋感情に戻りたい）という欲望にすぎない。それは世界と特別な関係に立ちたいという欲望ではない。人間の世界との関係はせいぜいそれが生じさせる感じの代理にすぎない。例えば、性交が喚起する感じはフロイトにとってあらゆる愛情《ラヴ》の模範である。したがってフロイトの議論によれば、あらゆる性的でない愛情（親に対する子の愛、兄弟愛、同士愛、親の子に対する愛）においては、その真の目的つまり性交に連合した感じが抑圧されているのだ。こうしてフロイトにとって、さまざまな快感や愛情があるのではなく、さまざまな文脈における一種類の感じがあるにすぎない。

人間の衝動が泥酔のため世界が見えない状態にあり、ただ内的な感じを知りうるだけなら、われわれが友情を抑圧された肉欲と混同するのもわからないことはない——ある快い感じを別の快い感じと区別する標識は何もなくなり、人間のイドは各々の快い感じを過度に追求しようとするかもしれない。しかし、人間の衝動は泥酔しているわけではない。われわれがもつ感じは環境中のわれわれの場所に関する価値づけから切り離されない。ソクラテスもフロイトも間違っていた。エロスは、久しく失われ決して達成されない一体性への熱望であるとは限らない。エロスはあらゆる様態の一次的経験に内在している。人生のただ中にいるという喜びがエロスの本質である——ただしこの喜びは無数の形態をとることができる。性交は一種の喜びであるが、単に一種にすぎないし模範でもない。一次的経験は積極的なもの、行動にかかわるもの、そして生き生きしたものでありうるし、そうあるべきだ。それゆえまた、一次的経験はあらゆる種類の快を結果として導くはずである。

エロティックな経験

モダニズムとポスト・モダニズム双方のもっとも悲しむべき側面のひとつは、エロティックなものに関する還元主義的見方であって、この見方は動機づけに関する不十分な分析に由来している。エロスはひろく大衆文化でも知識人の文化でもオーガズムの主観的側面として単純化されている。ポストモダニストはそれ以外の要素にエロティックなものを見つけているが、彼らでさえ性交と連合した感じに心を奪われているようだ。フロイトは喜び《ジョイ》を本質的に抑圧されたオーガズムと見なしたが、この見解がいまや絶大な支配力をふるっている。

わたしは性欲やまして抑圧されたオーガズムを中傷しようとは望まない。エラスムス・ダーウィン（チャールズの祖父）〔イギリスの医師・詩人・自然哲学者、一七三一―一八〇二。進化の概念を生物学に導入した人物〕は正しくも性欲は万物の霊長であると述べた。しかし反経験中心主義的世界観はひどく歪んだ性欲の見方をしている。なぜなら日常経験のエロティックな諸相を見逃しているからである。実際これらの諸相について語ることはやさしいことではない。その理由は他でもない、エロスという語が使われるだけで、読者がそれをオーガズムについての話だと誤って想定するからである。普通の考えでは、エロスの感じは私的なものでなくてはならないし、性交と連合する主観的感じに根ざしている。

もし世界の経験が可能であり、そしてもし動機が経験の対象に固定されているなら、存在するだけの事物をすべて捜し出すよう人を動機づけることができる（フロイトの用語をフロイト理論に反する意味で使うなら、われわれは無数の自律的な衝動や願望を持つことができるのである〔「自律的」(autonomous)は欲望に制約されない精神のあり方をいう〕。さらにいえば、行動に付随しておこる積極的あるいは消極的な感じは、孤立した内的状態ではなく世界を経験することの一部なのである。

したがって、あらゆる対象が潜在的に意味を持ち、喜びや悲しみの潜在的源泉なのである。幼児の経験が、最初は主観的なもので、感じによって後押しされ、ついに残酷な現実世界やいっそう残酷な社会によって強制的に形成されるという理論は事実に反している。幼児でさえ身の周りの何かしらの事物を経験している。彼らは自らの快感や痛みを主観的感覚としてではなく世界との出会いの要素として価値づける。彼らは事物の価値を発見し（「おや、このぴかぴかするものを叩くとゆれるぞ」）、同時に経験の増大によって事物に意味を吹き込むようになる（「これはいつも一緒に寝ているテディ・ベアだよ」）。

エロスが根本的に対象と一体化したいという欲望だと見なしたソクラテスは正しかった。しかしそれを、魂とイデアの霊的な結合としたのは間違いだった。またフロイトが、すべての非性的エロスを性交における一体感の隠蔽された代替物と見なしたのは間違いだった。日常経験にかかわるエロスつまり生きられた経験の喜びは、端的にいって生活への愛、〔事物や他者との〕出会いや効用《ユース》の快感である。エロスは対象や情況とのわれわれの出会いに内在している。エロスは他のものの代理でも主観的感じでもない。日常経験は元来さまざまな感じで満たされ、多様な動機に基づいているから――もし言葉の本来の意味を想起してみると、日常経験はエロティックなのだから――生き生きと大きく育つだろう。

ごく普通に何かをすること――料理、庭いじり、裁縫、建築、音楽、スポーツ――に快楽を覚える人にとって、快楽がこうした行動に内在することをわざわざ強調する議論は、標準的心理学の絶望的なゆきづまりを表現しているに過ぎない。これらの活動は妨げられた性交などではなくて、環境と触れ合うありふれた方法であり、そのままで楽しみなのである。一次的経験が日常生活の一部なら、楽しみも同様に日常生活の一部である。

子供の発達に関するフロイト説が真であるのは、子供が感じから行動に向かって成長してゆくのを彼が強調する限りにおいてである。赤ん坊は限られた身体的技能しか持っていないが、目覚しい知覚の力をそなえている(6)。彼らは自然の出来事であれ社会の出来事であれ、とめどなく増えてゆく微細な特徴に注意を向ける。そして幼いころから、経験と行動のための技能が限られている場合でさえ、彼らはものごとを理解し同時に制御することにも喜びを表現する。

養育の標準的条件の下で、養育者は、赤ん坊が出来事を理解し制御することに快感をおぼえるのを認め、快感の発達を促すためにいろいろな遊び――呼びかけと応答、仕草の模倣、やがてはリズム遊びなど――を行なう。後に養育者と子供は注意と理解を促進する遊びをするようになるが、そこには子守唄や童謡も含まれる。歩けるようになるまでに子供はいくつかの単純な技能を獲得するだけでない。子供はまた十中八九、特定の事物を目標とすること、また他の事物を避けることに対して動機づけられるようになる。生後二年から三年になると、環境や人々に働きかける能力が発達するが、それにつれて子供は独自な快感のコレクションを形成し、結果としてますます特徴ある経験、喜び、悲しみの集合を発達させるのだ。人間として生きることは、世界におけるその人の場所を、周囲の事物と周囲の人々の両方を楽しむ特別な方法として経験することである。

経験を育むこと

わたしはいま日常の経験について述べているが、あらゆる経験を擁護するつもりはない。すべての経験がよいわけではなく、なかには救いようもなく悪い経験もありうる。ジョン・デューイはよい経験と悪い経験を区別するために有益ないくつかの指針をあげている。もしある経験が「経験の成長を妨げたり歪めたりするならば……その経験は教育的ではない」と彼は書いている。経験が有害なものになりうる仕方には、例えば以下のようなものがある。その経験によって人がこれ以上経験をすることに対して鈍感になってしまうこと、その経験が（経験と行動の過度な自動化によって）人を型にはまった生活に追いやること、その経験を役立てるために必要かもしれないいっそうの努力を妨げ当人の怠慢を助長すること、その経験が他の経験から断ち切られており当人の理解や行動へ適切に統合できないこと、などである。

デューイの教育批判はこれらの悪い経験に集中したが、それは、デューイの主張によれば、現代の学校教育にはそのような誤った教育的情況のさまざまな事例が散見されるからである。また同様の批判は現代の職場についてもなされるだろう。本書の第三章と第四章の記述の大方は誤った教育パターンにあてはまる。さらに一般的にいえば、一次的経験が阻害されたときもっともふつうに見られるのは、実際に、人々の感受性の鈍化、型にはまった生活への落ち込み、（特に注意の）ゆるみ、そして孤独感や人々の互いの絆の喪失であることは明らかだと思われる。

もし現代社会における心の機械加工がこれらの役立たない経験をもたらすのなら、どのようにしてもっと実り多い経験を生みだすようにできるのか。デューイは積極的経験に関する自らの考えを「『健全な心は健全な身体に宿る』という由緒ある格言は、『健全な人間は健全な環境に宿る』と拡張解釈できるしそうすべきだ[8]」という謳い文句に要約した。これに肉付けをしてみよう。

まずわたしは、本書が定義するような経験はつねに活動的なものである、という点に注意を喚起したい。生き物は特定の条件においてのみ繁栄する。もしそれらの条件が拒まれたら、生き物は貧弱な成長しかしないか全く成長しないか、ことによれば死んでしまう。すでに見たように、経験とは、地球と社会的世界に帰属する財《グッズ》を見いだし使用できるように意味を探求することである。よい経験のための第一の要件は情報である。しかし情報は、環境とのよりよい接触をもたらす探索のための機会と手を携えなくてはならない。赤ん坊でさえ（とりわけ赤ん坊は？）相当に多くの時間と努力を費やして、周囲の世界を見、口で（後には手で）事物に触れ、聞き、味わうなどのことをする。

常識が教えるところでは――研究による裏づけもあるが――、自らの世界を探索する機会をほとんど持たない赤ん坊は他の赤ん坊と同じようには育たない。実際にいまわれわれは脳の発達それ自体が本質的にそうした探索活動の結果であることを確信している。それが単に子供を「刺激すること」ではないという点に注意しよう[9]。情報を欠いた意味のない刺激は、よくないというより、むしろ有害である。探索や注意の集中という子供の戦略が最終的に阻害されるからである。また幼児は、情報へのアクセスを自分で制御できると知っている場合に注意を最大限集中するように動機づけられる、ということにも――決定的というには程遠いが――ある程度の証拠がある。幼児が得たいと思うのは、自分で制御できない恒常的な流れとしての情報ではなく、自分でアクセスできる情報であろう。(10)

幼児がよちよち歩きできる頃には、対象の制御について言葉にするのを学び、また自主性がいっそう重要性をます。わたしが思うに、子供が自立と、他人との違い〔二歳児が口にする「イヤ」〕〔心理学では二歳頃に第一次反抗期が始まるとされる。この時期に自我が芽生え自己主張の欲求が高まり、養育者の働きかけを概して嫌がるようになる。例えば、「お水飲もうね」「イヤ」、「トイレ行く?」「イヤ」という具合である(11)〕を しばしば言い張るのは、直接体験と間接経験のバランスをとるのに大きな役割を果たしている。発達のこの段階では、養育者は子供に探索や活動を促すだけでなく、彼らに自力でものごとをする方法をも習得させなくてはならない。独力で経験と行動を行ないたいという人間の要求は一般に非常に強いものである。もし子供の社会環境が満足な自律的探索を許さないなら、あるいはもしそうした探索から得られた結果を統合するために満足な文脈を供給しないなら、子供の経験の成長は遅れるだろう。

例えばテレビ〔というメディア〕が語学力に関して無能な教師であることは、ますます明らかになりつつある。それは主としてテレビ〔受信機ないし画面〕との対話がありえないという理由からである。もちろん幼児はテレビに話しかけようとする。だが今のところ返事をするテレビはない。この種の経験が過度に多い子供は、いくつもの面で言語技能が遅れる傾向にある。(12)

子供は自らの関心、要求、経験を他人の関心などと調和させることができるようになって初めて、日常生活にかかわる技能を習得することが可能になる。たいていの伝統的な地方文化において、大人の活動のほんの入口に立ったといってよい三歳の子供は、大人がどのような情況にいるのかを自力で学びはじめる(13)。現代の産業化世界においてわれわれは、従来の非公式的また公式的様式の雑多な教育を、ひとつの制度すなわち学校教育《スクーリング》に置き換えてしまった。

もし正しく組織されたなら、学校教育は経験を育む貴重な機会を提供することができる。学校教育がそうできるためには、個人のみならず共同体も直接経験と間接経験との調和をとることが必要である。共同体の重要性に関するデューイの強調は、教育的経験を育むことに関する彼の分析に由来する。経験の主体と行為の主体からなる共同体は、一緒になって何ごとかをする人々の集団を表わしている。比較的小さいままなら、こうした集団が円滑に運営されるために恣意的な権威を人々に強制する必要はない。だからといって、集団内に葛藤が生じうることを否定するのではない。もちろん葛藤は起こりうるし実際に起こる。とはいえそのような有機的集団は、しばしば経験を育むのに成功を収めている。その場合、いっそう公式的な制度について認められるように、新たに――ある程度恣意的な――権威ある規則や権力を創案する必要はないのである(14)。

要するにデューイが基本とした論点のひとつは、真の民主的共同体を創造し維持するために、人々に共同して働く技法を教育する必要があるということだ。それは人々が恣意的な権威なしですませるためである。デューイは生徒にとっての自由と自主性に関心があったが、権威主義的教育を批判した他の大方の論者とは異なり、それはただ自由と自主性がある目的のための手段である限りにおいてだった。「制約からの自由は……ただある自由のための手段としてのみ尊重されるべきである。この自由は力――目的を案出する力、賢明な判断を行なう力、願望を実現するためになされた行動から生じた結果によりそれら願望を評価する力――に他ならない」。またデューイは「外的制御を除去するだけでは自制心〔self-control「自己の制御」のこと〕を生み出すための保証にはならない」と警告した[15]。劣悪な経験を育む条件を除去することは、よい経験を生み出すことと決して同じではない。もし何らかの奇跡によってアメリカのすべての劣悪な学校が廃止されても、だからといって、かつて学校で悪影響を被った子供たちが、その後学びの有益な経験を始めることなど決して保証されないだろう。それはありえないことだ。

すべての経験は同等につくられるのか？

デューイ哲学の弱点のひとつは、過程を強調するあまり成果を排除しているように見えることである。デューイの著述を読むと、ものごとの探索と人間の成長をはなはだしく称賛して、経験の内容には無関心であるように思える。彼は成長がすべてであって、成長の目標はどうでもいいと述べているように見える。実際に教育理論家のなかにはまさにデューイをそのように読んできた者もいる。彼らの議論によれば、教育の内容は重要ではなく、ただ教育過程の形式だけが重要だというのである[16]。

デューイと多くを共有するにいたった社会評論家ルイス・マンフォードでさえ自著『黄金の日』（一九二六年）でデューイを誤読している[17]。マンフォードにとって、デューイのプラグマティズム哲学は、その過程の強調という点でテクノクラシーの世界観――もし過程が正確かつ円滑に実行できているなら、その成果にかかわらずこの過程はよいものであるとする――を是認する単なる空想的言説に過ぎないと思われた。

そのような批評は、わたしが思うに不公平である。しかしこうした批評がどうしてなされるかは理解できる。なぜなら、デューイはいつも経験の内容についてあいまいだからである。悪い経験に対立するよい経験を定義するときでさえ、彼はどちらかというと成果ではなく過程に焦点を合わせている。しかし、デューイの思想に関する精確な解釈はともかく、本書で提起された論点へのアプローチは経験の内容に無関係ではないし、無関係であってはならない。よい経験とは知覚的学習と経験のいっそうの成長を促進するものだという考えから、わたしは出発する。モンタージュに過剰に晒されるのがよくないのは、モンタージュ経験に内在する要素のためではなく、視聴者に独力でものごとを見る仕方を学ぶ機会を与えないからである。モンタージュ（あるいはビデオ経験）を直接的な学習に統合すればいいのだ。そうすれば両方のよい面をさらによくすることができる。一般的にいって、われわれに必要なのは、世界を経験する能力を高めることである。そのためには、実際に一定の直接経験をすることがいかに重要かを知らなくてはならない。同様にして、集団として一定程度の仕事に従事すること、直接経験しうる問題に他人と取り組むやり方を学ぶこと――こうしたこともまたきわめて重要である。これらはどこでも――学校、職場、家庭、そして共同体で――教え込むことのできる経験であり活動であるが、現在のところ十分な注目を集めていない。

本書のアプローチが掲げる第一の信条は、経験は自己の働きであるのと同じくらい環境の働きであるということだ。わたしの経験が育つためには、経験がわたしの養育環境の内部に入らなくてはならない。人間の環境の場合、このことが意味するのは、人間《パーソン》の尊重が経験のあらゆる成長にとっての前提条件であるということである。しかしまさに日常に生きる普通の人々と彼らの経験に対することの尊重は、いま現代社会が経験しているさまざまな変化によってしばしば脅かされている。

詩人ウェンデル・ベリー〔アメリカの作家、詩人、評論家、一九三四―。農業を営みつつ環境保全の重要性を主張している〕から引き出した議論を発展させながら、クリストファー・ラッシュは、人間に対する尊重は民主主義を促進させる重要な要因であるという提言を行なっている。「民主主義社会がなすべきもっとも重要な選択は、能力、活力、そして献身――かつての政治的伝統において「美徳《ヴァーチュ》」と呼ばれたもの――の一般水準を上げるのか、あるいは単にいっそう多くのエリートを登用するのか、ということにある」(18)。ラッシュの意見では、われわれの社会は後者を選択したと言う。われわれは成功の意味を――個々人の経験を促進させることによって誰しもが尊重に値する人間となるのを援助することではなく――社会的上層への移動として定義している。われわれは、社会問題を解決するためにエリートとテクノクラートを頼みにして、個人や草の根組織の能力を疑っている。にもかかわらず、すべての人が上層へ移動することなどできないのは明らかである。どんな豊かな社会においても、上層への移動できない集団、いや下層へ移動する集団さえがいつでも存在するに違いない。そして、ある人の上昇は他の人の下降によってしばしば相殺される。他方、よい経験は自分と他人の双方に対する尊重を生み出し、それゆえこの経験を社会全体に広げることができる。

われわれはこうして、ベリーやラッシュが勧めるように、民主主義を再定義して、前者を選ぶことができるかもしれない。つまり、上層への移動やドルの代わりに美徳を推進することが可能なのである。そうするためには日常経験の尊重を強調する必要があるだろう。そして自分の社会的発言を人に聞いてもらえない人々に発言権を与える手助けを、知識人や教育者が率先して行なう必要があるだろう。そのためには、われわれすべてが直接経験を――個人として、そして共同して――獲得するために費やす時間と努力を増やさなければならない。生活への愛は金銭への愛に取って代わられるだろうか。他人はいざ知らず少なくともわれわれは、自らの哲学や教育をこの新しい方向に向かわせるべく努めることができる。現代の学校教育は一般に、本による学習の間に技能学習（体育、音楽、職業訓練）がときおりはさまるという形で成り立っている。この二つを結びつける試みはほとんどなされていない。教育課程についてデューイが抱いた最良の洞察は、おそらく経験において関連するこれらの領域を統合すること――例えば料理の文脈において化学を学ぶこと、あるいは数学の文脈において音楽を学ぶこと――が非常に有益だという点だったかもしれない。

経験の衰弱という現代的情況の最悪の面は、人々から希望の力を奪うということだ。経験の機会と展望が限られ制約されるにつれて、われわれは自己の利益というもっとも狭い領域でしかものを見られなくなる。こうしてあらゆる家庭が陥っている現代的逆説が生じる。どの家庭にもテレビがあり、世界中からあらゆる種類の人々に関する情報が伝達されるのに、利己的に考え振る舞うテレビ視聴者がますます増え続けているという逆説。同じように、人々が国中の公教育の状態に関心を持つようになっている――これは公共の利益と社会的関心のありかをみごとに示す兆候である――のに、彼らの間では、学校には希望がなく救いようもない、という嘆きがますます増大している。多くの教育者でさえこの悲観主義を共有している。

経験を制御できる人がますます少なくなり、自らの視野の拡大に喜びを感じるやり方を学ぶ人がますます少なくなっている社会には、ニヒリズムが到来している。人々が狭隘な私的ないし主観的感《フィーリング》じによって動機づけられるとき、また人々が生活の関心事や喜びを共有する仕方を知らないとき、彼らの利己性が増大するのは避けがたいことだ。こうした情況では、他人と共同して働くのはもはや意味がなく、自分のことだけを考えるのが賢い手立てのように思える。

この広範な社会的ニヒリズムについて真に衝撃的なのは、それがどれほど見当違いかという点である。社会がわれわれの目的のために資源を組織化し、かき集めることができるのは確かである。早い話が、事業部門における広告とテレビ・コマーシャルへの合衆国の年間支出額はおよそ一兆ドルである。教育——連邦政府から地方レベルにいたる教育、私的そして公的な教育、保育所から大学院や専門学校にいたる教育——のためのあらゆる考えられる支出には、合算すると、おそらくその四〇パーセント（およそ四千億ドル）が費やされているだろう。[19] われわれは古今を通じてもっとも優秀な販売員になった。おまけに生活向上のために体を売ることができるのも——そうしたいならの話だが——疑う余地がない。説得術の完成した社会であれば、確かに人々のあいだに経験が育つよう少しは後押しができるだろう。人々は経験への攻撃がわれわれの思考の視野を狭めてしまったという単にそれだけの理由で、われわれにそうした能力があるのかを疑っている。絶望や落胆の態度を議論では変えられない。それよりか、われわれは絶望が瀰漫しつつある理由を理解するべきだ。そうすれば、どこか神話的ユートピアにではなく、いまここに、経験を促進するための希望の種子を見いだすことができるのである。

第七章　経験と希望の誕生

われわれの社会に見られる多数の社会的かつ心理的疾病の共通の根はわれわれの文化が一次的経験を軽視している点にあるということを、わたしは論じてきた。この軽視は理論と実践の両方に現われる。それは疾病の原因ではないし、所与の問題のもっとも重要な唯一の原因でもない。しかしこの軽視は諸問題に蔓延している誘因であって、わたしが思うに、改善できるし矯正さえできるものである。これらの問題はほかの人々によっても広く論じられてきた。だがそれらに共通の源泉があると考えた者は、いままでいなかった。わたしの議論は多くの論点を含むので、簡潔にこれまでの議論を要約し、その後でいくつか可能な解決策を取り上げよう。

理論の面では、現代西洋の経験理論が人間の一次的経験を蔑視していることを論じてきた。通説に異議を唱えた理論家（ゲーテ〔ドイツの詩人・小説家・劇作家、一七四九―一八三二〕や幾人かの実存主義者）たちにしても、経験を科学が台無しにしている実情に挑戦する新しい理論を提起したのではなく、単にこの事態に抗議してきたに過ぎない。わたしはジェームズ、デューイ、そしてギブソンの業績を称えた。日常経験を扱う哲学者や科学者のやり方を方向転換するために、本書は彼らの仕事を首尾一貫した理論のなかに取り入れている。

実践に関しては、わたしの議論は論争の的になるかもしれない。というのは、〔生態学的場所ないしニッチとしての〕学校、職場、家庭がわれわれの心理学的要求を満たしていないのにはいくつもの重要な理由があるが、経験に対する反感はそのうちの単なるひとつの要因に過ぎないからだ。わたしは問題を完全に説明しているというつもりはない。にもかかわらず、わたしの分析はこれらの問題すべてに関する既存の思考方式にまさっている。以下の事例でこの点を示してみたい。

• われわれは、いま、平均的な人が従事できる意味ある仕事の量が縮小しているのを目撃している。同様に、仕事の場やその他の場所で技能を習得する機会の減少も目撃している。この傾向は、生産に基づく社会から消費者に基づく社会への移行として記述されてきたが、もしこれが変化のすべてなら、それほど厄介な傾向ではないだろう。消費者に基づく文化（われわれがいま生きている文化）が繁栄しているのは、ひとつには、この文化が個人から直接経験を得るための機会を奪っているからである。その上、情報に基づく職場は、現在、人々に閉鎖された環境で長時間労働することを強いている。真剣で、時間のかかる、直接経験による学びの機会は、かつてわれわれの教育、職場、そして余暇活動の部分でありえた――しかし今ではそうではない(1)。

• 公教育についての不満は最近非常に多数の人から言われていて、しばしば実りのない合唱に歌い手として参加するのにためらいを覚えるほどである。その上、多くの論争は、現在の教育制度では学生がその後の職業人生のための準備ができないという点に関わるように思える。しかしこうした議論が想定しているものは、仕事の準備をさせるのが公教育の役割であるということだが、わたしはこの想定にまったく同意できない。むしろわたしは、アダム・スミスのいまなお根本的な見解を支持する。この見解によれば、公教育の最善の役割は、子供たちに単なる仕事の機会を与えることではなく、生活のあらゆる面に関わる経験的技能をはぐくむ機会を与えることである。教育は一次的経験と二次的経験を統合する過程と考えるべきであって、それゆえ現実世界における問題解決を伝統的学校教育に結合して、生涯にわたる過程として再概念化すべきなのである。

・われわれの社会において経験の成長を制約しているのは現代のテクノロジーではなく、テクニックス、すなわち支配層エリートがしばしばテクノロジーを用いて促進させようとしている社会的合意である。一次的経験に関する大多数の人にいきわたった恐怖——失敗や予期しない結果に終わるかもしれない経験——は、日常経験の必然的部分についての恐怖、生活をひたすら機械にとって扱いやすいものにするためにわれわれに植えつけられた恐怖である。その結果、人を無能にする一種の社会的画一化が生じた。少なくとも週に五日間それも一日の大半の時間にわたり、何百万もの人々の運動、思考、発言を制限するような文化が他にあるだろうか。もし経験を促進したいのならば、われわれは自らのテクノロジーではなく、テクニックスを変えなくてはならない。

・われわれは現代の情報テクニックスを用いて余暇を一変させたが、ことによるとそれは、人を無能化するこの労働生活に対する反応だったのかもしれない。テレビというただ一つの「娯楽」様式をかくも広範にまた徹底して使用している時代は歴史上かつてなかった。これはテクノロジーそのものがいけないのではなく、テクノロジーが自主的経験と知覚的学習の発達を抑制していることが問題なのである。

・これらの諸傾向があいともなって、共同作業のための機会と共同作業を支える動機の双方を減少させている。従来は問題解決のために（あるいは単に遊ぶためにさえ）集団が自生的に編成される機会があった。だがそうした機会の大幅な減少を、われわれは労働と学校を画一的に組織することの一環として容認するにいたった。この容認は、過度のテレビ視聴が生み出した心理学的な原子論と結びつき、人間の相互行為の著しい減退を惹き起した。日常生活に野蛮な行為が増えつつあると言われてきたが、相互行為のこの減退がこうした事態の原因のひとつであると考えて——推測であるとはいえ——まず間違いではないだろう。

これらの論点の一つひとつが深刻で重大な問題を構成するのだが、わたしが提案しているのは、少なくとも一つの要因——日常経験の衰退——が、あらゆる論点の根底にあるということである。経験を擁護しようとする試みには、それゆえ、多方面からの好意的な社会的反響がきっとあるだろう。

経験を真剣に受けとめることの重要な教訓の一つは、世界の現状に基づいて変化を追求しなくてはならない、ということである。世界の現状こそ人々が意味があると解する唯一の状態であって、日常的観点から理解できないどんな変化も成功の見込みはない。ウィリアム・ジェームズが宗教的回心に関する研究〔『宗教的経験の諸相』一九〇一年刊〕において見いだしたように、なんにせよ人が自らの習慣や経験のパターンを突如として変えることなど、すでに発達を遂げた利用可能なパターンを用いなければ不可能である。[2] もしわれわれが現代社会の猛攻撃から経験を護るべきなら、神話の黄金時代に戻ることはできないし、積極的でポスト・モダン的な経験へのアプローチがひとりでに起こると期待することもできない。むしろわれわれは、経験のいまあるパターンの内部で作業しなければならない。経験の領域にはハイテクはないし即効薬もない。あるのはただ、ゆっくりした、堅実な、時には楽しく時には苦痛な、理解の成長だけである。

取引という経験

商業主義を論じた歴史家ウィリアム・リーチ〔アメリカの歴史家、一九四四―。現在、コロンビア大学の教授〕は「現代的経験」についてわたしが知るかぎりもっとも簡潔な記述をしている。「取引という様式《ブローカリング・スタイル》——自分の確信を抑え込み、収益につながる人間関係を築くために判断を保留すること——は現代における最大の流行り《スタイル》の一つである」[3]。言い換えれば、自分の経験に頼らないように、またあなたが世界について学んだことに立脚しないようにしなさい、むしろ他人がしていることに従いなさい、というのだ。リーチは「取引という様式」という用語によって、現代的経験の原動力について多くのことを巧みに捉えている。最初にデカルトが判断から感覚を切り離したが、その結果、判断は私的なものとなった。以前は客観的主張であったもの——社会的文脈で判断を行なうこと——が次第に主観的で私的な過程と見なされるようになった[4]。こうして〔ある心的状態が〕「判断である」(judgemental)という観念は消極的なものと解されることになった。つまりそれは「見方が多少とも偏っていること」(かつてこれは「あらかじめ判断している」〔*prejudgmental*〕つまり「偏見をもっている」〔prejudiced〕状態と考えられていた)と同じだとされたのである。リーチの議論の一つの主要なテーマは、判断へのこの現代的アプローチが文化的構築物だということである。かつて経験は他人を(また自分さえも）判断するための公的見地を強化するべく使用されたが、今では主として私的なレベルで機能している。

取引という様式というリーチの概念は、同じように、広告が現代における経験のきわめて多くの領域に侵入しているという事態をも捉えている。現代の広告はバーナム〔アメリカの興行師・実業家、一八一〇―九一。ショービジネスで財をなした最初の人物といわれる〕が有名にした「押し売り商法《ハックスターリズム》」に直接に由来している。だが一世紀前なら臆面もない悪徳弁護士のやり方と多くの人が見なしたものが、現代では事業経営の本質になっている。悪徳弁護士のやり口が今日では生活の一部として受け入れられている。[5] 誰も広告を信じてはいない――確かに広告制作者もそれを信じていない――しかしたいていの人は、広告を、真理、合理性、妥当性のような世俗的基準では判断しない。広告が現代生活に浸透している程度（ちなみに、われわれの環境が看板、掲示板、印刷物、ラジオ、テレビ、そして遠距離通信で飽和状態になっている実情に照らすと、浸透するという語はおそらく穏健すぎるだろう）に比例して、われわれの日常経験は取引という様式に変質している。

毎年一兆ドル規模の広告経済のおかげで、アメリカで育つすべての子供は広告の無差別爆撃に遭っている。広告は日常経験の突出した部分になった。子供たちはできるだけ上手にこれらの「情報」の奇妙な断片を解釈することを習得しなくてはならないし、さらには、広告が彼らを誤った方向に導くやり方を周囲の大人たちが説明するとき（説明するかどうか疑問だが）、自らの社会を解釈するすべも学ばなくてはならない。こうして子供たちは、自分たちが毎日何度となく出会うものが、自分たちを誤った方向に導くために創作されたという考えに正面から取り組まなくてはならない。だがほどなく、広告を巧みにあしらう心的努力は限度を越え、われわれの大部分はたやすく広告に屈服し、それらを通常の（疑わしくない）コミュニケーションとして扱うようになる。いたるところに存在する広告の虚偽性に対処しなくてはならないという現実は、重要でありながら現代生活についての心理学がまだ研究していない部分である。

広告という経験と直接関係した問題は職場における独立した判断という問題である。言論および思想の自由はアメリカ合衆国の建国の基礎である、という大言壮語は職場には無用である。明らかな例をあげれば、たとえ自分の会社の広告が虚偽もしくは人を誤らせることが実証されたとしても、従業員は公然と自社の広告に異議を申し立てようとはしない。彼らの判断は取引《ブローガード》されてしまったのだ。彼らは経験の批判的機能を利用することができない。ところが職場内における思考の麻痺はますます深部に及んでいる。われわれが見てきたように、情報テクノロジーの到来とともに、多くの仕事において、判断はコンピュータで処理されている。これらの仕事は中国人のお神籤入りクッキー工場さながらの監獄になりつつある。九時から五時までの就業時間内における自主的な思考と自主的な経験は、徐々に産業的かつ官僚的な機械の中の無用で「突拍子もない動作」と見られるようになってきた。

取引という様式はわれわれの教育制度もほとんど支配してしまった。主として整然と組織された宗教団体のために、学校当局は公立校で使用される教科書を取引の材料にする。原理主義的な世界観は、歴史と科学のいずれにおいても真剣な知的論争に敗れたが、原理主義者たちは、利益が真理を支配するという事実に気づいてしまった。歴史や生物の教科書は――たとえ学者間でなされた合意をもっとも穏やかな形で再現したものでも——不買運動の標的にされるかもしれない。それゆえに、この種の教科書は過去十年ないし二十年間刊行されたことがない[6]。不買運動をする者たちの目標は、自分たちの知的に劣悪な見解が実証性においてはるかにすぐれた理論と「同等なもの」として披露されるのを見ることである。出版者も教育者もともにこの戦略に騙されてきた。つまり、出版者は利益につまずき、教育者はたがいに対立する観点のどちらにも「同等の時間」を与えるという見当違いの試みに陥っている。それゆえ、学生は批判的判断を公けにすることは認められないと教えられる。なぜなら、どんな劣った考えでも——嫌になるほど声高に叫ばれていても——考え抜かれたはるかに優れた思想と同等の時間をかけるのに値するからである。もし人が注意を怠るなら、二十一世紀のアメリカの学童は創造説に対する進化論の批判は「個人的判断」だと教えられることになるだろう。

結局、現代哲学と知的言説は取引という様式に屈してしまったのだ。多くの現代の教授たちは、西洋的伝統が日常経験を軽視してきたせいで軟弱になり、一次的経験に堅固な基礎をおくことに由来する、生活と心の自立性を欠いている。こうして彼らは知的な取引業者《ブローカー》にすぎなくなった。何十年間もいわゆる分析哲学——知的取引をまさに体現するもの——が合衆国における大学の教室や教科書を支配してきた。この哲学は言語と議論の分析を目標として掲げ、他の目標は無視している。その着想は、命題の意味と関係なくどんな議論や主張ができるのか——インテリの言い方だと、(最後まで)「やり通す《ゴー・スルー》」のか——を明らかにすることにある。争点のありとあらゆる面について主張、反論、論証を展開する能力が、多くの哲学者の目標になった。リチャード・ローティが断言しているが、「論証を組み立ててはまたそれらをばらすのが並はずれて上手な、比較的暇があり、比較的専門化していない知識人が何千人もいることは、国として幸運だと見なすことができる」[7]。理論家たちは論証の構造に関心を集中させているが、人間にとっての論証の重要性は無視して日々を過ごしている。こうして彼らは、構造よりも意味に関心がある人々が懸念することがらをたちまち見失う。なるほど決疑法〔casuistry 倫理原則や規範を個々の事例（casus）に適用する際に起こる理論的問題を巧みな（必ずしも真ではない）論証によって解決する技法〕は好ましい技能であるが、人生にとっては些末な目標でしかない。古典的哲学者の目標を考えてみればよい。彼らは、人々が正しいもの、真であるもの、美しいものを発見するために手助けすることを哲学の目標としたのだった。

〈ほんもの〉を超えて

本書で現代的経験について述べたことの多くは批判的なものだった。だが現代的経験にもいくつか利点があり、取引という様式でさえいくらかの長所がある。これを明らかにするのは大切なことである。というのは、もし経験を現代に再び取り込む計画を立案すべきなら、その作業に利用できるものを知る必要があるからである。

最善の取引業者はすべての顧客を平等に扱う（たてまえとしてはみな、人々を平等に扱うと言うだろう。だがもちろん彼らが貧乏人を扱うやり方は富裕者と同じではない）。そして取引業者はすべての人々を顧客へ変えようとする。したがって、取引業者の知性にそなわる徳は、判断をしぶる性向ではなく、全体に疑念をおよぼす態度である。つまり、みんなをわたしのところに来させよう、その上で全員に関する判断を同等に保留するつもりだ、というのである。ブレヒト〔ドイツの詩人・劇作家、一八九八―一九五六。マルクス主義に立ちつつ叙事詩的演劇や「異化効果」などを提唱した〕は「疑惑を讃えて」という素晴らしい詩篇でこの懐疑を正確に記述している。

疑いを讃えよう！　あなたの言葉を
贋金のようにチェックする男には
愛想よく丁寧に挨拶するがいい
あなたがあまりに自信たっぷりに言葉を口にすることのない
賢い人であってほしい。(8)

デカルト的懐疑と現代の「すべての論証を同等に分析する」哲学は、もし正しく用いられたら、われわれの思考を客観化して、自分の進む方向が間違いかもしれないことを知るのに役立つ、という価値を持つかもしれない。もちろん、この懐疑を賢く用いるには、他人に対するのと同じように自分にもこれを適用しなくてはならない。モダニズムがもっとも卓越した美徳は、確実にもっとも思慮深いモダニズムの擁護者チャールズ・テイラー〔カナダの哲学者、一九三一―〕のいう「自己誠実」あるいは「ほんもの《オーセンティシティ》」〔authenticity は形容詞 authentic から派生した名詞。この形容詞は、署名、記録、藝術作品などについて、「ほんものである」つまり「素性や由来に疑いがない、信頼性がある、真正なものである」ことを意味する。哲学や倫理学で authenticity が使用される場合（「本来性」「真正性」などの訳語がある）も、この原義とどこかでつながっている。テイラーの著作の訳書は原義を重視して「ほんもの」という訳語を採用しているが、ここでもそれに従っておく〕である。(9)

ブレヒトは彼の詩で、この「自己誠実」のない、取引をする懐疑について、この種の懐疑が自らを破壊しないとは限らない事情を述べている。まず、われわれは、自らの経験には他人の批判を許さぬ特権を与えるが、他人の経験は疑いがちである。

ついぞ疑うことがない無分別な人がいる。
彼らの理解はすばらしく、彼らの判断は絶対確実だ。
彼らは事実を信じない、自分だけを信じている。要点に触れる段になると、
事実はお払い箱にされねばならない。彼らは限りなく
自分に我慢する。議論については
彼らはそれをスパイの耳で聴く。

自己誠実を欠くので、このような「スパイ」は、経験に関する現代的批判を自分を変化させるためではなく他人を損なうために利用する。こういう人々にとって、ほんものは中途半端なしろものに過ぎない。

しかしまた誠実さとほんものは度を越すこともある。われわれは経験の劣悪化について心配するあまり、絶え間ない自己不信の状態に陥るかもしれない。こんな情況になると、われわれは真の経験を得られず、流れに身を任せるほかなくなる。

ついぞ疑うことがない無分別な人は

けっして行動しない思慮深い人々に出会う。
彼らは疑うが、それは決定するためにではなく
決定を避けるためだ。彼らは首を
ただかしげるためだけに使う。彼らは心配そうな顔で
沈没しつつある船の乗組員に、水は危ないぞと警告する。

一九三〇年代後半に書かれたブレヒトの詩は、ナチスがもたらした文化の危機への応答だった。実際、当時のヨーロッパ文明は沈没しつつある船だった。どんなに歯切れのいい知識人でもその多くは、ブレヒトが述べているように、「まだ解明されていない情況について」小声でぶつぶつ言うだけだった。他方では、数知れぬ人々が、特にビジネスと藝術の方面でスパイの知的習慣を身に付けたのだった。

ブレヒトの先見の明がひときわ痛感されるのは、ポール・ローブ〔アメリカの社会・政治活動家、一九五二―〕が合衆国における大学生の政治参加（あるいは政治的無関心）に関して行なった調査を参照するときである。彼の調べた大多数の学生が、ブレヒトの詩に描かれた「過度に思慮があるせいで疑い深い人」に似ているのをローブは見いだした。学生は政治に積極的に参加したいと断言しながら――ローブが言うには――「絶対的に完全無欠な」大義を待ち受けていたのである。そんなものは存在しないから、行動にふさわしい大義を学生が見つけることは決してなかったが、にもかかわらず、彼らは政治にもっと関与したいという（私的）判断を持っていた。こうした学生の大部分はリベラルとして特徴

づけることができた。それに比べて、ローブが取材した保守派の活動家は、しばしば意識的に自らを熱狂的信奉者へと鍛え上げた（またかなり多くの事例で、他の学生や教師の活動を報告するスパイになった）。興味深いことに、幾人かのリベラルの熱狂的信奉者（ニューヨーク市立大学に対して学生ストライキを打っていくつかのキャンパスを封鎖した過激派）の取材で、ローブは彼らを非難している。過激派が声高に唱えた「ストライキが重要だ」という公的判断のために、リベラルの「一般学生」の自信が傷つけられたというのである。[10] 明らかにローブ自身は、人前で「判断をする」のは悪いことだと思っている。

危機の時代（例えばドイツの一九三〇年代後半）において、あるいは強い動機づけをもつ若者（例えばローブが調査した学生）の間では、取引という様式が提供するのは極端な選択肢——冷笑家、スパイ、おびえた中立者——ばかりである。もっと平穏な時代には、独善と優柔不断という欠点は、ともにそれほど痛ましいものにはならない。しかし時代がもっとも平穏なときでさえ、取引という様式は、最終的に閉ざされた経験しかもたらさない。熱狂的信奉者も自己懐疑者も、新たな経験とその意味を受け入れられない。彼らの経験はますます静的で平板なものになる。彼らにはわたしのいう生活への愛が欠けているのだ。

経験のこの閉鎖性あるいは平板さについてのテイラーの分析は、わたしには正しいように思える。彼が注目するのは、モダニズムの大方の擁護者が〈ほんもの〉に対する誠実さを、自らの観点をもたないことと同一視してきた、という点である——すなわち、自分の観点がないということは、メディアや歴史文書は中立で客観的なものだ、という神話に似ている。テイラーの主張によれば、この態度は自分に跳ね返って自らを滅ぼす。実際、それは自らを消去する態度である。なぜなら、ひとは経験によって豊かな自己へと発達し成長することできるのだが、それを可能にするには、さまざまな観点を受け入れ、それらを批判から護り、改善し、あるいは必要なら変えなくてはならないからだ。判断は〈ほんもの〉を傷つけない。それを傷つけるのは貧弱な判断であり、悪い目的のために使用された判断である。判断と経験が誠実な自己のためにわれわれの成長を助けられるように、〈ほんもの〉に必要なのは、一つの観点（あるいは、普通には多様な観点）を成長させることである。判断することを懼《おそ》れる者にはまじめな論争と討論の機会を避けようとする傾きがある。自らの判断を胸のうちに留めておくことによって、彼女は自分の経験が成長するのを抑制する。そして彼女は、異なる経験を共有したいと思う他人との真の協調という重要な経験を拒むのだ。このような私的で実地に試されていない判断には、内容もなく、視点のバランスも欠けている。なぜなら、ある争点について一致しない視点は経験の真の共有によってのみ互いに調整がきくからである。このことは、ふたたびデューイが強調した、社会的文脈のうちで生きられた経験とその成長へとわれわれを連れ戻す。

このように、現代化された経験の妥当な側面を守ろうとするテイラーの試みは取引主義に対するデューイの批判と同じ方向を指し示している。デューイとテイラーはともに経験における成長の重要さを強調するが、二人ともその成長がどういうものでありうるかについて多くを語っていない。ふたたびわれわれは、ギブソンの生態学的心理学を参照する必要がある。

経験の成長

人間の意識のもっとも重要な面の一つは、経験を未来へと延長する能力である。移動するのを習得するにつれ、われわれはまた、視野内でもっとも遠くの眺め《ヴィスタ》が世界の終端をなす静止した縁ではなく、まだ探索されていない新しい場所を隠した表面であるのを学ぶ。自分がいまどこに向かいつつあるかだけではなく、どこに行かなくてはならないかも理解し始める。運動の制御に関しては、初めは恐らく、いまここから見える領域内に進路を設定する運動を制御することに限られるだろう。しかしよちよち歩きの子供でも、やがて隠された目標を指向するやり方を習得する。ここでもまた、経験を共有したいという人間の強い傾向性が重要な役割を果たす。われわれはしばしば間接経験によって目標の設定を習得する。欲しいおもちゃが別の部屋にあると教えられた場合、三歳児なら全然困らない――彼女は現在のところ隠されている目標を指向し、目標までの間にある複数の眺めを正しい順序で立ち上がらせ、そして欲しいものに行き当たる。これはじつは至難の業であり（それはロボット制作者をいまだに完全な混乱に陥れている）、見かけの単純さにもかかわらず、いかに人間の経験が予期をはらみ成長に開かれたものかを示す模範的事例である。

別の部屋のおもちゃを見つけるには、ふつう直接経験（哲学者のいう暗黙知）と間接経験（明示知）とを統合しなくてはならない。おもちゃが別の部屋にあると教えることは、子供に明示的な知識あるいは情報を与える。いまや彼女はおもちゃの場所に関する事実を知っている。とはいえ、彼女はただ暗黙知の助けによってのみこの明示知を利用しうるのだ。彼女は知覚的技能を用いて光学的流れをつくりだす。この流れは、継続的に生起する遮蔽と非遮蔽のパターンであって、それが目標への道を特定する。このようにして彼女の知覚的技能が、直近の環境ともっと遠隔の環境の双方に対する自身の位置を確認するのを助けてくれる。これは人がそれについてまれにしか考えないが、それがないと機能を果たせなくなる知識である。

あらゆる観察は情報の能動的探索であり、複雑な環境で生じているので、観察はこの情報が「どんな結果に繋がるかという予期」を含んでいる。われわれは――眼、耳、鼻、口、手、あるいはそれらを多様に組み合わせて――自分の利用できる情報を探索しながら、ただちに利用できる情報だけでなく次に来る情報も自動的に監視している。心理学者クラエス・フォン・ホフステン〔乳幼児の研究で知られるスウェーデンの心理学者。現在、ウプサラ大学教授〕とデイヴィッド・リー〔イギリスの知覚心理学者。「τ理論」などの研究で知られる。エディンバラ大学教授〕は、この現象を予期的制御と呼んだ。[11] 知覚に導かれた行動に関する研究において、彼らは予期能力が知覚の基礎をなすことを見いだした。すべての経験は、新生児の経験やクモやハエのような動物のそれでさえ、予期の働きを伴う。恐らくデューイは彼らが証明したものをうすうす知っていた。彼らによると、いったん知覚の働きが行動の働きに結びつけば、いま存在する世界を表現すること〔表象すること〕より、環境に切迫している変化を予想することのほうが有益なのである。自身の重心が急に変化するのを予期できず何度も転倒する子供には、世界に関する最良の心的モデルでさえなんの役にも立たない。

環境情報の流動的配列のなかに、われわれはいま行なっていることに関する情報を見いだすが、しかしまた起こるかもしれないことに関する情報、切迫した事態に関する情報をも見いだす。観察者はもし進路を変えないと何に衝突するかを特定するために、拡大の焦点を使うことができる（拡大の焦点からは、観察者が衝突するまでの時間を知ることもできる）〔本書一三三頁参照〕。変化する遮蔽パターンは、観察者にもし彼女がそのまま進んでゆけばどんな対象が視野に入るかを教える。こうして、われわれの経験は可能性と潜在性に満ちているのだが、ここで問題なのは、内的な観察者〔デカルト的主観のこと〕が仮言判断〔形式論理学において、主語と述語の関係が〈YがBなら、XはAである〉の形式をとる判断をいう〕を行なう可能性や潜在性ではなく、活動する観察者が差し迫った変化に気づく能力や潜在性である。学習とはこの種の経験の成長である。さらに人間には、切迫したものを現実化するために自らの行動を制御するやり方を意識する能力がある。よちよち歩きの子供は、ボールが蹴る動作の対象であるのに気づいても、それを蹴ろうとするといつも転倒する。この状態は、蹴る動作を始めたとき身体バランスに変化が生じるのに彼女が気づき、この変化を予期し制御できるようになるまで続く。

予期的気づきも予期的制御も、かなりの部分が直接的な暗黙知に基づいている。ボールを蹴るためにあなたが意識する必要のあるすべてのことがらをあなたに教えることは誰にもできない。あなたは独力でそれらのことがらを発見しなければならない。しかし間接的で明示的な知識もまた有効な役割を果たすことができる。そのもっとも重要な任務は、事物に注意を促すことである（「やってごらん、ほら、蹴ることができるよ！」）。しばしば目標は（われわれの進路でさえ）明示的なものとなる。しかしながら、目標に到達するやり方は、たいていの場合、暗黙知と暗黙の技能を基礎にしている。一次的経験の根本的価値はそれが予期的だということ、つまりそのなかにありうる未来への道筋についておぼろな知識が含まれていることである。

経験を評価すること、民主主義を評価すること

われわれは自分の経験と能力ほど貴重なものを他に保持していない。しかしながら、われわれは概して経験の成長を促進するためにほとんど何もしないし、日常生活の現実はしばしば経験の成長を妨げる。われわれの民主主義制度の基礎をなすのは少なくともその一部は——、われわれがものごとを決定する際に各人の経験を顧慮することが全員のためになる、ということである。しかし現代哲学の民主主義への関わりの浅薄さは、他のどの点よりも経験の評価という点に露呈している。われわれは直接経験と間接経験の関係について混乱に陥ってしまった。そのせいでわれわれは、民主主義における個人の役割についてどう考えたらいいか、わからなくなっているのである。

次第に民主主義は、ばらばらな意見を表明するための断片的機会を人々に提供するシステムを意味するに過ぎなくなった。こうして、経験は発達をとげる能動的過程から、せいぜい種々の観点からなる静的な社会的断面へと還元される。この点に関係するのが取引という様式の神話である。この神話によれば、民主主義とは、すべての意見は同等だということ、知恵という考え——他人が持ち合わせないものを自分は経験によって獲得できるという思想——を尊重することに対する根深い不安と躊躇、を意味する。民主主義と知恵との対立はひどく有害な誤りだが、生活に関する取引という様式がこの対立を強化している。

さまざまな意見を表明すること自体に悪いところは何もない。投票や世論調査は、必要な——好ましくさえある——社会的機能である。しかしもし意見の表明だけが孤立して生じ、人々が意見に関連するさまざまな企画に共同で取り組まず、またそれらの利点を一緒に議論しないような社会情

況の下では、民主主義の実施は力を弱め、意味がなくなる。[12] 真実の濃密な人間的意味はすべて、人々が共同で労働するという能動的経験に由来する。同時代の観察者が気づかざるをえなかったように、社会的過程(問題が議論されている状況とその文脈)から分離された論争と表現(間接経験)は実質を失いがちなのである。

さらに悪いことに、集団活動に関与した経験をするかしないかの間ではなく、よい経験とよくない経験の間に――成長を促進する経験と成長を抑制する経験の間に――対立が横たわっている。ウィリアム・モリスは一世紀前、藝術における「大衆性」について思索していた折にこれに気づいた。「街のふつうの人は……洗練されていないわけではない。それどころか彼は同時代に流行しているあらゆる美術の絞りかすに耽溺している。……すべての人がある種の伝統の支配下におちいる傾向にある。それゆえ、輝かしい伝統、高級な伝統が消えてしまえば、下等で凡庸な伝統の力に絡めとられるのは確実である[13]」。

モリスの論評が、とりわけその高級な伝統への言及のせいで、今日ではエリート意識の発露として読まれるのは避けがたいだろう。しかしそのような読み方は誤りである。幾度となく明言したように、モリスは藝術作品がふつうの人々に広く分け与えられた伝統に言及したのである。彼がゴシック様式を愛好したのは、石工その他の肉体労働者が建物を設計したという事実に拠っていた。彼らは建築家の設計図をただ実行に移しただけではなかったのだ。一九九〇年代においていったい何人の市民が、「わたしはこの種の「高級な伝統」につながる多くの経験をしてきた」と言えるだろうか。

このように、モリスの「高級な伝統」は現代のどの思想学派も喜ばせない。藝術と倫理の両方で基準が喪われたのを嘆き悲しむ保守派のエリートは、モリスの言い方に同意するだろう。だが彼らは、モリスが促進したいと望んだ基準がふつう人々に由来すること、モリスに関する限り、伝統は建築家、立案者、批評家、あるいは職業政治家なしで容易に成り立つことを見いだして愕然とするかもしれない。ところでモリスの見解は、藝術的ないし道徳的判断の取引業者をも愕然とさせるだろう。モリスにとって、経験はそれぞれの藝術形式、ならびに各種の道徳的行動が、見過しも反対もできない規範を持つことを明るみに出すものであった。〔藝術や道徳には普遍的原理がない、それらは単なる個人の自己表現に過ぎない――こうした極端な相対主義は論外だとしても〕藝術なり道徳なりは単なる自己表現の手段にちがいない、という考えは、彼にとって伝統の劣悪化のきわまった形式、市場心理や取引という様式の唾棄すべき副産物である。われわれの多くが見落としてしまったものが恐らく彼にはわかっていた。

彼が理解していたのは――そして事実上二十世紀のすべての人が見落としてしまったのは――あらゆる労働がよいとは限らないということだ、とわたしは言いたい。モリスは「有用な仕事と無用な苦役の対立」について語り、すべての労働は定義からして善であるという「現代道徳の信条」を攻撃する。彼はこれが「他人の労働で生活をしている人々」にとって好都合な信念であることに注目している。二十世紀後半においてわれわれの多くは他人の労働で生活をしている。社会的発言をする人間はみな、実際に他人の労働で生活しているのだから、モリスの勧告を忘れないほうがよい。モリスにとって有用な仕事は、とりわけ誇りと希望を人に植え付ける仕事だった。ここで、誇りとは自己と生産物に対する誇りであり、希望とは自己改善と十分な「休息」に対する希望である。自己改善の願望があれば、労働は熱心に取りかかるのに値するものになる。他方で、役立たない労働は、「つくる価値がない」生産物あるいは「作り手の品位を落とす労働」がつくるに違いない生産物をもたらす。[14] 利益のためだけに何かをつくるべきではない。このやり方はわれわれから誇りを奪いとる。そして希望や誇りを奪うほどの激しい労働、あるいは不愉快な労働は、働く人を堕落させもする。

モリスは労働に関する歴史的かつ哲学的省察を夥しく行なったが、彼の労働観は単なる省察によって生まれたものではない。彼の考えの大部分は一次的経験によっているのだ。モリス自身が多くの失われた手工藝や技能――さまざまな種類の染色、ガラスの着色、絨毯織物など――を復活させた。彼は商業的な建築装飾の会社を創立し、そこで職人を訓練し、またそこを舞台に自らの理想を推し進めた。自前の団体のなかでよい労働を行なう彼の試みは彼の社会観を過激なものにした。[15] 一八七一年から一八九六年に没するまで、毎日のように彼は正しいやり方でものごとを運ぶことと市場の要求との間で葛藤した。とりわけ彼は、会社の財政的成功がしばしば労働力を安価にすることに拠っているのを知った。安い労働力は、賃金引下げと、上質の労働を質の悪い労働で代替することで得られるのがわかったのである。

詩人、工藝家、そして資本家としての偉大な業績を積んだのち、既存秩序への欲求不満がモリスに湧き上がった。彼にとって生活を価値あるものにするのは、自己と自らの仕事における希望と誇り――日常経験の価値――であった。だが彼はこうしたものを自分の従業員に対してさえ効果的に促進できなかった。彼は労働者を支援するもっとも過激な組織に加わり、その指導さえし始めた。その間、彼自身たゆみなく働き、イングランド、スコットランド、そしてウェールズのいたるところで組合を組織し演説を行なった。モリスの言いたいことは一貫していた。すなわち、現代の仕事の多くが退屈な重労働であるという現状は、労働が日常経験の真の価値と切り離されたことに由来する、というのである。もし労働者が質の高い製品をつくり精いっぱい自身の能力と経験を生かすのを許されるなら、彼らの労役の退屈さはその多くが取り除かれるかもしれないのだが。

モリスは空想的《ユートピアン》社会改良家ではなかった。彼は、日常生活に大規模な変化を生じさせるには、大企業においても、利益追求ではなく役に立つ製品をつくるため、労働者が生産管理する必要があると承知していた。彼はこのためには革命的変化が必要なことを理解していたが、また彼はそのような変化を求めるもっとも強い動機の一つが次のような事実にあるのもわかっていた。すなわち、テクノロジーが労働を強制することをやめその協力者になるのは、ただそのような変化が起こる場合に限られるという事実である。さらに彼は現代世界のなかにそうした変化の始まりをアフォードする場所があることを知っていた。例えば、特製品の製造——工藝工場の藝術的才能のある人材が製品が売れる要因の一部である——は完全に統制された市場のうちで〔真の経験や真の労働などのための〕機会につながる小さな窓を提供する。モリスは自身の事業においてこの窓を開いておこうと努めた。

モリスはまた、現代の工場でさえ、必要なだけの組織と意志とを持てば、経験を変化させ改善するための場所に変えられることを正しく理解していた。この点で彼は、現代における共同運営方式の職場という最良の展開のいくらかを先取りしていた（しかもはるかに先を行っていた）。演説「将来の工場について」でモリスは、一八八〇年代の労働者に、学ぶことは生涯にわたる過程だ、なぜなら、学習には健全な環境と自己発達のためのそれ相当の時間が必要だからである、と語った(16)。モリスは、工場はできれば庭園や遊び場の真ん中に建てたほうがいいと提案した（彼は体育館に触れていないが、それを念頭にしている）。そこで労働者が毎日運動や気晴らしをして過ごせるようにである。彼は、教育者は仕事日の退屈をやわらげたり、ふつうの人々の思考の視野をひろげるという目的のために、工場を多様な技能《スキル》や技法《アート》を教えるための場所として用いたいだろうと信じていた。そうすることで彼らはいっそう人の役に立つ市民や労働者になれるだろうと考えた。彼の話を疑った貧しい聴衆が、そんな楽園のような工場が採算にあうのかと訊ねたとき、モリスが微笑んで指摘したのは、工場はいま既にそうしたカントリークラブ〔郊外にある都会人のための社交グラブ、クラブハウスと一般にテニスコートなどから成る〕に資金を提供しているが、それらのクラブは職場から遠く離れたところ——経営者や所有者の家——に置かれているということだった。今日、職場はたいてい快適なカントリークラブなどとは違う地域に建設されるが、モリスの述べたことは変わらず真実である。どちらかといえば、労働者への制約や監督はモリスの時代以降増大した。われわれは人間の尊厳に関するモリスの見識《ヴィジョン》を再生し、仕事のためだけではなく成長を促す仕事のためにも奮闘する必要がある。

　モリスの思想と努力を最近の藝術家や哲学者の思想と努力と対比させることは、そのまま二十世紀後半のうぬぼれを恥じる気持を育てることになる。藝術、経験、そして哲学が真に価値あるものだとしたら、これらの成果ではなくこれらの過程や経験に、できるだけ多数の人々が参加できるよう、われわれは努力しているのか。学生は成績優秀な学生であることより上手なフットボール選手であることによって、ずっと簡単に、無償で大学教育のまがいものを手に入れる。しかしわたしは、大学教授がこのばからしい情況を是正するべく組織的に努力しているという話を一度も耳にしたことがない。

トマス・ハクスリー〔イギリスの生物学者、一八二五―九五。ダーウィン進化論の発展と普及に努めた〕（モリスの同時代人）のような碩学や研究者は、多忙なスケジュールにもかかわらず、成人教育や労働者学校で労働者を教えることに並はずれた努力をした。現代では、少数のそうした努力が、大学からほとんど支援がないまま主として献身的な急進主義者によって払われている。わたしが過去十年の間に出会ったほとんどの高校や大学の教師は、学生たちが読書しなくなったと嘆いていた。それなのに、これらの教師のほとんど誰もテレビ視聴を制限する取り組み――多くの人はこれを問題解決のための第一歩と解している――には参加していない。一般に大学教師やその他の教育者は、エリート主義的世界観に惑わされてきた。この種の世界観のために、彼らは個人の直接経験についてほとんどなにも思わなかったし、またできるだけ広範な人々と経験を共有する努力の賢明さについてほとんどなにも思わなかった。

哲学を「たくみな会話」のように語るのは、ローティのような哲学者の自惚れである。彼らは、自分たちが会話で冗談を言う相手をどんな人間だと思っているのか。ＵＷＡ（全米自動車労働組合）の誰かが最近歓談《チャット》に招待されたことがあるのか。環境の本性や国境の意味についてなにか興味深いことを知っていそうな季節農場労働者についてはどうか。さらに、地方の原理主義教会の女性クラブはどうなのか。これらの人々が学問的な会話に参加する日を待っていたら、最後の審判の日を迎えるだろう。そのうえ、彼らが会話にわれわれの思うやり方で加わってもらいたいと言い張るなら、近代の西洋的伝統にともなう反経験的偏見をまさに永続させることにしかならないだろう。これが会話だとしても、われわれ大学教師が、他の人々が自らの経験について話す内容に実のところ興味をもたないのはなぜなのか。モリスは語るためにも聴くためにも行脚をした。また彼は自分が人から聞いたことが自分の仕事を鞏固なものにするといつも言っていた。彼は他人の経験から学びたいという本物の欲求、われわれも伸ばしたほうがいい欲求を持っていた。

クリストファー・ラッシュによれば、現代のエリートは、情報が自分の分配できるもの、（公開討論ではなく）議論を締め出すようなものである場合に限りそれを信じている。これは、もし「連中を教育すれば」連中は――必然的に？ 奇跡的に？――論争でわれわれの側につくことになるだろう、という考えなのだ。このたちの悪い受動的な情報概念が、いまや社会に広くいきわたっている。その結果、大衆的な（あらゆる信条の）政治団体でさえ、経験が論争、論証、議論の結果であり、情報の検出とその使用は能動的な過程であることを忘れ果てたように見える。とりわけ現代の大学は、間違いなくこの点を忘れてしまっている。このことは、種々の態度や立場が社会に拡散しているという事態や、まじめな公開討論が減少しているという事態に見てとることができる。しかしラッシュは問題にこう決着をつける、「他人をわれわれ自身の視点に同調させようとする試みは、当然ながら、代わりにわれわれが彼らの観点を採用することになりかねない危険を伴う。……議論は危険にみちていて予測できない、だから教育的なのだ」[17]と。

哲学はある種の会話であると言うローティに異を唱えるには及ばないが、われわれが単に独り言を言っているのではないことも確認する必要がある。モリスのように、われわれは経験から――地位のない人や虐げられた人の経験からさえ、学ぶことを習得しなくてはならない。学ぶことに対する真に素直な態度を示した後で初めて人は教える権利と能力を獲得することを、モリスは知っていた。

モリスを夢想家とか空想的社会改革者と呼ぶ人々は――これは彼の思想に対する典型的反応であるが――間違っている。美術を専門とする著述家と比較すると（社会問題についての著述家に比較してさえ）、モリスは労働問題について相当多くの直接経験を持っている。経験が彼に見せつけたものは、競争市場とよい労働のための条件の創出との間にある激しい相克であった。「善意の」資本主義者（彼がそうだった）でさえ、この相克を解決する力はなかったし、（モリスが試みた）省力化機械も役には立たなかった。

モリスが著述をして以降の世紀が存分に彼の経験を裏づけると同時にそれに新たな経験を付け足した。歴史家エイザ・ブリッグス〔十九世紀英国史の研究で知られるイギリスの歴史家、一九二一―〕は、モリスの思想が、資本主義の批判に加えて二十世紀の共産主義批判としても解釈できることに気がついた[18]。両方の体制における問題は、日々の暮らしのなかに民主主義があまりにもわずかしかないという問題である。これは不必要に広範囲におよんだ分業、とくに精神労働と肉体労働の分業の結果である。モリスの時代以降、多くの文化的要因がこれらの問題を増大させる結果につながった。

さらに悪いことに、労働の質を悪くする分業から生じたニヒリズムは、環境破壊を助長し、戦争さえも促進する態度につながった。いやしくもどんな労働でもよい労働と見なされるのだとしたら、公害を惹き起こす労働あるいは兵器の大量生産さえ、経済に必要不可欠なものと見なされるだろう。自分が職に就いているのは幸運のせいだということ、また自分の労働が自分や他人の幸せを脅かしているということ——これらのことを現在どれだけのアメリカ人が理解しているだろうか。われわれの生産物が「誰の役にも立たなかったなら、それがもっとも幸運なことだ」とモリスは書いている。「なぜなら生産物はあまりにもしばしば多くの人々に害をなしてきたからだ。またわれわれは同胞に毒を与え破滅させるために精出して働き、うめき苦しみ、そして死んできたからである」[19]。過去半世紀間に汚染物質、毒物、とりわけ兵器の生産量の天文学的な増加がみられた。この破壊のための生産をさまざまなやり方で変えることは、現代経済の市場の力のゆえに実行するのがもっとも困難なものに数えられるだろう。

すべての人に藝術を与えようというモリスの要求には、しばしばエリート主義という非難の声があがった。それに対して彼はこう答えた。人々が適切だと見なす教育を享受できるようにしよう、単に子供だけでなく、できる限り広範囲の人々に役立つ教育を行なおう。（国家あるいは貧困の）恐怖によって無理強いするのではなく、人々が尊厳をもって働けるようにしよう。労働者に原料や作業手順についての発言を許そう。人々にこれらの変化を飲みこませ、共に働くことを学び、論争し、討論し、修正し、変更し、再考する時間を与えよう。こうして人々は制作のために選んだものとそれをつくるやり方を評価するようになる。その後で、価値と規範に関する議論を再開しよう。この一連の作業を通じて新しい「高級な伝統」を創出できるだろう、と。とはいえ、モリスは伝統をつくることの難しさを過小評価してはいなかった。「する価値があるに違いない仕事、することがおのずと楽しくなる仕事、それが過度の疲労や過度の心配の種にならないような情況の下でなすべき仕事――すべての人がこのような仕事を持つべきだということは、正しいし当然なことである。たとえわたしがこの主張を転換するとしても……わたしはこの主張が法外なものとは思えない……だが……もし社会がこの主張を認める気なら、あるいは認めることができるなら、世界の様相は変わるだろう」[20]。モリスの新世界が実現したら、変わるのは、とりわけ希望の広がりだろう。そして希望の前提条件は意味のある労働である。これによって、われわれは自らの経験を発達させられるのだ。

希望

すべての人間の経験には、ごく単純なそぞろ歩きから複雑極まりない技術的熟練に至るまで、限りない可能性がある。したがって経験のもっとも重要な面である希望は、主観的感情ではなく、世界とわれわれの出会いの客観的特性なのだ。最広義にとれば、希望とは目標が達成可能であることを意味する。今日の観点からいえば、目標に到達する仕方を教える情報をわれわれが検出したとき、希望はわれわれの経験の不可欠な要素になる。情報が利用可能であるだけでは十分でなく、情報を検出しなくてはならない。目標に到達するやり方がわからなくとも、たいてい目標を知覚することはできる。しかし、これがもたらすのは希望ではなくせいぜい空想に過ぎない。テレビで欲しい玩具を見る子供はそれを自分のものにする空想にふけることができるが、年長の子供だけが――玩具屋を見つける仕方を知っている（ことによれば親に購入を説得する仕方も知っている）から――実際に玩具を手に入れる希望をもつことができる。

希望は言葉では言えないことがある。それは間接経験ではなく直接経験に根ざしているからだ。われわれは目標とそれに到達する手段の両方を知覚している場合でも、しばしば目標到達の過程に関する明示的知識を持っていない。独習した多くの技能はこのパターンに適合する。このパターンでは、どのように目標を達成できるかを説明できない状態や、場合によっては目標が達成されたことさえ意識しない状態のまま、人は端的に「それをする」。つらい育ち方をした多くの子供は自立のすべを学びあらゆる技能を習得するが、にもかかわらず自分を多くのものが欠けた存在、他人に依存する存在と見なしている（子供より彼らの両親のほうが欠如をかかえ他者に依存している場合でさえ、そうなりがちだ）。そうした子供に自らの自主性と技能を経験によって実感させるには、長続きする友人やカウンセラーが必要かもしれない。心理学者マーティン・セリグマン〔アメリカの心理学者、一九四二―〕の明らかにしたところでは、自分の行動の結果を他人ないし外部の力が原因であるとして、繰り返しあらわにラベル付けすることは、対抗‐希望《アンタイ・ホープ》という一般的態度――彼が「学習性無力感」と呼ぶもの――を誘発することがある。[21] この種のラベル付けをする人々は、自分の行動を変化させることよりむしろ自分の力量や能力を直接経験し、能力に関する間接的で誤ったラベルを克服しなくてはならない。

われわれは経験を構成する希望にみちた要素を、経験の客観的本性を抹殺することによって台無しにしてきた。心の機械加工のせいで、個人の経験に本来具わる潜在性が主観的に解釈され、変化の可能性を用意するものではなくなる。現代社会では人々はますます自分自身を変化させようとする。そして彼らはますます自らの外部状況の重大な変化を想像できなくなる。現代の観点では、自尊心あるいは自己の拡大は許されるが、真の希望は認められない[22]。人は強力な自己像の獲得に取り組めるが、その像はいつでも観念あるいは理想、つまり現実の主観的モデルである。われわれの大方は、日常的な情況に真の変化をもたらす計画を立て、それを実行した経験がほとんどない。自己像そのものには、ものごとを変化させて希望をつくりだすのに必要な種類のエージェンシー〔エレノア・ギブソンによる動物行動の捉え方。この特徴は特に予期性（行動の未来志向的な性格）、後見性（行動の過去志向的な性格）、柔軟性（目的を達成する手段の変更可能性）という三つの性質を通して表われる〕は含まれていない。「自己啓発」本の神話のなか以外では、自己像はわれわれにとって生活の案内役にはならない。なぜなら生活の選択には本物の能力や技能が必要だからである。自己像が希望のない情況において膨張するとき、これはまったく不健全なものになる。希望のための真の根拠をほとんどもたない非行少年（多くの人は彼らが近い将来に暴力的な死を遂げると予期している）が、自尊心のテストでしばしば高得点をあげる。彼らは、自分に真の力や能力があるのを認めるが、自己成長のための建設的な道筋をまったく知覚できないのだ[23]。

　ここでもデューイには先見の明があったように思える。希望は主観的でも私的でもない。希望は公共的な経験と公共的な行動の一面なのである。希望に必要なのは、個人が行為の主体《エイジェント》として自らの成功と能力の両方を知覚することであり、目標への進路が「開かれている」（すなわち、自分のエージェンシーにとって実現可能である）ことである[24]。この種の経験を教え込むためには、モリスとデューイの二人が推進したような経験の民主化が必要である。そこには学校と仕事について、これまで試みられてきたよりはるかに根本的な民主化が含まれている。あらゆる種類の資源――教育上、職業上、専門職上の――を利用する権利を広げるべきだろう。単に学校教育だけではなく、生活のあらゆる面における経験の成長促進を含む以上、教育という概念そのものを拡張しなくてはならない。

　学校教育がどのように教室を超えることができ、全体としての共同体の経験を民主化するのにどのように役立つか、このことのよい例は、デボラ・マイアー〔アメリカの教育者、一九三一―。小規模学校運動の創始者として学校改革に取り組んだ〕と彼女の同僚が先頭に立って進めたセントラルパーク・イースト学校の事業計画である[25]。公立校〔最初は小学校、その後幼稚園から高校三年次まで広がった〕で働きながら、マイアーは、教育が共同体とともに始まると同時に非認知的過程とともに始まることを明らかにする。彼女たちのグループの手法は〔従来の学校を〕小さな「学校《スクールズ》」に切り分けるというものである(「学校」はしばしば純粋に機能的なもので、それらより大きな校舎――倉庫に類似した校舎を社会が好むことの遺産――に格納された)。これらの小さな「学校」は、第一に個々の子供と彼らの経験、第二に民主的手順(子供たちとその家族の声が学校を作動させる中心部分になるのを許容すること)、に重点を置いて運営してもよい。マイアーは、多様性と、子供を牽引する強い遠心力が働いている現代アメリカ社会において、もし学校教育が人間の尊厳への配慮に基づかないなら、共同体の教育を始めることさえ不可能だ、と断乎として主張する。彼女が強調したそのような教育が、子供たちの教育にとってもっとも必要なものを充たすという点を、わたしはつけ加えておきたい。それが彼らに自身の経験を評価し、その経験に基づいて自分を何者かとしてつくることを教える。これらの学校で学んだ学生の教育成果は、ニューヨークの他の市立学校で学んだ学生の成果より著しくよい。さらに重要なのは、それらの学校が単なる指針ではなく共同体の多数の人にとって現実に希望への進路になったということである。

希望の種は、このように現代の日常生活の地道な側面のうちに見つけることができる〔これが第一の論点である〕。チャールズ・テイラーは、経験への現代的アプローチがわれわれに希望の基礎を提供すると考えた点で正しい。だがテイラーは希望を創出するためにわれわれが利用できるもっとも重要な要素を特定できていない。それは、他人の経験への敬意を学ぶことである（もっとも、他人と付き合う際に「ほんもの」が重要だと彼が強調するとき、彼の念頭にはこのことがあるのではないかと思うが）。人あたりのよい取引という様式に屈服せず、われわれは、他人への率直さ《オープネス》を評価するやり方と、相互尊重と経験の真の共有を促進する方法を学ばねばならない。テイラーの率直さとローティのもっと居心地がいい閉じられた会話という不明確な観念の間で選ばなくてはならないのなら、われわれは前者を選択すべきだろう。

わたしが推進している経験の生態学的概念は、この〈ほんもの〉の倫理にかなり多くの内容をつけ加えることができる。対立している人々の間にいるときでさえ、率直さはわれわれが他人を判断するための観点を練り上げる妨げになったり、成長を助成する努力を妨げたりすべきではない――このことをテイラーは理解している。しかしテイラーはなぜそうあるべきかを説明することができない。わたしは、人間の経験の成長が個人的であると同時に必ず社会的でもあること、それゆえ経験から生じた知恵と真の率直さを組み合わせるのが現実的な目標であると主張してきた。

第二に、現代の哲学者や科学者は不確実性に対する異常な恐怖というガラクタを捨てる必要がある。この恐怖が学問的関心事と日常生活の間に障壁を設けたのだから。プラグマティストやいま出現しつつある生態学的アプローチによる心理学の例は、証拠や分析についての厳密な標準を捨てないでこのガラクタを捨てるための根拠を与える。モリスやルイス・マンフォードのような、大学に属する学者ではない人々の影響で、日常生活の問題と藝術、道徳、知識に関する諸理論の間につながりができたのは特筆に価する。経験という概念に関するわたしの徹底した再考が刺激となり、大学教師の間にも日常生活の卑近な問題へ立ち返る運動が少しでも起こってほしいと思う。

最後に、われわれは未来に関するひとつの見識ではなく、多くの見識を検討する必要がある。それぞれの見識が理論と会話に根ざすと同時に直接経験に根ざしているからである。知識人は（間接経験の）分析とコミュニケーションの技能を、一次的経験にそなわる多くの可能性を明確化するという課題に適用することができる。だがまず最初に、彼らは早晩考案されねばならないやり方で、二種類の経験を結びつけなくてはならない。われわれはとりわけ「ある特定の観点に対する固執と別の観点への率直さを釣り合わせなさい」というテイラーの教訓に学ぶ必要がある。われわれは人々で混雑した世界で生きているのだし、未来へは多くの進路がある。もっと望みがもてる進路を見つけるために、われわれは共同して働けるだろうか。

終章　経験のための戦い

本書のテーマは、われわれがいま心を失いつつある顚末についてである。われわれすべてが発狂していると言いたいのではなく、集団としてのわれわれが手をこまねいて自らの心的資源を腐らせるままにしているのが問題なのだ。周囲の世界を的確に経験する能力、またこの経験を熟慮するために用いる能力が、仕事、教育、日常生活における現今の傾向の犠牲になっているとわたしは言いたい。さらに悪いことに、哲学者や心理学者がわれわれに教え込んだ、心的生活について考えるやり方は、経験の価値をひどく見くびっている。知識人と教育者はそれがさも当然と言わぬばかりに経験を評価するのを拒んできたが、これでは問題を改善したというより、新たな問題を追加したことでしかない。

さまざまな社会的勢力の猛攻撃に抗してわたしが本書で擁護したこの経験は、空想的なものでは全くない。一次的経験はわれわれが自力で見、触り、味わい、聞き、嗅ぐことができるものだけで構成されている。しかしそれはあらゆる心的生活の基盤である。そして周囲で起こることに敏感でいることは生存の基礎である。われわれはみな自らの環境を探索する能力、そして経験を通して学び成長するために、途轍もなく多くの可能性を自らのうちに担い続ける能力、を生まれつき持っている。そうであるのに、社会はこれらの経験の機会を浪費する決心をしているらしい。

自動車の運転から楽器の演奏、絵を描くことや演技することまで、どんな技能にも他人の経験を習得する能力がいる。実際、単に何か（食事、セックス、あるいは夕焼け）を楽しむことにもそうした能力が必要である。他人と上手に交わるために、それが思いがけぬ出会いであれ複雑な社会問題への関与であれ、われわれは経験から手に入れた抜け目なさを用いなくてはならない。他人の感情や行動を理解し、予期し、それらに適切に反応するためである。明晰で注意深い考えは、経験を評価し、区別し、原因を同定し、パターンや傾向を注意して見守る能力から始まる。さらにこれらのうち何をするにしても、相当な時間、努力、また機会がかなり必要である。要するに、人生を生き甲斐あるものにするほぼすべてのものが、経験に始まり、経験とともに成長するといって過言ではない。

本書を通じてわたしが強調してきたのは、われわれ各人が日常経験を有しており、この経験から多くのものを得ているということである。だからといって、すべての経験が同等なものになるわけではない。われわれは経験を形成し、洗練し、改善することができる。特定のものごとの意味を悟り知的に理解する力が、当人の実際行動と努力によって、他人に優るようになる人もいる。誰もが一定の尊敬に値するのであって、すべての人に然るべき基本的尊敬を認めるべきである――しかしそれ以上の尊敬は自らが獲得しなくてはならない。人々が自らの経験を価値あるものにするため力を尽くすなら、それが他人からの承認を引きだすだろう。

ある人が特別な技能、理解力、能力――これらは経験を価値あるものにするために必要である――を持つという理由でその人に敬意を払うのは、エリート主義ではない。エリート主義者はそうした特殊な能力を他人との関係を妨げる壁として特徴づけがちである。しかし経験の多様性は共同生活の魂であって、それを障壁の口実に使うべきではない。実際にもし特別な経験が共有されないなら、そうした経験にどんな価値があるというのか。二十世紀の知識人の日常経験に対する軽蔑は、彼らが自分たちの関心事を多くの人々と共有するのを困難にした。日常性に帰ろうというモリスの提唱を拒んだ藝術家の多くは、彼らの作品の真価が大衆に「わかる」という考えを冷笑した。クリストファー・ラッシュが明らかにしているが、このエリート主義はまた二十世紀の知識人、科学者、藝術家にひろがった風土病でもあった。だからこそ、恐らく二十世紀最大の画家パブロ・ピカソ〔スペインの画家、一八八一―一九七三。さまざまな様式で描いた「変貌の画家」として二十世紀美術に多大な影響をおよぼした〕の次のような発言を見いだすのは嬉しいことだ。彼は藝術を経験と日常生活を統合する手段として擁護している。

> あなたは藝術家をどんなものだと思うだろうか。もし彼が画家なら目だけしかない間抜け、もし彼が音楽家なら耳だけしかない間抜け、もし彼が詩人なら各階に設置された竪琴《リラ》だけの間抜け、あるいはもし彼がたまたまボクサーなら、ただ筋肉しかない間抜けとでも思っているのか。全然そんなものじゃない。同時に彼は政治的生き物でもあり、世界で起こる悲痛なものや情熱的なものや楽しいものを鋭敏な知覚によって知っている。そして自分をすっかりそれらに似せて作りなおす。ことによると、あなたは他人から、そして他人がたくさんのものを持ち込む生活から、自

分を切り離すことができるとでも思っているのか。なんとまあ薄情で世間離れした態度ではないだろうか。そんなものじゃない。絵画は単に平らな壁を飾り立てるためのものではない。それは敵に対する攻撃や防御の戦いを遂行する手段なのだ[1]。

ピカソは真の藝術が日常経験から出現するものであって、日常経験と絶縁できないことを理解していた。ピカソの藝術様式と活動がとくにモリスのものと異なることはまずありえないだろうが、とりわけ藝術が日常経験を豊かにする必須の手段であるという確信によって二人の藝術家は結ばれていた。二人とも自分が暮らす場所の外見を一変させること、絨毯や椅子、平皿、壁の装飾をデザインすることが大好きであった。これは彼らがどのように暮らしたいかという願望を表現していた。人間の心がますます機械加工されるにつれ、ますます間接経験の稀薄な空気の中で生きるようになるにつれ、われわれは自身の経験をもっと美しく、有用で、重要なものへ変換するという重要な能力を失う。大げさに宣伝されている現代生活の恩恵や便利さにもかかわらず、歌やタペストリーの製作や自らの経験を広げ共有することへのふつうの人々の関心、あるいはそのための能力がまったく増えていないのがわかる。その代わりに、われわれは前もってつくられた（そしてしばしば模造の）経験があふれる情況を招いてしまった。このことが翻って、ふつうの人の経験と、その経験を思い通りに拡張し変形する能力とを制限しがちになったのである。

個人の内部と人々の間に経験という領域を広げることが重要だという主張は、ジョン・デューイの最大の遺産である。なぜ他の政治制度ではなく民主主義を選ぶべきなのかを訊ねられたとき、デューイはひとつの答えを用意していた。この答えはモリスとピカソの二人が強調した点を敷衍するものである。

〔民主主義を選好する〕理由として、民主主義的な社会的合意が、いっそう質のよい人間の経験――社会生活の……非民主主義的な形式に比べていっそう多くの人々が利用し享受することができる経験――を促進するという信念に最終的に帰着しない理由がありえるだろうか。個人の自由と人間関係の礼儀や親切さを尊重することは、結局これらのものが、抑圧、強制、暴力の方法より、多数者の側の経験のより高い質に貢献するという確信に帰ってゆかないだろうか。説得を通して獲得されたお互いの協議や確信のほうが、それとは違うやり方で大規模に提供されうる経験よりもいっそう質のよい経験を可能にするとわれわれが信じることが、われわれの選好の理由ではないのか。(2)

われわれはモリスやデューイが中断した仕事を再開する勇気や気力を持ち合わせているだろうか。われわれはプラグマティストが失敗した問題について成功できるだろうか。われわれはまた、経験についての新しい見方――生活の充溢に根ざした見方――をわれわれの理論として、できれば行動としても実現できるだろうか。シニシズムやニヒリズムの現代的風潮に棹さして、人々の性向や習慣は変えられないと断言するのは簡単である。しかしこれは知的かつ道徳的怠惰にほかならない。取引という様式に関するウィリアム・リーチのような歴史的著作の主題は、新たな様態の経験の営みが文化的構築物であるという点にある。社会を変えようと倦まず努めた人々の努力が、この種の構築物をつくりだし広めたのである。きわめて偉大な藝術家や哲学者は、経験を組織する新しい方法をわれわれに垣間見させてくれた。彼らは熱望された目標に行きつけるかもしれないいくつかの進路さえ垣間見させてくれたのである。

二十世紀最大の神話によれば、人間は羊だという。現代のエリート主義的文化は、ふつうの人々には自主性がほとんどないので、ものごとを他人が彼らにそう見て欲しいと思うように見る傾きがあるという思想の上に築かれていた。これは致命的な想定である。ジェームズ・ギブソンは次のように書いた。「知覚に加わる習慣の圧力が強いのは事実として受け入れよう。人々――もちろん、他人であって自分ではない――がしばしば愚かな羊のように世界を知覚することも事実だと認めよう。しかし、このやや俗物的な観察を哲学にすり替えるのは間違っている。正統的な知覚理論がこの誤謬を助長してきた」(3)。ギブソンの目的はこうした思考の土台を掘り崩すことであった。

過去百年以上の間、科学者、哲学者、教育者、政治家、そして藝術家や作家でさえ、誤った思い込みを続けてきた。すなわち、大方の人々は独力でものごとを知ることができないから、羊のような朦朧とした精神状態から彼らを救い出す必要があるというのだ。モダニストの文化は当初から機械装置の信頼性と力能に魅了されてきた。多くのモダニストは心の機械加工が心の性能を向上させると信じたので、増大しつつあったオートメーション化の動向と手を組んだのである。そのみじめな結果はおのずと明らかだ。さらに悪いことに、新興のポスト・モダニストの文化は――少なくともエリート知識人の意見が代表するそれは――、人間は世界における自らの場所を理解するために自らの心を用いる、という思想そのものを放棄することで、モダニズムによる心の機械加工に対処しているように見える。疑いなく、いまはギブソンの言葉に耳を傾け、あらゆる理解が――どれほど突飛で精妙なものでも――日常経験に根ざすという素朴な教訓を学びなおす時である。われわれの生活の意味は、自分でそれを捜す努力を払うときにのみ見いだされるだろう。

注

第一章

(1) William James, *Essays in Radical Empiricism* (Cambridge: Harvard University Press, 1976)〔部分訳『根本的経験論』桝田啓三郎、加藤茂訳、白水社、一九九八年、および『純粋経験の哲学』伊藤邦武編訳、岩波文庫、二〇〇四年〕。R. B. Perry, E. B. Holt, et al., *The New Realism* (New York: Scribner's, 1912); Herbert Schneider, *Sources of Contemporary Philosophical Realism in America* (Indianapolis: Bobbs-Merrill, 1964). 新実在論者としてもっとも秀でた人物でジェームズの学生であるE・B・ホルトに注目する研究者はほとんどいなかった。ホルトは自らの著書 *Concept of Consciousness* (New York: Macmillan, 1914) において根本的経験論を形式化して、これを記号論理学という新興の学問と統合した。そして自らの新実在論を、彼の代表作で不当にも無視されている *Freudian Wish and Its Place in Ethics* (New York: Holt, 1915)〔部分訳「フロイト流の意図とその倫理的立場」本田啓訳、『生態心理学の構想』佐々木正人・三嶋博之編訳、東京大学出版会、二〇〇五年〕において、フロイト理論と現代の生理学的見解の両方に関係づけた。ひとつには年長の同僚との個人的問題のために、またひとつにはホルトのホモセクシャリティをめぐる軋轢のために、彼は一九一六年にハーヴァード大学を辞めざるをえなくなった。その後、彼はたまにしかアカデミーの世界に戻らなかった。彼の最後の重要な論文、"Materialism and the Criterion of the Psychic," *Psychological Review* 44 (1937): 33-53 は、経験に関する重要な自然主義的説明を提示している。ホルトに関する唯一のよい情報源として、Bruce Kuklick, *The Rise of American Philosophy* (New Haven: Yale University Press, 1977) 中のすぐれた章がある。ジョン・デューイの形而上学的見解は、ほとんど彼の著書 *Experience and Nature* (South Bend, Ind.: Open Court, 1925)〔『経験と自然』河村望訳、人間の科学社、一九九七年〕と *Art as Experience* (New York: Putnam's, 1934)〔『経験としての芸術』河村望訳、人間の科学新社、二〇〇三年〕から引用している。

(2) Arthur Lovejoy, *The Revolt Against Dualism* (South Bend, Ind.: Open Court, 1930); Bertrand Russell, "William James's Conception of Truth," in Russell, *Philosophical Essays* (London: Allen and Unwin, 1910).

(3) Terence Irwin, *Classical Thought* (New York: Oxford University Press, 1989)〔『西洋古典思想』川田親之訳、東海大学出版会、二〇〇〇年〕は古典ギリシア哲学のすぐれた概観である。

(4) Nancy Maull, "Cartesian Optics and the Geometrization of Nature," *Review of Metaphysics* 32 (1978): 253-273 と E. S. Reed, "The Corporeal Ideas Hypothesis," *Review of Metaphysics* 34 (1982): 731-752 を参照。

(5) Isaac Newton, *The Opticks* (Berkeley: University of California Press, 1932)〔『光学』島尾永康訳、岩波文庫、一九八三年〕; René Descartes, *The Discourse on Method*, in John Cottingham et al., eds., *The Philosophical Works of Descartes*, vol. 1 (New York: Cambridge University Press, 1985)〔『方法序説』谷川多佳子訳、岩波文庫、一九九七年〕を参照。

(6) これらの問題に関係したトマス・リードの原典でもっとも重要なものは、一七六四年の *Inquiry*〔『心の哲学』朝広謙次郎訳、知泉書館、二〇〇四年〕ではなく、注目すべき姉妹編である *The Essays on the Intellectual Powers of Man* (1785) と *The Essays on the Active Powers of Man* (1788) である。科学的啓蒙運動の思想に加えてポスト啓蒙運動の世界観の大半――これら両方の種子を含むこれらテキスト――を一緒に読んでほしい。いずれの原典も、William Hamilton, ed., *The Works of Thomas Reid*, 2 vols. (Edinburgh: Maclachlan and Straban, 1872) において復刻されている。

(7) カントの初期の影響を簡単に概観するのにもっともよいのは――そして、彼の見解を解釈する様々なやり方を明瞭にまとめているのは――Frederick Beiser の *Fate of Reason*（Cambridge: Harvard University Press, 1987）である。

（8）もちろん、カント解釈は非常に難しい問題だし、ここでのわたしの解釈にも筋の通った反論がある。わたしの目標はカントの絶対確実な解釈を提供することではなく（そのようなものがありえようか）、これらのことがらに関して字義通りにあるいは率直にカントを解釈しようとしている哲学者がほとんどいないことを指摘することだ。それは役に立たないことなのだろうか。そうする代わりに、カント研究の多くは、標準的な西洋の反経験的思考の系列に合致することがらをカントに言わせようと夢中なように見える。例えば、Patricia Kitcher の *Kant's Transcendental Psychology*（New York: Oxford University Press, 1993）は、経験主義的実在論に関するカントの第一批判書にある章句をけっして引用しないという単なるご都合主義によって、カントを経験主義的観念論を採用する現代の認知科学者さながらに仕立てている。

（9）ショーペンハウアー（Arthur Schopenhauer）の *The World as Will and Representation*, 2 vol.（New York: Dover, 1978）〔『意志と表象としての世界』ショーペンハウアー全集2―7巻、斎藤忍随ほか訳、白水社、一九九六年〕。特に vol.1 の付録を参照。この個所で、ショーペンハウアーは、カントに対する鑑識眼の利いた批判を提示している。

（10）ヘーゲル（G. W. F. Hegel）の *The Science of Logic*, 2 vols.（London: Allen and Unwin, 1929）〔『大論理学』武市健人訳、岩波書店、二〇〇二年〕。

（11）一八六〇年代の「無意識的マニア」に関しては、E. S. Reed, "Theory, Concept and Experiment in the History of Psychology," *History of the Human Science* 4（1989）: 333-353 と *From Soul to Mind: The Emergence of Psychological Ideas, 1815-1890*（New Haven: Yale University Press, 1997）〔『魂から心へ』村田純一ほか訳、青土社、二〇〇〇年〕を参照。人間の労働に適用された生理学的心理学に関しては、Anson Rabinbach, *The Human Motor*（New York: Basic, 1992）を参照。印象派の絵画に対する科学の影響

に関しては、P. Vitz and A. Glimcher, *Modern Art and Modern Science : The Parallel Analysis of Vision* (New York : Preger, 1984) を参照。

(12) ジョルジョ・アガンベン (Giorgio Agamben) はワルター・ベンヤミンのこの見解を *Infancy and History : Essays on the Destruction of Experience*, trans. L. Heron (London : Verso, 1993) 〔『幼児期と歴史』上村忠男訳、岩波書店、二〇〇七年〕において展開している。

(13) William James, *The Principles of Psychology*, 2 vols. (New York : Holt, 1890) 〔部分訳『ジェームズ』世界思想大全、今田恵訳、河出書房新社、一九五九年〕; James, *Pragmatism : A New Name for Some Old Ways of Thinking*, reprinted in James, *Writings, 1902-1910* (New York : Library of America, 1987) 〔『プラグマティズム』桝田啓三郎訳、岩波文庫、一九五七年〕。John Dewey, *Reconstruction in Philosophy*, reprinted in *The Middle Works of John Dewey, 1899-1924*, vol. 12 (Carbondale : Southern Illinois University Press, 1988) 〔『哲学の再構成』河村望訳、人間の科学社、一九九五年〕。

(14) Richard Rorty, *Philosophy and the Mirror of Nature* (Princeton : Princeton University Press, 1979) 〔『哲学と自然の鏡』野家啓一監訳、産業図書、一九九三年〕。

(15) Hilary Putnam, "The Dewey Lectures, 1994 : Sense, Nonsense, and The Senses : An Inquiry into the Powers of the Human Mind," *Journal of Philosophy* 91, no. 9 (1994) : 445-511, 454.

(16) John McDowell, *Mind and World* (Cambridge : Harvard University Press, 1994). Putnam, "Dewey Lectures," 453 と 457からの引用。

(17) Putnam, "Dewey Lectures," 454.

(18) Ibid., 461 と 464.

(19) Bertrand Russell, *The Analysis of Matter* (London : Kegan Paul, Trench, Trubner, 1927) ; Putnam, "Dewey Lectures," 468.

(20) J.L. Austin, *Sense and Sensibilia* (New York : Oxford, 1962)〔『知覚の言語――センスとセンシビリア』丹治信春訳、勁草書房、一九八四年〕。

(21) Keith Oatley は、一世紀前に Hippolyte Taine がその著 *On Intelligence* (New York : Holt and Williams, 1871) でそうしたように、*Perception and Representations* (Brighton, Eng. : Harvester, 1978) においてあからさまに知覚を幻覚と同一視する。本書第五章で論じているように、ギブソンは知覚と幻覚の間に明確な区別を設けるのに最初に成功した。また James J. Gibson, "On the Relation Between Hallucination and Perception," *Leonardo* 3 (1970) : 425-427も参照。

(22) 病理学的現象の再検討として、Lawrence Weiskrantz, *Blindsight* (New York : Oxford University Press, 1986) を参照。複視〔一つのものが二つに見える視覚障害〕(またそれに類似の現象) のトリックは二つの像を見てないということである (二重の像は日常的な見ることではなくて特殊で特別な見ることの一部であるとわたしが主張する理由がここにある)。事物を見るとき、人は不可避的に両目の焦点をそれに合わせる。焦点があった点の前面または背後の対象だけが二重の像をもたらす。これらの像を見る一つの方法は、両目の焦点をある距離にある壁にかかった対象に合わせることである。さて注視を続けたまま、鉛筆を自分の鼻の数インチ前に移動させよう。あなたには鉛筆の半透明な二重の像が見えるはずだ。複視の哲学的含意についての詳しい議論は、E. S. Reed, "Knowers Talking About the Known," *Synthese* 92 (1992) : 9-25 を参照。

(23) 感覚原子の完全な集合を見つけるこれらの試みについての短い論評として、James J. Gibson, "Lessons from a Century of Sensory Psychology," in Sigmund Koch and David Leary, eds., *A Century of Scientific Psychology* (New York : McGraw-Hill, 1985) を参照。馴化とその影響についてはギブソンの "Adaptation with Negative After-Effect," *Psychological Review* 44 (1937) : 222-244 を参照。感覚的状態の目録説については、E. G. Boring, *The Physical Dimensions of Consciousness* (New York : Century, 1933) を参照。ボーリングはティチナーの教え子で、感覚与件説を救うために最善を尽くした。この本で彼は自分が失敗した理由を

説明している。

(24) Putnam, "Dewey Lectures," 464.

(25) 本書の執筆後、チャールズ・テイラー（Charles Taylor）が——彼の初期の仕事については本書第七章で論じている——わたしがいま行なっている議論の一つのヴァージョンと解釈されるものを提示した。著書 *Philosophical Arguments*（Cambridge：Harvard University Press, 1995）の全体にわたって彼が示唆しているのは、知覚に関する新しい見解によって哲学者を日常的関心とふたたび接触させる必要があるという点である。彼が強調するのは、日常的な知覚の経験が意味（significance）との関連で構築されていることだ。われわれは、事物が何の役に立つか、事物で何ができるか（また、事物がわれわれに対して何をなしうるか）を理解する。ギブソンの用語法を使うなら、われわれは環境の「アフォーダンス」を理解するのである。

第二章

(1) Richard Rorty, *Contingency, Irony, and Solidarity*（New York：Cambridge University Press, 1989）, esp. 73-95〔『偶然性・アイロニー・連帯』斉藤純一・山岡龍一・大川雅彦訳、岩波書店、二〇〇〇年。「第四章 私的なアイロニーとリベラルな希望」を参照〕。

(2) Anna Sewell, *Black Beauty*（New York：Scholastic, 1958）, 59〔『黒馬物語（改版）』土井すぎの訳、岩波少年文庫、一九九五年、九八頁〕。

(3) 人々が互いに交渉しあう基準が過去一世紀間に急速に低下したことについては、ホブズボームによる刺激的なアムネスティ・インターナショナル講義の次の箇所を参照。Eric Hobsbawm, "Barbarism：A User's Guide," *New Left Review* 206（1994）：44-54. 彼の *The Age of Extremes*（New York：Pantheon, 1995）〔『20世紀の歴史（上・下）』河合秀和訳、三省堂、一九九六年〕も参照。

(4) Rorty, *Contingency*, 189. ローティの知識の性質についての主張は、彼の"Pragmatism and Post-Nietzschen

Philosophy," *Essays on Heidegger and Others,* (*Collected Philosophical Essays,* vol. 2, New York : Cambridge University Press, 1991) のなかの序論で要約されている。

（5） 奇妙にも、ローティは、デューイがローティ自らの相対主義に近いある種の相対主義を促進したと主張する。このことはローティの『哲学と自然の鏡』〔野家啓一監訳、産業図書、一九九三年〕や、より最近の "Dewey Between Hegel and Darwin," in Dorothy Ross, ed., *Modernist Impulses in The Human Science 1870–1930* (Baltimore : Johns Hopkins University Press, 1994) で長々と論じられている。しかしロバート・ウェストブルック (Robert Westbrook) が *John Dewey and American Democracy* (Ithaca : Cornell University Press, 1991) のエピローグで示したように、これはデューイに関する偏りのある誤読である。わたしはウェストブルックの明快で説得力あるデューイ思想の概観に多くを負っている。デューイの仕事に関するわたしの言明の大半はウェストブルックの解釈に基づく。

（6） John Dewey, *Reconstruction in Philosophy,* reprinted in *The Middle Works of John Dewey 1899–1924,* vol. 12 (Carbondale : Southern Illinois University Press, 1988)〔『哲学の再構成』河村望訳、人間の科学社、一九九五年〕、Dewey, *The Quest for Certainty* (New York : Putnam's, 1929)〔『確実性の探求』河村望訳、人間の科学社、一九九六年〕。

（7） 消極的自由についての古典的議論は Isaiah Berlin, *Four Essays on Liberty* (New York : Oxford University Press, 1969)〔『自由論』小川晃一ほか訳、みすず書房、二〇〇〇年〕に見いだされる。

（8） John Dewey, *Human Nature and Conduct,* reprinted in *The Middle Works of John Dewey,* vol. 14 (Carbondale : Southern Illinois University Press, 1988), 7〔『人間性と行為』河村望訳、人間の科学社、一九九五年、二〇頁〕。これは一九二二年にはじめて出版された。亢進 (flowering) という概念に関しては、Dewey, *Art as Experience* (New York : Putnam's, 1934) chap. 1〔『経験としての芸術』〕を参照。

（9） Hilary Putnam, *Renewing Philosophy* (Cambridge : Harvard University Press, 1992), 2.

(10) Dewey, *Human Nature*, 9 〔『人間性と行為』二三頁〕。

(11) Richard Rorty, *Objectivism, Relativity, and Truth*, vol. 1 of *Collected Philosophical Essays* (New York: Cambridge University Press, 1991) を参照。

(12) John Dewey, *Logic: The Theory of Inquiry* (New York: Holt, 1938) 〔部分訳「論理学」魚津郁夫訳、『パース、ジェイムズ、デューイ』世界の名著、中央公論社、一九六八年〕、Dewey, *Essays in Experimental Logic* (New York: Holt, 1916)。

(13) Rorty, *Objectivity*, 10.

(14) デューイは "The Reflex Arc Concept in Psychology," *Psychological Review* 3 (1896): 357-370 において自らの行動理論を初めて述べた。生理学や心理学の最近の発達は、デューイの一世紀前の洞察を、弱めるどころか強めている。E. S. Reed, "An Outline of a Theory of Action Systems," *Journal of Motor Behavior* 14 (1982): 98-134 を参照。また E. S. Reed, *Encountering the World: Towards an Ecological Psychology* (New York: Oxford University Press, 1996) 〔『アフォーダンスの心理学』細田直哉訳、新曜社、二〇〇〇年〕の特に第五章から第七章を参照。この段落の引用はそれぞれ Dewey, *Human Nature* の p. 48 と p. 47 から〔邦訳、七四頁と七二頁〕。

(15) Dewey, *Essays in Experimental Logic*, 78.

(16) これはウェストブルックによるすばらしい伝記 (*Dewey and American Democracy*) のテーマである。

(17) Dewey, *Human Nature*, 115 〔邦訳、一六五頁〕。

(18) Ibid., 41-42 〔邦訳、六四―六五頁〕。

(19) Ibid., 48. また Dewey, *Democracy and Education* (New York: Free Press, 1944) 〔『民主主義と教育』河村望訳、人間の科学新社、二〇〇〇年〕、Dewey, *Experience and Education* (1938), reprinted in *The Later Works of John Dewey*, vol. 13 (Carbondale: Southern Illinois University Press, 1991) 〔「経験と教育」『学校と

社会・経験と教育』河村望訳、人間の科学新社、二〇〇〇年〕も参照。

(20) Dewey, *Quest for Certainty*, 310-311〔邦訳、三二四頁〕。

(21) Clifford Geertz, "Anti-Anti-Relativism," *American Anthropologist* 86 (1984): 263-278〔『解釈人類学と反‐反相対主義』小泉潤二編訳、みすず書房、二〇〇二年〕、E.S. Reed, "Knowers Talking About the Known," *Synthese* 92 (1992): 9-25。

(22) Dewey, *Experience and Nature*（パトナムの *Renewing Philosophy*, 188 から引用）。

(23) Dewey, *Human Nature*, 19〔邦訳、三四頁〕。

第三章

(1) デカルト（René Descartes）の "Meditations on First Philosophy: Second Meditation," in John Cottingham et al., eds., *The Philosophical Works of René Descartes* (Cambridge: Cambridge University Press, 1986), 21〔「省察」『デカルト　省察、情念論』井上庄七ほか訳、中公クラシックス、二〇〇二年、四六頁〕。

(2) E. A. Burtt, *The Metaphysical Foundations of Modern Physical Science* (Garden City, N. Y.: Doubleday, 1932)〔『近代科学の形而上学的基礎――コペルニクスからニュートンへ』市場泰男訳、平凡社、一九八八年〕と A. N. Whitehead, *Science and the Modern World* (New York: Free Press, 1925)〔「科学と近代世界」『ホワイトヘッド著作集第6巻』上田泰治ほか訳、松籟社、一九八一年〕は、科学革命が日常経験を事象の枠組みへの単なる主観的な付け足しとして攻撃した経緯についての古典的な説明である。

(3) デカルトの二元論に関する最近の最良の論評は John Cottingham, *Descartes* (New York: B. Blackwell, 1986) である。二元論がわれわれの自然理解から文字通り精髄を取り除いた経緯についての最善の概観は Marjorie Grene, *The Knower and the Known* (Berkeley: University of California Press, 1974) である。

(4) わたしは本書で長々とプラグマティストについて論じているが、現象学者や実存主義的現象学者については多くを語らなかった。いくつかの点においてハイデガーや特にメルロ＝ポンティのような著者はわたしに似た理論を提起している。これらの問題についてのよい導入的議論が Grene, *The Knower and the Known* にある。また Stuart Hampshire の *Thought and Action* (London : Chatto and Windus, 1959) も参照。

(5) David Noble, "Social Choice in Machine Design," in Andrew Zimbalist, ed., *Case Studies in the Labor Process* (New York : Monthly Review Press, 1979).

(6) Lewis Mumford, *The Myth of the Machine* (New York : Harcourt, Brace, and World, 1967)〔『機械の神話』樋口清訳、河出書房新社、一九九〇年〕。

(7) 一世紀以上前に、ジョン・スチュアート・ミルは「省力装置」はけっして作用しないということに気づいた。

(8) 経営者と実業家は、自分たちが働いている「自由市場」が創出した多くの不確実性のために不確実性を怖れるのかもしれない。彼らの周りの市場を基盤とする混沌を制御するのは不本意なので、彼らは執拗に自らの領分の内部で（企業内で――企業の内的構造は自由市場の原理によらないのだが）秩序をつくることに関心を集中する。Harry Braverman, *Labor and Monopoly Capital : The Degradation of Work in the Twentieth Century* (New York : Monthly Review Press, 1974)〔『労働と独占資本――20世紀における労働の衰退』富沢賢治訳、岩波書店、一九七八年〕は、企業内における秩序問題に与えられた処置と市場における秩序問題に与えられた処置との根本的な違いに関する多くの洞察を提供する。

(9) R. B. Gordon, "Who Turned the Mechanical Ideal into the Mechanical Reality?" *Technology and Culture* 29 (1988) : 744-778.

(10) ルイス・マンフォードと他の多くの初期「地域主義者」(regionalists) が大いに期待したのは、二十世紀初頭の電力とコミュニケーションの新しいテクノロジーが中央主権化の程度が少ない、より柔軟な共同体主《コミュニタリ》義《アン》の労働生活と文化のための条件をつくりだすことであった。この新しいテクノロジーが潜在能力を解放するという点を彼らが強調したのは正しかった。ただ彼らは、このテクノロジーの台頭の背後にいる人々と制度がテクノロジーの社会基盤、労働力、そしてもちろん利益を制御できないために、人々と制度にはその潜在力性を展開せしめる「余裕《アフォード》」がないという点を理解し損ねていた。マンフォードがテクノロジーに対立するものとしてテクニックス(technics)(文化の具体化、テクノロジーの使用)という概念を展開したのは、まさにテクノロジーそれ自体の変形力にひどく失望したからである。彼の古典的作品、*Technics and Civilization* (New York: Harcourt, 1938)〔『技術と文明』生田勉訳、美術出版社、一九七二年〕を参照。

(11) T. K. Landauer, *The Trouble with Computers: Usefulness, Usability, and Productivity* (Cambridge, Mass.: MIT Press, 1995)〔『そのコンピュータシステムが使えない理由』山形浩生訳、アスキー、一九九七年〕を参照。

(12) James Howard Kunstler, *The Geography of Nowhere: The Rise and Decline of America's Man-Made Landscape* (New York: Simon and Schuster, 1993), 114.

(13) Ibid., 113.

第四章

(1) Studs Terkel, *Working* (New York: Signet, 1974)〔『仕事』中山容ほか訳、晶文社、一九八三年〕を参照。

(2) ベケット(Samuel Beckett)の*Company* (London: J. Calder, 1980)〔『伴侶』宇野邦一訳、書肆山田、一九九〇年〕、また*How It Is* (New York: Grove, 1964)〔『事の次第』片山昇訳、白水社、一九七二年〕も参照。ベケットは修士論文をデカルトで書いた。ヒュー・ケナー(Hugh Kenner)は*The Mechanic Muse* (New York: Oxford University Press, 1987)〔『機械という名の詩神』松本朗訳、ぎょうせい、二〇〇九年〕で産業化とモダニストの著作の間にある親密な関係を明らかにする。本書に収められた彼のエッセイ"Beckett Thinking"は、ベケットが人工知能の基礎的な発想——言語と思考はなんらかのかたちで論理的機序ないしアルゴリズムへ還元されるかもしれないという発想――に大いに影響を蒙ったことを明らかにしている。

(3) Daniel Dennett, "Recent Work in the Philosophy of Mind," *American Philosophical Quarterly* 15 (1978): 249-263.

(4) カフカ (Franz Kafka) の *The Castle* (New York: Knopf, 1954) 〔「城」『カフカ小説全集3』池内紀訳、白水社、二〇〇一年〕と *The Trial* (New York: Knopf, 1964) 〔「審判」『カフカ小説全集2』池内紀訳、白水社、二〇〇一年〕。またエルンスト・パーヴェル (Ernst Pawel) の *The Nightmare of Reason: A Life of Franz Kafka* (New York: Farrar, Straus, and Giroux, 1984) 〔『フランツ・カフカの生涯』伊藤勉訳、世界書院、一九九八年〕も参照。

(5) ソロー (Henry David Thoreau) の "On Civil Disobedience," in *Walden and Other Writings* (New York: Modern Library, 1965), 637-638 〔「市民の反抗」『市民の反抗　他五編』飯田実訳、岩波文庫、一九九七年、一三一一四頁〕。

(6) John Searle, *Minds, Brains, and Science* (Cambridge: Harvard University Press, 1984) 〔『心・脳・科学』土屋俊訳、岩波書店、二〇〇五年〕。

(7) ルカーチ (Georg Lukács) の *History and Class Consciousness* (1921; Cambridge, Mass.: MIT Press, 1971), 8 〔『歴史と階級意識』城塚登・古田光訳、白水社、一九九一年〕。

(8) Ibid., 89.

(9) マルクス (Karl Marx) の *Capital* (Harmondsworth, Eng.: Penguin, 1977), I: 548 〔『資本論1』向坂逸郎訳、岩波文庫、一九六九年〕。

(10) Wendell Berry, *The Unsettling of America* (Washington, D.C.: Sierra Club, 1977). また、彼の *What Are People For?* (San Francisco: North Point Press, 1990) も参照。

(11) アラン・ブルーム (Allan Bloom) の *Closing of the American Mind* (New York: Simon and Schuster

1987）〔『アメリカン・マインドの終焉』菅野盾樹訳、みすず書房、一九八八年〕は、アメリカ人、とりわけベビーブーム〔（第二次大戦後の）一時的な出生率の急増〕以降に生まれた人々の間に共有された文化が欠如していることに苦言を呈した一群の本の最初のものである。またE. D. Hirsch, *Cultural Literacy* (Boston: Houghton Mifflin, 1987)〔『教養が、国をつくる。』中村保男訳、TBSブリタニカ、一九八九年〕も参照。

(12) William Morris, in May Morris, *Selected Speeches of William Morris* (London: Routledge, 1936), 343.

(13) 進歩主義からの批判に関しては、David L. Norton, *Democracy and Moral Development* (Berkeley: University of California Press, 1991)〔『幸福主義社会への途』加藤寛孝監訳、第三文明社、二〇〇一年〕を参照。

(14) James Beniger, *The Control Revolution: The Technological and Economic Origins of the Information Society* (Cambridge: Harvard University Press, 1986), 125.

(15) 前章で論じたように、情報技術（ついでにいうなら、あらゆる技術）が単に生産性を増すという理由だけで導入されるといった考えは神話である。現在のところ、生産性の増大が情報化によって実現したという証拠はない。実際、圧倒的証拠から分かるのは、工業経営者が情報技術による推定上の生産性増大を研究ないし実証することなど考えていないということである。技術史家のデイヴィッド・ノーブル（David Noble）は、一九七〇年代と一九八〇年代におけるコンピュータ化への適応が製造業の生産性を増大したことを証明する経験的研究をひとつでもいいから見つけようとして失敗した（彼の*Progress Without People* [Chicago: Charles Kerr, 1993]〔『人間不在の進歩』渡辺雅男・伊藤亮司訳、こぶし書房、二〇〇一年〕を参照）。同様に、サービス産業の経験的研究は主としてその産業の部外者によってなされてきたが、生産性の有意な増大を証明してはいない。コンピュータが生産性の増大に寄与していないことに関するデータは、T. K. Landauer, *The Trouble with Computers: Usefulness, Usability, and Productivity* (Cambridge, Mass.: MIT Press, 1995)〔『そのコンピュータシステムが使えない理由』〕とR. D. Hays, "Digital displays: RSI and

Restructuring Capital," in J. Brook and I. Boal, eds., *Resisting the Virtual Life* (San Francisco : City Lights, 1995) を参照。

(16) Shoshana Zuboff, *In the Age of the Smart Machine* (New York : Basic, 1988), 135 から引用。

(17) Ibid.

(18) Barbara Rogoff, *Apprenticeship in Thinking* (New York : Oxford University Press, 1990), 56.

(19) Richard Rorty, *Philosophy and the Mirror of Nature* (Princeton : Princeton University Press, 1979), 61〔邦訳の該当箇所未詳〕。

(20) Agamben, *Infancy and History : Essays on the Destruction of Experience*, trans. L. Heron (London : Verso, 1993)〔『幼児期と歴史』〕を参照。

(21) John Dewey, *The Quest for Certainty* (New York : Putnam's, 1929)〔『確実性の探求』〕。

(22) Michael Argyle, *The Psychology of Work* (Harmondsworth, Eng. : Penguin, 1989), 31〔『労働の社会心理』白水繁彦・奥山正司訳、法政大学出版局、一九八三年〕。

(23) Adam Smith, *The Wealth of Nations* (New York : Oxford University Press), 781-782〔『国富論(四)』水田洋監訳、岩波文庫、二〇〇一年、四九一―五〇頁〕。

(24) Doug Henwood, "Information Fetishism," in Brook and Boal, *Resisting the Virtual Life* を参照のこと。ヘンウッドは合衆国でもっとも急速に成長している三〇の職業に関するデータを再検討している。その上位六つのなかで、看護だけが教育により強化される専門職と見なしうるかもしれない。その他の急速に増加している専門職（すでに少なくとも三五〇万人の労働者がこれらに従事している）は、小売業、レジ係、事務作業、トラックの運転、そして外食業である。

(25) H. H. Rosenbrock, *Machines with a Purpose* (New York : Oxford University Press), 149〔『科学と技術のナビゲーション』佐藤敬三訳、アグネ技術センター、一九九五年、二〇二頁〕。

（26） この話はデイヴィッド・ノーブルの *Progress Without People*〔『人間不在の進歩』、前掲書〕で語られている。労働者を制御するために機械工場のコンピュータ支援テクノロジーを使用するというあらゆる選択肢が、経営者ならびに企業に雇われた大学出身の「専門家《エクスパート》」によって掘り崩された次第の詳しい歴史については、ノーブルの *Forces of Production* (New York: Knopf, 1987) を参照。

（27） Rosenbrock, *Machines with a Purpose*, 149〔『科学と技術のナビゲーション』二〇二頁〕。この主張の後にローゼンブロックは、ネブラスカ州において精神障害のある労働者を雇用し数値制御された機械工場の事例研究を公けにしている。

（28） Daniel Dennett, *Elbow Room: The Varieties of Free Will Worth Having* (Cambridge, Mass.: MIT Press, 1984).

（29） Harry Braverman, *Labor and Monopoly Capital: The Degradation of Work in the Twentieth Century* (New York: Monthly Review Press, 1974)〔『労働と独占資本』〕を参照。

（30） Barbara Garson, *The Electronic Sweatshop* (New York: Viking Penguin, 1989), chap. 3. ここでおこなったすべての引用はこの章からのもの。

（31） 新しい情報テクノロジーについて論じている多くの人々は、意志決定から経験を分離する過程に魅了されているようだ。彼らは異口同音に、情報テクノロジーが、労働者の目前にある労働以外のことがらについて労働者が考えをめぐらすことから彼らを解放するという。作業工程に関与していない人だけが労働からの思考の分離を解放と見なすことができる。広範囲な社会心理学的分析の裏づけに基づいてこの点を強調する、Zuboff, *In the Age of the Smart Machine* を参照。

（32） 最新の情報テクノロジーが最初に商業利用されたことで、典型的には「在庫管理」（あるいはサービス産業における「流通管理」）の分野で労働者の監視と監督が強化されてきた。Landauer, *Trouble with Computers*〔『そのコンピュータシステムが使えない理由』〕を参照。

第五章

（1）チャールズ・ダーウィンは、土壌中で生活し移動するミミズが土壌についてきわめて鋭い知覚を持つことを実験で示した最初の人である。E. S. Reed, "Darwin's Worms: A Case Study in Evolutionary Psychology," *Behaviorism* 10（1982）: 162-185 を参照。動物と環境の間の機能的関係を扱う新興の生態学的心理学についての概観として、Reed, *Encountering the World: Towards an Ecological Psychology*（New York: Oxford University Press, 1996）〔『アフォーダンスの心理学』〕を参照。

（2）これは観察者が必要な情報をいつでも得られるということを意味しない。訓練を積んでいない観察者はわたしのギターをどれほど精査しても、共鳴箱がトウヒ製であるとはわからないだろう。それを知るには、さまざまな種類の木材についての前もって経験が必要である。しかしながら、多くの優れた独習の音楽家による演奏が示すように、未訓練の観察者でさえ、ギターについて数え切れないほど多くの重要なことがらを見つけだすことができる。

（3）J. J. Gibson, *The Ecological Approach to Visual Perception*（Boston: Houghton Mifflin, 1979）〔『生態学的視覚論』古崎敬ほか訳、サイエンス社、一九八六年〕。またE. S. Reed, *James J. Gibson and the Psychology of Perception*（New Haven: Yale University Press, 1988）〔『伝記ジェームズ・ギブソン』〕を参照。

（4）Gibson, *Ecological Approach*, 233〔前掲『生態学的視覚論』二四八頁〕。

（5）D. N. Lee et al., "Common Principles of Guidance by Echolocation and Vision," *Journal of Comparative Physiology* A, 171（1992）: 563-571. またリードの *Encountering the World*〔『アフォーダンスの心理学』〕の第四章も参照。

（6）J. J. Gibson, G. Kaplan, H. Reynolds, and K. Wheeler, "The Change from Visible to Invisible: A Study in Optical Transitions"（1969）, reprinted in E. Reed and R. Jones, eds., *Reasons for Realism: Selected Essays of James J. Gibson*（Hillsdale, N. J.: Erlbaum, 1982）.

（7）すべてとはいわないが、仮想現実装置の（いまだ到達されていない）目標は観察者の探索的動きを追跡する遮蔽の現実的なパターンを提供することである。これがわたしの主張から妥当性を奪うことにはならない。なぜなら人がこれらの装置を身につけているかどうか知るのは簡単なことだし、それらの使用者は「現実的な幻覚」を得たいと思い、それゆえ、例えばおそらくつねに錯覚を抹消して終わらなくてはならないような拡大精査を避けるだろうから、私の主張にとって論理的に矛盾したものではないのである。

（8）J.J. Gibson, "New Reason for Realism" (1967), reprinted in Reed and Jones, *Reasons for Realism*〔部分訳「実在論の新たな根拠」『直接知覚論の根拠』境敦史・河野哲也訳、勁草書房、二〇〇四年〕。

（9）社会的環境における経験の発達についての詳細については、リードの *Encountering the World*〔『アフォーダンスの心理学』〕第八章―十一章を参照。

（10）学校に割り当てられる資源の不足についての強烈で悲痛な記述としては、Jonathan Kozol の *Savage Inequalities* (New York: Crown Publishers, 1991) を参照。この書で唱道されている、公立校を民主的で経験に基づく学びの共同体へと変える現在の試み――本書が提唱している――に対する優れた入門書としては、Deborah Meier の *The Power of Their Ideas* (Boston: Beacon, 1995) を参照。

（11）Jean Baudrillard, *Simulations* (New York: Semiotext[e], 1983): Paul Virilio, *War and Cinema: Logistics of Perception* (London: Verso, 1989)〔『戦争と映画』石井直志・千葉文夫訳、平凡社ライブラリー、一九九九年〕。

第六章

（1）すべての経験は間接的であるという考えは、わたしには常にばかげたものに思われた。わたしはこの考えを、しばしば経験の標準的見方に対する背理法として使ってきたことを白状する。しかし、この見解の多くの著名な擁護者は「接触できないものとしての経験」という唯我論的説明を強調する。良い例は "Recent

Work in the Philosophy of Mind," *American Philosophical Quarterly* 15 (1978): 249-263 における、ダニエル・デネットである。

(2) わたしの知る限り、西洋哲学におけるこの裂け目はまじめに論じられたことがない。西洋の哲学者は種々の活動や生活様式の価値を比較することに関心がないように思える。西洋の伝統では、倫理学の著者は、生活の快楽の間の著しい差異、例えば肉体的快楽を好む人のそれと、大工にとってのそれとの差異を考慮しない傾きがある。ジョン・スチュアート・ミルは、*Utilitarianism*〔邦訳「功利主義論」井原吉之助訳、『ベンサム J・S・ミル』世界の名著、中央公論社、一九七九年〕において、エリートとしての哲学者が善や喜びの源泉と考えるものと豚が善と見なすかもしれぬものとを区別した。彼の最大多数の最大幸福という理論もまた、幸福は「よい幸福」であるべきであり、単なる豚の快楽ではないという考えを含んでいた。しかしミルは概して敬意を払うべき見識を傾けて論点のあらゆる側面を論じたが、よい幸福と豚の幸福をどのように区別するかについてはほとんどなにも言わなかった。この点で、残念なことだが、ミルはウィリアム・ベネット（William Bennett）のような通俗作家をそれほど凌駕してはいない。ベネットは *Book of Virtues* (New York: Simon and Schuster, 1993)〔『魔法の糸』大地舜訳、実務教育出版、一九九七年〕で、われわれはみな徳が何から成り立っているかを知っていて、それについては同じ意見を持っている、という単純な想定をしている。われわれはさまざまな価値体系をまじめに比較している独創的作家を参照しなくてはならない。例えば、バリー・アンスワース（Barry Unsworth）は、彼の名著 *Sacred Hunger* (New York: Norton, 1992) において、西洋文明の理想的徳のいくつかとさまざまな他の徳とを効果的に比較している。

(3) フロイト翻訳上の問題に関しては、ブルーノ・ベッテルハイムの *Freud and Man's Soul* (New York: Vintage, 1983)〔『フロイトと人間の魂』藤瀬恭子訳、法政大学出版局、一九八九年〕を参照。「願望」(wishes) については、E・B・ホルトの無視された珠玉の作品 *The Freudian Wish and Its Place in Ethics* (New York: Holt, 1915〔前掲「フロイト流の意図とその倫理的立場」〕を参照。

（4）標準的な現代心理学理論とフロイトの関係に関しては、マリー・ヘンレ（Mary Henle）の"Freud's Secret Cognitive Theories," *1879 and All That* (New York: Columbia University Press, 1986) を参照。フロイトと関係する諸理論は秘密では全然ない。フロイトは、*The Interpretation of Dreams* (1900)〔『夢判断』フロイト著作集2、高橋義孝訳、人文書院、一九六八年〕でいち早く主流をなす心理学に彼が負うものを明らかにしている。

（5）Sigmund Freud, *Civilization and Its Discontents* (New York: Norton, 1961)〔「文化への不満」浜川祥枝訳、『文化・芸術論』フロイト著作集3、人文書院、一九六九年〕、Freud, *Introductory Lectures on Psychoanalysis* (New York: Norton, 1966)〔『精神分析入門』フロイト著作集1、懸田克躬ほか訳、人文書院、一九七一年〕。議論の単純化のために、フロイトの第三原則――*Beyond the Pleasure Principle* (New York: Liveright, 1929)〔「快感原則の彼岸」小此木啓吾訳、『自我論・不安本能論』フロイト著作集6、人文書院、一九七〇年〕の主題である「死への欲動」――をここでを論じるつもりはない。

（6）リードの *Encountering the World*〔『アフォーダンスの心理学』〕、特に第九章を参照。

（7）John Dewey, *Experience and Education*, reprinted in *The Later Works of John Dewey*, vol. 13 (Carbondale: Southern Illinois University Press, 1988), 11〔前掲「経験と教育」『学校と社会・経験と教育』一五二頁〕。

（8）Ibid., 336〔この箇所は未訳である〕。

（9）ハーリー（Jane Healey）の *Endangered Minds* (New York: Simon and Schuster, 1990)〔部分訳『滅びゆく思考力』西村辨作・新美明夫編訳、大修館書店、一九九二年〕には、貧弱な経験がもたらす有害な影響に関する多くの洞察がある。しかし彼女は「刺激」という隠喩に大いに魅了されていて、子供への意味のある刺激を増加させる必要をいう彼女の主張を、読者は刺激そのものの増加という古い主張と誤解するほどである。脳の成長の一部分は経験の結果として生じるという主張を実証した、Gerald Edelman, *Topobiology*

(New York: Basic, 1988)〔『トポバイオロジー』神沼二真、岩波書店、一九九二年〕を参照。

(10) Eleanor J. Gibson, "Has Psychology a Future?" *Psychological Science* 5 (1994): 69-76〔「心理学に未来はあるのか」本田啓訳、『生態心理学の構想』佐々木正人・三嶋博之編訳、東京大学出版会、二〇〇五年〕のなかのエージェンシー〔第七章、二〇九頁を参照〕の重要さについての議論を参照。

(11) リードの *Encountering the World*〔『アフォーダンスの心理学』〕の第一〇章を参照。

(12) ハーリー(Healey)の *Endangered Minds*〔『滅びゆく思考力』〕を参照。

(13) Barbara Rogoff, *Apprenticeship in Thinking* (New York: Oxford University Press, 1990) を参照。

(14) デューイの *Experience and Education*〔「経験と教育」『学校と社会・経験と教育』〕を参照。

(15) Ibid., 41〔同書、一八九頁〕。

(16) ウェストブルック(Robert Westbrook)の *John Dewey and American Democracy* (Ithaca: Cornell University Press, 1991) はこの読みがいかに間違っているかを示している。

(17) Lewis Mumford, *The Golden day* (New York: Liveright, 1924). デューイとマンフォードとの有益な対比として、Robert Westbrook, "Lewis Mumford, John Dewey, and the 'Pragmatic Acquiescence,'" in T. P. Hughes and A. C. Hughes, eds., *Lewis Mumford: Public Intellectual* (Ithaca: Cornell University Press, 1990) を参照。

(18) Christopher Lasch, *The Revolt of the Elites* (New York: Norton, 1995), 79〔『エリートの反逆』森下伸也訳、新曜社、一九九七年、九三頁〕。

(19) 数字は John Bellamy Foster, "Global Ecology: The Common Good," *Monthly Review* 46 (1995): 1-10 から引用。

第七章

（1）現代の労働や職場での生活に関する経済的制約の博識な説明として、Juliet Schor, "A Sustainable Economy," *Open Magazine Pamphlet Series*, no. 31 (Westfield, N.J.: Open Magazine, April 1995) を参照。

（2）William James, *The Varieties of Religious Experience*, in James, *Writings, 1902-1910* (New York: Library of America, 1987)〔『宗教的経験の諸相（上・下）』桝田啓三郎訳、岩波文庫、一九六九年〕。

（3）William Leach, *Land of Desire: Merchants, Power, and the Rise of a New American Culture* (New York: Random House, 1993), 11.

（4）もちろん、もしわれわれが自らの判断を公的な精査に委ねないなら、自分の判断が正しく、「確実だ」と信じるのはいつもいっそう簡単になる。公共的言説が近年ますます辛辣になってきたひとつの理由は次の点にあるのではなかろうか。すなわち、判断が公的になされ評価される必要があるなら、ある種の譲り合いの経験が生じなければならないが、こうした経験をもつ人はますます少なくなってきた、ということである。

（5）T. J. Jackson Lears, *Fables of Abundance: A Cultural History of Advertising* (New York: Basic, 1994) を参照。

（6）Joan DelFattore, *What Johnny Shouldn't Read: Textbook Censorship in America* (New Haven: Yale University Press, 1992); James W. Loewen, *Lies My Teacher Told Me* (New York: New Press, 1995)〔『アメリカの歴史教科書問題』富田寅男監訳、明石書店、二〇〇三年〕。

（7）Richard Rorty, *The Consequences of Pragmatism* (Minneapolis: University of Minnesota Press, 1982), 220-221)〔『哲学の脱構築』室井尚ほか訳、御茶の水書房、一九九四年、四六六頁〕。

（8）Bertolt Brecht, "In Praise of Doubt," trans. Martin Esslin, in Brecht, *Poems 1913-1956* (London: Methuen, 1979), 333-336)〔「疑うことを讃える」野村修訳、『ブレヒトの詩』ブレヒトの仕事3、河出書房新社、一九七八年、二〇三―二〇七頁〕。本文中における詩はこの版から引用されている。

（9）Charles Taylor, *The Malaise of Modernity* (Concord, Ont.: Anansi, 1991), reprinted in the United States as *The Ethics of Authenticity* (Cambridge : Harvard University Press, 1993)〔『「ほんもの」という倫理』田中智彦訳、産業図書、二〇〇四年〕。

(10) Paul R. Loeb, *Generation at the Crossroads* (New Brunswick, N. J. : Rutgers University Press, 1994).

(11) Claes von Hofsten, "Prospective Control : A Basic Aspect of Action Development," *Human Development* 36 (1993) : 253-270 ; Claes von Hofsten and D. N. Lee, "Dialogue on Perception and Action," in William Warren and Robert Shaw, eds., *Persistence and Change* (Hillsdale, N. J. : Erlbaum, 1985).

(12) Julie Mostov, *Power, Process, and Popular Sovereignty* (Philadelphia : Temple University Press, 1992).

(13) William Morris, "The English Pre-Raphaelite School," in May Morris, *Selected Speeches of William Morris* (London : Routledge, 1936).

(14) William Morris, "Useful Work Versus Useless Toil," in Morris, *Signs of Change* (Bristol, Eng. : Thoemmes, 1994), 98.

(15) E. P. Thompson, *William Morris : Romantic to Revolutionary* (Stanford : Stanford University Press, 1988) と Fiona MacCarthy, *William Morris : A Life for Our Times* (New York : Knopf, 1995) を参照。

(16) William Morris, "A Factory as It Might Be," in G. D. H. Cole, ed., *William Morris : Stories in Prose, Stories in Verse, Shorter Poems, Lectures and Essays* (London : Nonesuch, 1934).

(17) Christopher Lasch, *The Revolt of the Elites*〔『エリートの反逆』〕。

(18) ウィリアム・モリスの入門書として、Asa Briggs, *News from Nowhere and Selected Writings and Designs* (Harmondsworth, Eng. : Penguin, 1980), 17 を参照。

(19) William Morris, "How We Live and How We Might Live," in *Signs of Change*, 10.

(20) William Morris, "Art and Socialism," in Morris, *Collected Works* (London : Longmans, 1936), 23 : 194.

(21) Martin Seligman, *Learned Optimism* (New York : Knopf, 1990)〔『オプティミストはなぜ成功するか』

山村宜子訳、講談社文庫、一九九四年〕；Christopher Peterson, *Learned Helplessness : A Theory for the Age of Personal Control* (New York : Oxford University Press, 1993)〔『学習性無力感』津田彰監訳、二瓶社、二〇〇〇年〕。

(22) Christopher Lasch, *The Culture of Narcissism* (New York : Norton, 1974)〔『ナルシシズムの時代』石川弘義訳、ナツメ社、一九八一年〕を参照。

(23) D. Oyserman and H.R. Markus, "Possible Selves and Delinquency," *Journal of Personality and Social Psychology* 59 (1990) : 112-125.

(24) C.R. Snyder et al., "The Will and the Ways : Development and Validation of an Individual-Differences Measure of Hope," *Journal of Personality and Social Psychology* 60 (1991) : 570-585.

(25) Deborah Meier, *The Power of Their Ideas* (Boston : Beacon, 1995).

終章

(1) 一九四〇年代中頃になされたピカソの発言から。オブライアン（Patrick O'Brian）の魅力的な *Pablo Ruiz Picasso : A Biography* (New York : Norton, 1976), 376 に引用されている。

(2) John Dewey, *Experience and Education*, reprinted in *The Later Works of John Dewey*, vol. 13 (Carbondale : Southern Illinois University Press, 1988), 18〔前掲「経験と教育」『学校と社会・経験と教育』一六〇―一六一頁〕。

(3) J.J. Gibson, *The Senses Considered as Perceptual Systems* (Boston : Houghton Mifflin, 1966), 321.

解説をかねた訳者あとがき

1

本書は、Edward S. Reed, *The Necessity of Experience*, Yale University Press : New Haven and London, 1996 の翻訳である。

訳出にさいして従ったルールをここに掲げるとともに、書誌的情報のいくつかを記しておきたい。

・できるかぎり原文のおもむきを尊重するために、(1)疑問符や感嘆符はそのまま訳文でも使用する、(2)原文において引用符ではさまれた表現はかぎかっこでくくり、「　」のように表記する、(3)原文のイタリックの表記に対応する訳語には傍点を添えるか山かっこでくくるかする、などである。

・原著に外来語（ドイツ語など）の表現が出てきた場合は、訳文でもその表現をかっこでくくって、表記した。

・注意すべき語句――術語として使用された語句、あるいは術語ではないがオリジナルな表現を知ることが本書の理解に役立つと思える語句――には、適宜、カタカナでルビをふった。同じ趣旨で、山かっこでくくった語句もある。また、これらの語句について英語の綴りが知りたい読者のために、索引の見出し語の一部に原語を添えることにした。

・訳注はすべて割注として〔　〕のなかに二行で記述した。ちなみに〔　〕のなかの一行の記述は、本文中に出現した場合には訳者による補足であり、原注に出現した場合には、訳者による注あるいは邦訳の表示である。

・原文が引用している文献に翻訳がある場合はできるだけ参照させていただいたが、訳文の文脈のせいで既成の訳に忠実に従うことは必ずしもしなかった。

・原著にはリードによる「文献案内」が巻末に掲げられている。本書でも基本的にそれを踏襲したが、オリジナルに見いだされる誤りないし誤記については断わることなしに訂正を施した。なおリードの選んだ文献に邦訳があれば、それを〔　〕のなかに掲げた（二種類以上の邦訳がある場合、入手しやすいと思えるものを一つだけ掲げたことをご了承いただきたい）。

・本書一三三頁の図は原著にはないが、本書を読むのに役立つと考え、訳者がリードの他の著作から引用したものである。

・原著のタイトルは「経験の必要性」（The Necessity of Experience）であるが、リードの議論にともなう実践的アピールを重視して、終章「経験のための戦い」（Fighting for Experience）を本書のタイトルとして用いた。

・巻末の「索引」は、編集部がつくった原案に訳者が若干手を入れ仕上げたものであって、原著の索引をそのまま訳したものではないことをお断わりしておきたい。

2

リードは本書で〈経験〉という概念を精査し更新する作業にひたむきに従っている。このための予備的作業として、彼は〈情報〉概念の更新を同時に行なっている。理論的にいって、〈情報〉の新たな規定が新しい〈経験〉概念を導くからだ。彼の主張をざっと要約するかたちで、本書の主題と彼の議論の核心を紹介することにしたい。

モダンといわれる時代つまり近代から現代にいたる時代は、〈経験〉にとって苦難の道のりに他ならなかった。世界（あるいは生態学的環境）に帰属するという人間のあり方――それはまた生の営みそのものである――に基礎をもつ〈経験〉は、本来は意味をはらみ価値を担うものだった。

ところが科学革命を事実上リードしたデカルト主義は、経験に致命的分断を持ち込んだ。経験が〈感覚〉とその〈解釈〉という二つの部面に断ち切られたのである。これとシンクロするかたちで、世界と人間を二つの焦点とする単一なプロセスが、外部世界と経験（つまり内部世界）とに引き裂かれた。ローティもいうように、経験は自然の鏡に過ぎなくなった。経験の意味や価値は解釈する理性（推論する精神の働き）に由来するのであって、経験された外部世界にリアルに具わるものではない――これが（広い意味における）観念論のポイントだった。

近代における〈経験〉概念の贋造という事態は、リードによれば、現代社会における〈経験〉の劣悪化を招くことになった。この窮状を明らかにするために、リードはまず〈直接経験〉と〈間接経験〉という線引きをする。後者は（視覚的、聴覚的、その他もろもろの）メディアが媒介する経験であり、前者は経験一般から間接経験を差し引いた残り、つまりメディアが介在しない経験である。例えば、食卓にリンゴがある光景を知覚するのは〈直接経験〉だが、光景の画像を視る経験や光景の言語的記述を理解する経験は〈間接経験〉に過ぎない。ちなみにリードの用語法では、直接経験と一次的経験、間接経験と二次的経験は同じものを意味している。

リードは現代社会の著しい特色を、間接経験が直接経験を凌駕するという事態、いやそれどころか時には取って代わるという事態に見ている（本書におけるテレビ批判、モンタージュ論などを参照）。本格的なインターネット時代の到来以前にリードはこの世を去ったが、インターネットが情報の巨大な源泉として確立されたいま、経験の劣悪化についてリードが抱いた危惧は――楽観論者も少なくないとはいえ――多くの人々にふたたび共有されつつある。リードは、仕事ないし労働、教育、遊びなどの人間の営みに即して経験の劣悪化を確かめ、この事態が人間の生そのものの危機を招いたことに警鐘を鳴らすだけにはとどまらない。さらに彼は、危機を克服するための方途を探るために前進する。

危機の克服のためにリードが提唱するのは、第一に、〈経験〉概念を生態学的心理学（ギブソン）に基づいて更新することである。本書におけるリードの手法は、フーコーのそれに似て、〈経験〉に関する哲学的言説の系譜学によってここに切断を持ち込み、旧来の言説から新たな〈経験〉概念へのずらしを成し遂げることだ、と言えるかもしれない。そして第二に、彼は新たな経験を育むための〈教育〉を学校や職場で推進することを強調している。仕事についていえば、リードは、協同つまり一緒に働くこと（working together）を〈労働〉の本来のあり方と捉えている。こうして、仕事のための教育はなによりも協同の教育になるはずだという。

彼の見地にありふれたレッテルを貼ることで、本書に盛り込まれた問題提起に片をつけた気になるとしたら、それは考え違いである。本書の議論には単純な呼び名で整理できない広がりと奥行きがそなわるからだ。しかしながら、リードの議論をいくつかの名称で特徴づけることは——それらをあくまで便利な図式としてだけ使用するなら——許されるかもしれない。リードの議論は、現代哲学史の系譜のなかでどのような位置を占めるのだろうか。

彼がここで展開する認識論（「経験はいかにして成立するか」をめぐる理論）は〈デカルトやカントのような〉主観主義でも〈実在論や唯物論のような〉客観主義でもない。ギブソンの生態学的心理学の継承者としてのリードの見地は、メルロ＝ポンティの現象学に多くの面で共通している（この点はリード自身が原注で言及している）。つまりはじめから〈主体〉なる形而上学的存在者を立てるのではなく、生命体の環境とのかかわりの結果として主体——リードの用語だと〈パーソン〉などに対応する——がいわば析出されるとする見地である。

リードの議論は、テイラーに対する好意的な論評にもうかがえるように、コミュニタリアニズム〈共同体主義〉、つまり存在論的にいって共同体が個人に先立ち後者に対して構成的な価値をもつ、という見地に依拠するように思える。どちらかというと個人主義が優勢であるように見える欧米の社会において、共同体や協同の意義を強調するリードの議論は、まさに経験の劣悪化とその再建という主張とあわせて、自らの時代を衰退の時代と捉えつつ伝統や常識や知恵の固有の意義を強調するというかぎりで、〈保守主義〉の独特な表現だと見なすことができる。本書が取り上げたウィリアム・モリスの業績が示すように、時代にあらがう革新思想が保守主義に通底することに特段の不都合さはない。

リードは本書を執筆することで、ギブソンの生態学的心理学に学んだ人間の「基礎的存在論」をデューイのプラグマティズムと結びつけつつ、オリジナルな社会哲学ないし倫理思想を素描することになった。まだ多くの問題が問い残されているし——「訳者あとがき」のたてまえ上、ここで詳しく述べることは遠慮せざるを得ないが——本書で提示された基礎的概念についても不十分な側面が認められる（一つだけ例をあげるなら、〈直接経験〉と〈間接経験〉を対比させるための理論的基礎はどこまで堅固か、という問題がある）。にもかかわらず、哲学者としてのリードが、とりわけ英米圏で主流をなす分析哲学やポスト・モダン思想とは別の方法論（生態学的心理学）で自らを鍛え上げ、生態学的アプローチから現代哲学における重要な諸問題に真摯に迫ろうとしているその姿勢には、敬意をおぼえざるを得ない。

本書の主題と議論についてひととおり解説を試みた。ではこのようなリードのオリジナルな哲学はどのようにして形成されたのだろうか。また本書は、彼のすべての業績のなかでどのような位置づけをもつのだろうか。以下第3節でこうした点についてやや立ち入った解説をおこないたい。

3

⑴　リードの業績と本書の位置づけ

本書は、生態学的心理学者J・J・ギブソンの後継者と目されながら、わずか四十二歳という若さでこの世を去った、生態学的哲学者エドワード・S・リード（一九五四―一九九七）が、その死の直前に出版した三部作のうちの一冊である。

リードの出発点は、一九七四年にトリニティ・カレッジに卒業論文として提出された「進化論的認識論」にはじまる。しかし、若きリードの名を有名にしたのは、一九八一年の『コグニション』誌での、J・フォーダー、Z・ピリシンによるギブソンの直接知覚論への批判に対し、直接知覚論を擁護する四名の論者（M・ターヴェイ、ロバート・ショウ、W・メイス、そしてE・S・リード）の一人としてであった。さらにリードは、レベッカ・ジョーンズとともに編集したギブソンの論文集『直接知覚論の根拠』（一九八二年。〔抄訳〕境敦史・河野哲也訳、勁草書房、二〇〇四年）や、ギブソンの伝記の体裁をとりながらその心理学史上の位置づけを行なった『伝記ジェームズ・ギブソン』（一九八七年。邦訳は、佐々木正人監訳、勁草書房、二〇〇六年）の出版によって、生態学的心理学者としての地位を確立することになる。

他方で、その卒業論文のタイトルからもわかるように、リードの関心を生態学的心理学と同程度に占めていたのが、ダーウィンの進化論であった。彼は、「種の個物説」を唱えることで進化生物学に大きな議論をまきおこしたM・T・ギセリンの影響下で、ダーウィンの進化論の持つ意味について再考を重ねていた。彼は進化の要因として自然選択を重視し、自分の進化論的思考を「選択主義的アプローチ」と呼ぶようになる。このように、リードは生態学的アプローチに加えて、選択主義的アプローチを採用することで、あくまでも心理学の一分野である生態学的心理学を、さまざまな分野への応用可能性を持つ生態学的哲学へと展開しようと試みていたのである。

リードが生態学的心理学を越えてその独自な思想を生態学的哲学として体系的に論じたのが、一九九六年から九七年にかけて相次いで出版された三部作（『アフォーダンスの心理学』、本書『経験のための戦い』、そして『魂から心へ』）にほかならない。

『アフォーダンスの心理学』は、卒業論文「進化論的認識論」におけるさまざまなアイデアが結実したものであり、三部作のなかでも「理論研究」の位置を占めると見なせるかもしれない。この著作の前半部（第一章から第七章）で彼は生態学的アプローチの観点から従来の心理学を記述しなおしている。ここでもすでに選択主義的アプローチが加えられており、リード流の生態学的心理学を展開しはじめてはいるが、それでもギブソン理論の枠組みを大きく踏み越えることはしていない。リードが生態学的心理学の枠組みを越えた独自の生態学的哲学を展開するのは、後半部（第八章から第十二章）においてである。そこでは、さまざまな発達心理学的研究の成果を取り入れながら、ヒトがいかにして人間になっていくかを論じると同時に、ギブソンがほとんど論じることがなかった言語や社会性について、生態学的観点（および選択主義的観点）から果敢に論じている。

他の著作『魂から心へ』は三部作における「歴史研究」ということができる。リードは一九八〇年にボストン大学に提出した学位論文「コーポリアル・アイディア仮説と科学的心理学の起源」においてデカルトと科学的心理学との関係を扱った。リードはこの議論に基づきながら、『魂から心へ』では、時代を十九世紀に限定することで、科学的心理学が成立した事情を解明している。リードによれば、必ずしも明確に身体と分けることのできない豊かな内容をもつ魂（ソウル）という概念が、身体と明確に区別された貧しい心（マインド）という概念へと変容されることで、科学的心理学が成立したという。同時に、この著作で現代の心理学に代わる新たな心理学も模索している。ここでのリードのスタンスは、フーコーの系譜学のそれに近いと言えるだろう。

これらの二冊に比較すると、本書は少し趣きを異にしている。確かに本書でも、『魂から心へ』におけるような歴史的観点をとり、『アフォーダンスの心理学』における生態学的アプローチを用いて解決策を提示するという形もとってはいるが、そこには別の二つの展開を見てとることができる。一つはプラグマティズムへの明確なコミットメント、もう一つは、マルクス主義的見解の影響である。

『アフォーダンスの心理学』と『魂から心へ』がそれぞれ卒業論文と学位論文とに源泉を持ち、長い年月をかけてリードのなかで熟成された著作であるのに対し、リードのマルクス主義についての見解は、長く関心のなかにあったようではあるが論文の形で発表されることはほとんどなかった。プラグマティズムについてはまさにリードがこれら三部作の後に取り組むはずのテーマであった（亡くなる前に、リードはプラグマティストのウィリアム・ジェームズに関する著作を書くことを出版社とすでに契約していたという）。これらを考慮に入れると、本書は生態学的アプローチから「社会哲学」を記述する試みだと位置づけうるだろう。

(2)「情報」についての新たな展望──生態学的情報理論

本書の読者は、前半の明快でわかりやすい主張に対して後半ではその主張がいくぶんわかりにくいものになっているという印象を受けるかもしれない。「情報」という言葉の使い方がその一つの原因かもしれない。本書は一貫して「(一次的)経験」の必要性を説き、そのような経験が、現代社会における過度の情報化により蝕まれていることを主張している。一次的経験を取り戻すときに重視されるのが「生態学的情報」である。リードは、確かに「生態学的情報」をシャノンが定義したいわゆる「情報」と区別しているものの、本書で「情報」という語が使用されるとき、残念ながら明確な説明がなく、そのことが読者に混乱を招く一因になっている。

「情報に基づく知覚理論」は、そもそもギブソンが、『知覚システムとして捉えられる諸感覚』(一九六六年)において、従来の伝統的心理学が採用している「感覚に基づく知覚理論」(知覚の因果説)に代わるものとして提唱した理論である。その理論について簡単にまとめるなら、従来の心理学理論が各受容器に特化された感覚から知覚が構成されると考えるのに対して、「情報に基づく知覚理論」によれば、構造化されているのは感覚ではなく環境の方なのである。それゆえ知覚に要求される作業とは、常に変化し続ける環境のなかで、相対的に持続している構造(ギブソンの用語でいう「不変項」(invariant))を探索し、自分の身体をそのような環境の不変項へと調整することになる。

このことを、次のような事例で考えてみよう。例えば、ラットが実験装置の中の視覚的断崖(つまり見かけだけの「断崖」)を回避したとき、この行動は、それだけで断崖の知覚が生物としてのラットに生じたことの証拠と見なしうる。ここには、「光がラットの目(受容器)を刺激した結果として特定の感覚が生じ、これが解釈されて「崖がある」という知覚が構成される」という仮設を支持する事態はなにもない。ラットの回避行動は、環境の中に潜在する構造要因としての「不変項」が行動の次元で表現されたものにすぎない。その意味で「不変項」と生体の行動とは一対をなしている。

また、ギブソンは同書で、環境中のこの構造の利用こそが「価値」（環境を構成する要素が生体にとってもつ意味）と密接に結びついていると主張する。さらに彼は、この「価値」という語が持つあいまいさをきらい、「アフォーダンス」（affordance）という語をつくりだした。

ギブソンはアフォーダンスも情報も、行為にかかわる要因としては、特に区別しなかった。他方で彼は、自分の生態学的心理学と従来の心理学とを結びつけるために、「アフォーダンスを特定するための情報」あるいは「刺激情報」についても語っている。アフォーダンスはどこまでも生態学的特性であるが、「刺激情報」は生体や環境とは独立ないわば客観的な特性であるとされている。

これに対してリードは、ひとつの行為について、進化論的アプローチの見地から、探索を遂行する位相＝〈知覚〉と行為を遂行する位相＝〈行動〉とを区別した。例えばミミズなど比較的単純な動物については、行動がそのまま知覚と重なり合っている。しかし人間では、明らかに知覚と行動が相対的に分離している。例えばわれわれは、テーブル上の果物をただ目にとめるだけで、それに手を伸ばすことをしないでいられる（とはいえ、この知覚も可能的行動を潜在的に含むことを忘れてはならない）。

リードはさらに生態学的見地を推し進めて、生物の営みを、基本的に環境に含まれた「情報」資源の利用として捉える。こうして、知覚システムが探索する限りでのこの種の資源を「生態学的情報」、そして行動システムが利用した限りでの情報資源をギブソンに倣って「アフォーダンス」と呼んだのである。なおリードは〈環境〉をenvironmentとsurroundingsという二つの用語で表わしている。前者は生物個体にとっての環境を一般概念として表わし、後者は（もっと具体的に）個体を取り巻くあらゆる事物と情況という意味で使用されている。

ちなみにギブソンは「価値」や「意味」という用語をあまり厳密に区別して使うことはしていない。しかし本書でリードがこれらの語を用いる場合には、明らかな違いがある。知覚システムが言葉を含む記号システムと密接に関係すると考えるリードは、「意味」という語をもっぱら行動システムに対応する「価値」と区別して用いている。

リードの生態学的アプローチは、本書の主題である「経験」にどのような新しい知見をもたらしたのだろうか。リードによれば、ある人の経験が成長するとは、当人が環境情報をより効率的に利用できるようになり、情報のいわば質をよりよいものにすることにほかならない（本書中の、幼児が自転車を乗りこなす例を考えよ）。「生態学的情報」は資源としての特殊な位置を占める。これはリードの選択主義的アプローチとも関係している。石油や食料といった通常の資源は使えば消費されてしまうが、「生態学的情報」という資源は、多くの場合使用しても減ることがなく、直接の競合なしに共有することができる。「生態学的情報」のこうした特殊性がプラグマティズムにおける経験の共有や民主化という考え方と結びつくとき、本書で試みられた生態学的アプローチを社会的実践の場面へ展開することが可能になる。

このように、本書の狙いは、「生態学的情報理論」に基づきプラグマティズム哲学を再興すると同時に、社会的実践の場面へそれを適用する試みだといえよう。この試みのすべてが成功しているかどうかは慎重に判断すべきだろう。リードの間接経験批判は——もちろん直接経験と組みあわせることの重要さが力説されてはいるが——インターネットや携帯電話が社会インフラとなってしまった現在において、そのまま成り立つだろうか。しかし、リードが展開しようとした「生態学的情報理論」の観点から忠実に問題を捉えなおすなら、直接経験と間接経験の区分とその関係についても再考の余地は残されているだろう。

（文責　佐古仁志・菅野盾樹）

4

この本——リードの三部作として最後の「小さな」本——の翻訳を仕上げるまでに、思いがけない手間ひまがかかってしまった。新曜社前社主の堀江洪氏にはときおり進行情況を報告させていただいていたが、お元気なうちに完成原稿をお渡しすることができなかったのは、残念という以上に自分の怠惰を申し訳なく感じている。最後に電話をいただいて、本書の編集のひきつぎについては心配しないように、という有難い言葉を頂戴したことをつい昨日のことのように思い出す。いまは亡き堀江氏の厚情にあらためてお礼を申し上げたい。

その後、編集をひきつがれた渦岡謙一氏の適切なアレンジのおかげでようやく今回の刊行に漕ぎ着けた。渦岡さんには、読者になりかわった編集者の目から原稿を細かく検討していただいたが、そのおかげで最初の訳稿よりかなり読みやすい訳文に仕上ったのではないかと思っている。感謝を申し上げたい。

じつはテクストには必ずしも平易ではない個所がかなりある、という印象を否めなかった。訳者の補足が多目になったのは、そのためである。リードは一九九七年二月に世を去ったが、本書のテクストは一九九六年に刊行されている（何月かは不明）。ほかの二冊がかなり分厚いのにこの本が比較的小さなことも気になる。リード自身、この本で彼の見解が周到にまた充分に展開できたと認めていたかどうか知るよしもないが、いずれにせよ、テクスト刊行の事情に関していまさら詮索しても仕方がない話である。しかしながら、細部はともかく、本書で提示された議論（主題とその基本的展開）についてはすべて語りつくされていると言うべきだろう。

そうだとすれば、本書の議論をよりよく理解するいちばんいい方法は、リードの思索の流れ、つまり彼の思想の形成史を参照しながら本書を読むことではないだろうか。その意味で、この本を手にした読者には、すでに訳された「三部作」の他の二冊をぜひ併読するようにおすすめしたい。

翻訳をすすめる上で、とくに佐古仁志君（大阪大学人間科学研究科博士課程在籍）の助力を得たことに感謝したい。佐古君が生態学的アプローチを方法論とした哲学を専攻しているという事情のゆえに、下訳の作成、テクストの文献案内の日本版の作成、「訳者あとがき」第3節のドラフトを彼が担当することになった。とはいえ、言うまでもなく翻訳の責任は訳者だけにある。また笹倉明子君（大阪大学人間科学研究科博士課程満期退学）からスペイン語の解釈についてヒントをもらったことにも感謝したい。

本書にリードの肖像写真を掲載するに際しては、我が国における生態学的心理学をリードするお一人である佐々木正人氏のお世話になった。佐々木氏からW・メイス教授（トリニティ・カレッジ）に連絡をとるようアドヴァイスいただき、教授にメールを書いたところ即座に訳者の願いを入れてくださった。佐々木氏とメイス教授のお二人にお礼を申し上げたい。

リードがわれわれに突きつけている問題はけっして枝葉のことがらではない。それは人間とその社会にとってあまりにも重い問題である。我が国の読者が問題を再考するために本書が少しでも役立つなら、訳者としてこれほどうれしいことはない。

二〇一〇年一月

菅野　盾樹

索　引

さ 行

た　行

な 行

――科学　70, 99
――神経科学　70
――的インターフェイス　41, 45
ノーブル（Nobel, David）　87, 233, 235

は　行

ハイデガー（Heidegger, Martin）　25, 39, 230
バイロン（Byron, George Gordon）　37
ハクスリー（Huxley, Thomas Henry）　204
場所の共有　157
場所の制作（making places, place-making）　96, 97
パース（Peirce, Charles Sanders）　20
パーソン　60, 248
パトナム（Putnam, Hilary）　40-50, 61
バーナム（Barnum, P. T.）　186
バーネット（Burnett, Frances Hodgson）　54
ハラ（Jara, Victor）　3
ハーリー（Healey, Jane）　239, 240
反経験中心主義（anti-experimentalism）　49, 165, 169
反経験的（anti-experiential）
――思考　49
――世界観　165
――哲学　20, 21, 25, 26
ピカソ（Picasso, Pablo）　216-218
非行少年　210
ビデオ　15, 70, 131, 150, 152-154, 177
標準化　120-122
表象　64, 65
――主義　154, 155
ファイグル（Feigl, H）　48
ファーストフード的世界観　115
不確実性（uncertainty）　74, 76, 83, 84, 86-90, 92, 113, 115, 121, 212
――の恐怖　76, 84, 90
福祉事業　124
フーコー（Foucault, Michel）　247, 252
ふつうの人　199, 203, 217, 219
普遍的真理（universal truth）　61, 62, 69
プラグマティスト　20, 39, 86, 213, 218, 230
プラグマティズム　20, 23, 25, 38, 176, 249, 252, 255
プラトン（Plato）　26, 27, 58, 166
ブリッグス（Briggs, Asa）　206
ブルーム（Bloom, Allan）　108, 232
ブレイヴァマン（Braverman, Harry）　18
ブレヒト（Brecht, Bertolt）　190, 192
フロイト（Freud, Sigmund）　165-171, 221, 238
分業　116-122, 125, 206
分析哲学　188, 249
ベケット（Beckett, Samuel）　98, 99, 103, 231
ヘーゲル（Hegel, Georg Wilhelm Friedrich）　32, 33
ベニガー（Beniger, James）　110, 111
ベネット（Bennett, William）　238
ベリー（Berry, Wendell）　178
ペリー（Perry, R. B.）　23
ヘンウッド（Henwood, Doug）　234
ヘンドリクス（Hendrix, Jimi）　37
ベンヤミン（Benjamin, Walter）　116
ポスト・デカルト主義　79
ポスト・ヘーゲル的観念論　38
ポスト・モダニスト　64, 146, 152, 154, 155, 157, 158, 169, 219
ポスト・モダン　15, 51, 63, 66, 69, 73, 93, 146, 154, 184, 247
ホフステン（Hofsten, Claes von）　196
ホブズボーム（Hobsbawm, Eric）　226
ボーリング（Boring, E. G）　225
ホルト（Holt, E. B.）　23, 221, 238
本質主義　26, 61, 73
ほんもの（authenticity）　189-191, 193, 194, 212

ま　行

マイアー（Meier, Deborah）　211

マクダウェル（McDowell, John） 40
学ぶこと 203, 206, 212
マネ（Manet, Edouard） 35, 136
マーリー（Marley, Bob） 3
マルクス（Marx, Karl） 107
　――主義 116, 252
マンフォード（Mumford, Lewis） 18, 89, 112, 176, 213, 230, 231, 240
ミュラー（Muller, G. E.） 47
ミル（Mill, John Stuart） 230, 238
民主主義 14, 17, 18, 52, 58, 178, 197, 198, 206, 217, 218
無意識 34-36, 46, 143
　――的経験 36
明示的知識 195, 197, 208
メディア 52, 96, 152, 193, 247, 252
メルロ＝ポンティ（Merleau-Ponty, Maurice） 230, 248
盲視 46
モダニスト 36, 64, 146, 152, 154, 155, 157, 158, 169, 219
モネ（Monet Claude） 35
モリス（Morris, William） 18, 109, 199-208, 210, 213, 216-218, 249
モンターギュ（Montague, W） 23
モンタージュ 77, 152-154, 177
　重層的―― 152
モンテーニュ（Montaigne, Michel de） 37

や　行

唯我論 162, 238
余暇（leisure） 11, 15, 16, 108, 148, 182, 183
予期 153, 195-197, 215
　――的気づき（prospective awareness） 197
　――的制御（prospective control） 197

ら　行

ラヴジョイ（Lovejoy, Arthur） 24
ラッシュ（Lasch, Christopher） 17, 18, 178, 205, 216
ラッセル（Russel, Bertrand） 24, 44
リー（Lee, David） 196
リーチ（Leach, William） 185,186, 218
リード（Reid, Thomas） 25, 29, 30, 39, 40, 44, 49, 222
リベラル・ユートピア 52, 59
ルカーチ（Lukacs, Georg） 105, 232
ルノワール（Renoir, Pierre-Auguste） 36
労働（work） 88, 92, 107, 108, 116, 118-121, 124, 149, 158, 184, 200-202, 206, 247 →仕事
　――過程 119, 120
　――の経験（work experience） 108
　――の専門化 116
　――の断片化（segmentation of labor, segmenting work） 118-121
　――の標準化 121, 122
労働者 52, 58, 77, 90, 92, 94, 95, 121, 202-204
　――の標準化 121, 124
　熟練―― 91
ロゴフ（Rogoff, Barbara） 114
ローゼンブロック（Rosenbrock, H. H.） 120, 121, 235
ロック（Locke, John） 41
ローティ（Rorty, Richard） 25, 39, 40, 51-59, 61, 63-65, 124, 154, 157, 188, 204, 205, 212, 227, 246
　――のユートピア 52, 53, 66, 124
　『偶然性・アイロニー・連帯』 51
　『哲学と自然の鏡』 39
ローブ（Loeb, Paul） 192, 193
ロボット 77, 79, 81, 100, 195

文献案内

Austin, J. L. *Sense and Sensibilia*. New York : Oxford University Press, 1962.〔オースティン『知覚の言語――センスとセンシビリア』丹治信春訳，勁草書房，1984年〕

Beckett, S. *I Can't Go On, I'll Go On : A Selection*. New York : Grove, 1976.

Beiser, F. *The Fate of Reason*. Cambridge : Harvard University Press, 1987.

Berry, W. *What Are People For?* San Francisco : North Point Press, 1990.

Braverman, H. *Labor and Monopoly Capital : The Degradation of Work in the Twentieth Century*. New York : Monthly Review Press, 1974.〔ブレイヴァマン『労働と独占資本』富沢賢治訳，岩波書店，1978年〕

Burtt, E. A. *The Metaphysical Foundations of Modern Physical Science*. Garden City, N.Y. : Doubleday, 1932.〔バート『近代科学の形而上学的基礎』市場泰男訳，平凡社，1988年〕

Caton, H. *The Origin of Subjectivity*. New Haven : Yale University Press, 1973.

Cottingham, J. *Descartes*. Oxford : New York : B. Blackwell, 1986.

Dennett, D. *Consciousness Explained*. Boston : Little, Brown, 1991.〔デネット『解明される意識』山口泰司訳，青土社，1998年〕

Descartes, R. "The Discourse on Method" (1637). Reprinted in *Philosophical Works Of René Descartes*, ed. J. Cottingham et al. New York : Cambridge University Press, 1987.〔デカルト『方法序説』谷川多佳子訳，岩波文庫，1997年〕

Dewey, J. *Demoncracy and Education*. New York : Macmillan, 1916.〔デューイ『民主主義と教育』河村望訳，人間の科学新社，2000年〕

――. *Experience and Education*, Reprinted in *The Later Works of John Dewey*, vol. 13. Carbondale : Southern Illinois University Press, 1988.〔「経験と教育」『学校と社会・経験と教育』河村望訳，人間の科学新社，2000年，所収〕

――. *Freedom and Culture*. New York : Putnam's, 1939.〔自由と文化」『自由と文化・共同の信仰』河村望訳，人間の科学新社，2002年〕

――. *Human Nature and Conduct* (1924). Reprinted in *The Middle Works of John Dewey*, vol. 14. Carbondale : Southern Illinois University Press, 1988.〔『人間性と行為』河村望訳，人間の科学社，1995年〕

——. *Individualism Old and New*. New York : Putnam's, 1930.〔「新しい個人主義の創造」『ジョン・デューイ』（アメリカ古典文庫）明石紀雄訳，研究社出版，1975年，所収〕
——. *Liberalism and Social Action* (1937). Reprinted in *The Later Works of John Dewey*, vol.11. Carbondale : Southern Illinois University Press, 1991.〔「自由主義と社会的行動」『自由と文化・共同の信仰』河村望訳，人間の科学新社，2002年，所収〕
——. *The Quest for Certainty*. New York : Putnam's, 1929.〔『確実性の探求』河村望訳，人間の科学社，1996年〕
——. *Reconstruction in Philosophy*, Reprinted in *The Middle Works of John Dewey 1899-1924*, vol. 12. Carbondale : Southern Illinois University Press 1988.〔『哲学の再構成』河村望訳，人間の科学社，1995年〕
Ellenberger, H. *The Discovery of the Unconscious*. New York : Basic, 1970.〔エレンベルガー『無意識の発見（上・下）』木村敏・中井久夫監訳，弘文堂，1980年〕
Freud, S. *Beyond the Pleasure Principle*. New York : Liveright, 1924.〔フロイト「快感原則の彼岸」小此木啓吾訳，『自我論・不安本能論』（フロイト著作集）人文書院，1970年，所収〕
——. *The Interpretation of Dreams*. New York : Avon, 1965.〔『夢判断』（フロイト著作集）高橋義孝訳，人文書院，1968年〕
——. *The Psychopathology of Everyday Life*. New York : Norton, 1989.〔「日常生活の精神病理学」池見酉次郎・高橋義孝訳，『日常生活の精神病理学他』（フロイト著作集）人文書院，1970年，所収〕
——. *The Question of Lay Analysis*. New York : Norton, 1969.〔「素人による精神分析の問題」池田紘一訳，『文学・思想篇Ⅱ』（フロイト著作集）人文書院，1984年，所収〕
Garson, B. *The Electronic Sweatshop*. New York : Penguin Books, 1989.
Gay, P. *Freud : A Life*. New York : Norton, 1988.〔『フロイト（1・2）』鈴木晶訳，みすず書房，1997，2004年〕
Gellner, E. *The Devil in Modern Philosophy*. London : Routledge, 1974.
Gibson, E. J. *An Odyssey in Learning and Perception*. Cambridge, Mass. : MIT Press, 1991.
Gibson, J. J. *The Ecological Approach to Visual Perception*. Boston : Houghton Mifflin, 1979.〔ギブソン『生態学的視覚論』古崎敬ほか訳，サイエンス社，1986年〕
——. *The Senses Considered as Perceptual Systems*. Boston : Houghton

Mifflin, 1966.
Grene, M. *The Knower and the Known.* Berkeley : University of California Press, 1974.
Guttmann, A. *Democratic Education.* Princeton : Princeton University Press, 1987.〔ガットマン『民主教育論』神山正弘訳，同時代社，2004年〕
Healey, J. *Endangered Minds.* New York : Simon and Schuster, 1990.〔部分訳『滅びゆく思考力』西村辨作・新美明夫編訳，大修館書店，1992年〕
Holt, E. B. *The Freudian Wish and Its Place in Ethics.* New York : Holt, 1915.〔部分訳　ホルト「フロイト流の意図とその倫理的立場」本田啓訳，『生態心理学の構想』佐々木正人・三嶋博之編訳，東京大学出版会，2005年〕
Husserl, E. *The Crisis of European Sciences and Transcendental Phenomenology* (1937). Evanston, Ill.: Northwestern University Press, 1970.〔フッサール『ヨーロッパ諸学の危機と超越論的現象学』細谷恒夫・木田元訳，中公文庫，1995年〕
James, W. *Essays in Radical Empiricism* (1912). Cambridge : Harvard University Press, 1976.〔部分訳　ジェイムズ『根本的経験論』桝田啓三郎・加藤茂訳，白水社，1998年；『純粋経験の哲学』伊藤邦武編訳，岩波文庫，2004年〕
Kafka, F. *The Trial.* New York : Knopf, 1964.〔カフカ『審判』（カフカ小説全集）池内紀訳，白水社，2001年〕
Kant, I. *The Critique of Pure Reason* (1781). Trans. N. Kemp Smith. New York : Macmillan, 1929.〔カント『純粋理性批判（上・中・下）』原佑訳，平凡社ライブラリー，2005年〕
Kenner, H. *The Mechanic Muse.* New York : Oxford University Press, 1987.〔ケナー『機械という名の詩神』松本朗訳，ぎょうせい，2009年〕
Kozol, J. *Savage Inequalities.* New York : Crown Publishers, 1991.
Lasch, C. *The Revolt of the Elites.* New York : Norton, 1995.〔ラッシュ『エリートの反逆』森下伸也訳，新曜社，1997年〕
———. *The True and Only Heaven.* New York : Norton, 1991.
Lehrer, K. *Thomas Reid.* New York : Routledge, 1989.
MacCarthy, F. *William Morris : A Life for Our Times.* New York : Knopf, 1995.
McDowell, J. *Mind and World.* Cambridge : Harvard University Press, 1994.
Mandelbaum, M. *History, Man, and Reason.* Baltimore : Johns Hopkins University Press, 1971.
Meier, D. *The Power of Their Ideas.* Boston : Beacon, 1995.

Minow, N. and C. Lamay. *Abandoned in the Wasteland : Children, Television, and the First Amendment.* New York : Hill and Wang, 1995.

Morris, W. "How We Live and How We Might Live" (1888). Reprinted in *Hopes and Fears for Art and Signs of Change.* Bristol, Eng. : Thoemmes, 1994.

——. *News from Nowhere and Other Writings.* Harmondsworth, Eng. : Penguin, 1993.

——. *William Morris : Stories in Prose, Stories in Verse, Shorter Poems, Lectures and Essays.* New York : Random House, 1934.

Mumford, L. *The Myth of the Machine.* New York : Harcourt, Brace, and World, 1967.〔マンフォード『機械の神話』樋口清訳，河出書房新社，1990年〕

Noble, D. *Progress Without People.* Chicago : Charles Kerr, 1993.〔ノーブル『人間不在の進歩』渡辺雅男・伊藤亮司訳，こぶし書房，2001年〕

Norton, D. *Democracy and Moral Development.* Berkeley : University of California Press, 1991.〔ノートン『幸福主義社会への途』加藤寛孝監訳，第三文明社，2001年〕

Pawel, E. *The Nightmare of Reason : A Life of Franz Kafka.* New York : Farrar, Straus, and Giroux, 1984.〔パーヴェル『フランツ・カフカの生涯』伊藤勉訳，世界書院，1998年〕

Postman, N. *The End of Education.* New York : Knops, 1995.

——. *Technopoly.* New York : Knopf, 1992.〔ポストマン『技術 VS 人間』GS研究会訳，新樹社，1994年〕

Putnam, H. *Pragmatism : An Open Question.* Oxford : Wiley-Blackwell, 1995.

——. *Realism with a Human Face.* Cambridge : Harvard University Press, 1990.

——. *Reason, Truth, and History.* New York : Cambridge University Press, 1981.〔パトナム『理性・真理・歴史』野本和幸ほか訳，法政大学出版局，1994年〕

——. *Renewing Philosophy.* Cambridge : Harvard University Press, 1992.

Reed, E. S. *Encountering the World : Towards an Ecological Psychology.* New York : Oxford University Press, 1996.〔リード『アフォーダンスの心理学』細田直哉訳，新曜社，2000年〕

——. *From Soul to Mind : The Emergence of Psychology, 1815-1890.* New Haven : Yale University Press, 1997.〔『魂から心へ』村田純一ほか訳，青土社，2000年〕

———. *James J. Gibson and the Psychology of Perception*. New Haven : Yale University Press, 1988.〔『伝記ジェームズ・ギブソン』柴田崇・高橋綾訳，佐々木正人監訳，勁草書房，2006年〕

Reid, T. *Essays on the Intellectual Powers of Man* (1785). Cambridge : MIT Press, 1969.

Rorty, R. *The Consequences of Pragmatism*. Minneapolis : University of Minnesota Press, 1982.〔ローティ『哲学の脱構築』室井尚ほか訳，御茶の水書房，1994年〕.

———. *Contingency, Irony, and Solidarity*. New York : Cambridge University Press, 1989.〔『偶然性・アイロニー・連帯』斉藤純一・山岡龍一・大川雅彦訳，岩波書店，2000年〕

———. "Dewey Between Hegel and Darwin." In *Modernist Impulses in the Human Sciences, 1870-1930*, ed. D. Ross. Baltimore : Johns Hopkins University Press, 1994.

———. *Objectivity, Relativism, and Truth*. New York : Cambridge University Press, 1991.

———. *Philosophy and the Mirror of Nature*. Princeton : Princeton University Press, 1979.〔『哲学と自然の鏡』野家啓一監訳，産業図書，1993年〕

Russell, B. "Physics and Perception." In *The Analysis of Matter*. London : Kegan Paul, Trench, Trubner, 1927.

Sanders, B. *A Is for Ox : The Collapse of Literacy and the Rise in Violence*. New York : Vintage, 1994.〔サンダース『本が死ぬところ暴力が生まれる』杉本卓訳，新曜社，1998年〕

Schneider, H. *A History of American Philosophy*. New York : Columbia University Press, 1963.

Schopenhauer, A. *The World as Will and Representation* (1819). Trans. E. F. J. Payne. New York : Dover, 1978.〔ショーペンハウアー『意志と表象としての世界』(ショーペンハウアー全集) 斎藤忍随ほか訳，白水社，1996年〕

Searle, J. *Minds, Brains, and Science*. Cambridge : Harvard University Press, 1984.〔サール『心・脳・科学』土屋俊訳，岩波書店，2005年〕

Seligman, M. *Learned Optimism*. New York : Knopf, 1990.〔セリグマン『オプティミストはなぜ成功するか』山村宜子訳，講談社文庫，1994年〕

Snyder, C. *The Psychology of Hope : You Can Get There from Here*, New York : Free Press, 1994.

Stoll, C. *Silicon Snake Oil*. Garden City, N. Y.: Doubleday, 1995.〔ストール『インターネットはからっぽの洞窟』倉骨彰訳，草思社，1997年〕

Taylor, C. "Liberal Politics and the Public Sphere." In *Philosophical Arguments*. Cambridge : Harvard University Press, 1995.
———. "Overcoming Epistemology." In *Philosophical Arguments*. Cambridge : Harvard University Press, 1995.
———. *The Sources of the Self.* Cambridge : Harvard University Press, 1989.
Theriaut, R. *How to Tell When You're Tired*. New York : Norton, 1995.
Thompson, E. P. *William Morris : Romantic to Revolutionary*. Stanford : Stanford University Press, 1988.
Thoreau, H. D. "Civil Disobedience" (1849). Reprinted in *Civil Disobedience and Other* Essays. New York : Dover, 1993.〔ソロー「市民の反抗」『市民の反抗　他五編』飯田実訳，岩波文庫，1997年，所収〕
West, C. *The American Evasion of Philosophy : A Genealogy of Pragmatism*. Madison : University of Wisconsin Press, 1989.
Westbrook, R. *John Dewey and American Democracy*. Ithaca : Cornell University Press, 1991.
Whitehead, A. N. *Science and the Modern World*. New York : Macmillan, 1925.〔ホワイトヘッド『科学と近代世界』（ホワイトヘッド著作集）上田泰治・村上至孝訳，松籟社，1981年〕
Wild, J. *The Radical Empiricism of William James*. Garden City, N. Y. : Doubleday, 1969.

著者紹介

エドワード・S. リード（Edward S. Reed, 1954-1997）

ダーウィン（生物学）・ギブソン（生態学的心理学）・デューイ（哲学）に学びつつ独自な哲学思想を模索し続けた。詳しくは「訳者あとがき」を参照。

訳者紹介

菅野盾樹（すげの　たてき）

東京大学人文科学研究科博士課程単位取得退学，博士（人間科学）。現在，東京工業大学世界文明センター・フェロー，大阪大学名誉教授。**著書**：『メタファーの記号論』（勁草書房，1983），『我，ものに遭う』（新曜社，1983），『いじめ——学級の人間学』（新曜社，1986，1997），『恣意性の神話』（勁草書房，1999），『人間学とは何か』（産業図書，1999，2004），『新修辞学』（世織書房，2003）など。**編著**：『レトリック論を学ぶ人のために』（世界思想社，2007），『現代哲学の基礎概念』（大阪大学出版会，2008）。**訳書**：ダン・スペルベル『象徴表現とはなにか』（紀伊國屋書店，1979，2003），アラン・ブルーム『アメリカン・マインドの終焉』（みすず書房，1988），『サルトル／メルロ＝ポンティ往復書簡』（みすず書房，2000），ダン・スペルベル『表象は感染する』（新曜社，2001），ネルソン・グッドマン『世界制作の方法』（ちくま学芸文庫，2008）ほか。

新曜社

経験のための戦い
——情報の生態学から社会哲学へ

初版第1刷発行　2010年3月31日©

著　者　エドワード・S. リード
訳　者　菅野盾樹
発行者　塩浦　暲
発行所　株式会社　新曜社
〒101-0051　東京都千代田区神田神保町 2-10
電　話(03)3264-4973・FAX(03)3239-2958
e-mail　info@shin-yo-sha.co.jp
URL　http://www.shin-yo-sha.co.jp/

印刷　星野精版印刷　　Printed in Japan
製本　イマヰ製本所
ISBN978-4-7885-1191-0 C1010